全国中医药行业高等教育"十三五"规划教材

全国高等中医药院校规划教材（第十版）

大学生就业指导

（供中医学、中西医临床医学、临床医学、护理学、
中药学、药学、管理学等专业用）

主 编

陈　刚（浙江中医药大学）　　　　董塔健（广西中医药大学）

副主编（按姓氏笔画排序）

王　旭（山西中医药大学）　　　　李　玮（北京中医药大学）
李宝琴（黑龙江中医药大学）　　　祝金旭（山东中医药大学）

编　委（按姓氏笔画排序）

丁　旭（河北中医学院）　　　　　王世栋（甘肃中医药大学）
叶生文（新疆医科大学）　　　　　叶勇玲（广西中医药大学）
李正良（云南中医学院）　　　　　李海滨（浙江中医药大学）
袁　佺（辽宁中医药大学）

中国中医药出版社

·北 京·

图书在版编目（CIP）数据

大学生就业指导 / 陈刚，董塔健主编 . —北京：
中国中医药出版社，2017.8（2022.4 重印）

全国中医药行业高等教育"十三五"规划教材

ISBN 978 - 7 - 5132 - 4302 - 5

Ⅰ . ①大… Ⅱ . ①陈… ②董… Ⅲ . ①大学生－就业－
高等学校－教材 Ⅳ . ① G647.38

中国版本图书馆 CIP 数据核字（2017）第 144241 号

中国中医药出版社出版
北京经济技术开发区科创十三街 31 号院二区 8 号楼
邮政编码 100176
传真 010-64405721
河北品睿印刷有限公司印刷
各地新华书店经销

开本 850×1168 1/16 印张 11.25 字数 279 千字
2017 年 8 月第 1 版 2022 年 4 月第 7 次印刷
书号 ISBN 978 - 7 - 5132- 4302- 5

定价 35.00 元
网址 www.cptcm.com

服 务 热 线 010-64405510
购 书 热 线 010-89535836
维 权 打 假 010-64405753

微信服务号 zgzyycbs
微商城网址 https://kdt.im/LIdUGr
官 方 微 博 http://e.weibo.com/cptcm
天猫旗舰店网址 https://zgzyycbs.tmall.com

全国中医药行业高等教育"十三五"规划教材

全国高等中医药院校规划教材（第十版）

专家指导委员会

名誉主任委员

王国强（国家卫生计生委副主任　国家中医药管理局局长）

主 任 委 员

王志勇（国家中医药管理局副局长）

副主任委员

王永炎（中国中医科学院名誉院长　中国工程院院士）

张伯礼（教育部高等学校中医学类专业教学指导委员会主任委员
　　　　天津中医药大学校长）

卢国慧（国家中医药管理局人事教育司司长）

委　　　员（以姓氏笔画为序）

王省良（广州中医药大学校长）

王振宇（国家中医药管理局中医师资格认证中心主任）

方剑乔（浙江中医药大学校长）

左铮云（江西中医药大学校长）

石　岩（辽宁中医药大学校长）

石学敏（天津中医药大学教授　中国工程院院士）

卢国慧（全国中医药高等教育学会理事长）

匡海学（教育部高等学校中药学类专业教学指导委员会主任委员
　　　　黑龙江中医药大学教授）

吕文亮（湖北中医药大学校长）

刘　星（山西中医药大学校长）

刘兴德（贵州中医药大学校长）

刘振民（全国中医药高等教育学会顾问　北京中医药大学教授）

安冬青（新疆医科大学副校长）

许二平（河南中医药大学校长）

孙忠人（黑龙江中医药大学校长）

孙振霖（陕西中医药大学校长）

严世芸（上海中医药大学教授）

李灿东（福建中医药大学校长）

李金田（甘肃中医药大学校长）

余曙光（成都中医药大学校长）

宋柏林（长春中医药大学校长）

张欣霞（国家中医药管理局人事教育司师承继教处处长）

陈可冀（中国中医科学院研究员　中国科学院院士　国医大师）

范吉平（中国中医药出版社社长）

周仲瑛（南京中医药大学教授　国医大师）

周景玉（国家中医药管理局人事教育司综合协调处处长）

胡　刚（南京中医药大学校长）

徐安龙（北京中医药大学校长）

徐建光（上海中医药大学校长）

高树中（山东中医药大学校长）

高维娟（河北中医学院院长）

彭代银（安徽中医药大学校长）

路志正（中国中医科学院研究员　国医大师）

熊　磊（云南中医药大学校长）

戴爱国（湖南中医药大学校长）

秘 书 长

卢国慧（国家中医药管理局人事教育司司长）

范吉平（中国中医药出版社社长）

办公室主任

周景玉（国家中医药管理局人事教育司综合协调处处长）

李秀明（中国中医药出版社副社长）

李占永（中国中医药出版社副总编辑）

全国中医药行业高等教育"十三五"规划教材

编审专家组

组　长

王国强（国家卫生计生委副主任　国家中医药管理局局长）

副组长

张伯礼（中国工程院院士　天津中医药大学教授）

王志勇（国家中医药管理局副局长）

组　员

卢国慧（国家中医药管理局人事教育司司长）

严世芸（上海中医药大学教授）

吴勉华（南京中医药大学教授）

王之虹（长春中医药大学教授）

匡海学（黑龙江中医药大学教授）

刘红宁（江西中医药大学教授）

翟双庆（北京中医药大学教授）

胡鸿毅（上海中医药大学教授）

余曙光（成都中医药大学教授）

周桂桐（天津中医药大学教授）

石　岩（辽宁中医药大学教授）

黄必胜（湖北中医药大学教授）

前　言

　　为落实《国家中长期教育改革和发展规划纲要（2010–2020年）》《关于医教协同深化临床医学人才培养改革的意见》，适应新形势下我国中医药行业高等教育教学改革和中医药人才培养的需要，国家中医药管理局教材建设工作委员会办公室（以下简称"教材办"）、中国中医药出版社在国家中医药管理局领导下，在全国中医药行业高等教育规划教材专家指导委员会指导下，总结全国中医药行业历版教材特别是新世纪以来全国高等中医药院校规划教材建设的经验，制定了"'十三五'中医药教材改革工作方案"和"'十三五'中医药行业本科规划教材建设工作总体方案"，全面组织和规划了全国中医药行业高等教育"十三五"规划教材。鉴于由全国中医药行业主管部门主持编写的全国高等中医药院校规划教材目前已出版九版，为体现其系统性和传承性，本套教材在中国中医药教育史上称为第十版。

　　本套教材规划过程中，教材办认真听取了教育部中医学、中药学等专业教学指导委员会相关专家的意见，结合中医药教育教学一线教师的反馈意见，加强顶层设计和组织管理，在新世纪以来三版优秀教材的基础上，进一步明确了"正本清源，突出中医药特色，弘扬中医药优势，优化知识结构，做好基础课程和专业核心课程衔接"的建设目标，旨在适应新时期中医药教育事业发展和教学手段变革的需要，彰显现代中医药教育理念，在继承中创新，在发展中提高，打造符合中医药教育教学规律的经典教材。

　　本套教材建设过程中，教材办还聘请中医学、中药学、针灸推拿学三个专业德高望重的专家组成编审专家组，请他们参与主编确定，列席编写会议和定稿会议，对编写过程中遇到的问题提出指导性意见，参加教材间内容统筹、审读稿件等。

　　本套教材具有以下特点：

1. 加强顶层设计，强化中医经典地位

　　针对中医药人才成长的规律，正本清源，突出中医思维方式，体现中医药学科的人文特色和"读经典，做临床"的实践特点，突出中医理论在中医药教育教学和实践工作中的核心地位，与执业中医（药）师资格考试、中医住院医师规范化培训等工作对接，更具有针对性和实践性。

2. 精选编写队伍，汇集权威专家智慧

　　主编遴选严格按照程序进行，经过院校推荐、国家中医药管理局教材建设专家指导委员会专家评审、编审专家组认可后确定，确保公开、公平、公正。编委优先吸纳教学名师、学科带头人和一线优秀教师，集中了全国范围内各高等中医药院校的权威专家，确保了编写队伍的水平，体现了中医药行业规划教材的整体优势。

3. 突出精品意识，完善学科知识体系

　　结合教学实践环节的反馈意见，精心组织编写队伍进行编写大纲和样稿的讨论，要求每门教材立足专业需求，在保持内容稳定性、先进性、适用性的基础上，根据其在整个中医知识体系中的地位、学生知识结构和课程开设时间，突出本学科的教学重点，努力处理好继承与创新、理论与实践、基础与临床的关系。

4. 尝试形式创新，注重实践技能培养

为提升对学生实践技能的培养，配合高等中医药院校数字化教学的发展，更好地服务于中医药教学改革，本套教材在传承历版教材基本知识、基本理论、基本技能主体框架的基础上，将数字化作为重点建设目标，在中医药行业教育云平台的总体构架下，借助网络信息技术，为广大师生提供了丰富的教学资源和广阔的互动空间。

本套教材的建设，得到国家中医药管理局领导的指导与大力支持，凝聚了全国中医药行业高等教育工作者的集体智慧，体现了全国中医药行业齐心协力、求真务实的工作作风，代表了全国中医药行业为"十三五"期间中医药事业发展和人才培养所做的共同努力，谨向有关单位和个人致以衷心的感谢！希望本套教材的出版，能够对全国中医药行业高等教育教学的发展和中医药人才的培养产生积极的推动作用。

需要说明的是，尽管所有组织者与编写者竭尽心智，精益求精，本套教材仍有一定的提升空间，敬请各高等中医药院校广大师生提出宝贵意见和建议，以便今后修订和提高。

国家中医药管理局教材建设工作委员会办公室
中国中医药出版社
2016 年 6 月

编写说明

　　本教材是根据教育部印发的《大学生职业发展与就业指导课程教学要求》，在国家中医药管理局教材建设工作委员会宏观指导下，以全面提高中医药人才的培养质量、积极促进大学生就业为目标，依据中医药院校就业指导课程教学实际需求编写的。本教材编写要求有利于帮助学生掌握求职或创业的基本技能，提升就业能力；有利于帮助学生顺利就业和就业稳定，实现职业发展目标；有利于提升学生内在素养和品质，做好向"职业人"转换的各种准备。其内容主要包括提高就业能力、求职过程指导、职业适应与发展、创业教育等部分。

　　本教材与全国中医药行业高等教育"十三五"规划教材《大学生职业发展规划》是姊妹教材，既有相关性、延续性，又有明确区别，内容不重复。本教材主要面向进入求职和创业准备阶段的学生，适合中医药院校本科生高年级学生使用。本教材兼具理论与实践特质，突出实践性和课堂体验式教学特点，通过教学力求促成就业理念和方法形成，促进学生就业能力提升。本教材在具体内容的选取上，强调贴近中医药院校学生就业创业需求的实际，理论部分更多考虑各专业的通用性，适当增加医疗行业、医药专业、医疗人才市场、医药用人机构等相关的特色内容；案例分析、课堂讨论、活动训练等部分的内容选取，则尽量凸显中医药专业的特色。同时，比较注重教材的可读性，尽量做到语言简洁，文字流畅，案例经典，符合大学生的阅读习惯。在每一节内容的后面，根据讲授的内容不同，设置了案例分析、经验分享、团体训练、小组讨论、情景模拟训练、模拟面试、小组训练、职场人物访谈、个人简历点评等课堂互动内容，以有效激发学生学习的主动性和参与性，提高教学效果。

　　本教材由浙江中医药大学、广西中医药大学、北京中医药大学、黑龙江中医药大学、山东中医药大学、山西中医药大学、辽宁中医药大学、甘肃中医药大学、新疆医科大学、云南中医学院、河北中医学院等院校共同编写。陈刚提出编写思路，拟定教学大纲和编写大纲。绪论由李宝琴编写；第一章由祝金旭编写；第二章由袁佺编写；第三章由陈刚、李海滨编写；第四章由王世栋编写；第五章由王旭、李正良编写；第六章由丁旭编写；第七章由董塔健、叶勇玲编写；第八章由李玮编写；第九章由叶生文编写。辽宁中医药大学孟晓媛老师参与了部分内容的编写，在此表示感谢。

　　本教材参考并吸取了近年来国内外有关大学生就业指导、创业教育的成果，借鉴了各地大学生就业指导的成功经验，难以一一列出，在此表达我们的歉意，并衷心地向有关专家和同行们表示感谢。

　　限于水平，教材中若有疏漏之处，敬请读者提出宝贵意见，以便再版时修订提高。

《大学生就业指导》编委会

2017 年 7 月

目 录

绪　论

● **本章要点**

　　通过本章的学习，了解就业指导的基本概念、主要内容和重要意义，认识当前高校毕业生就业形势尤其是医学院校学生的就业现状，提高对学习这门课程重要性的认识，增强学习的自觉性和积极性；同时，了解就业指导的历史演进过程及国外就业指导的概况和主要特点。

　　党的十八大报告指出，推动实现更高质量的就业是保障和改善民生的头等大事，是社会和谐稳定的重要保证。李克强总理在 2017 年 4 月 5 日的国务院常务会议上强调："就业是 13 亿多人口最大的民生。"党和政府一直十分重视大学生就业工作，大学毕业生能否实现充分就业，不仅是大学生自身发展的问题，还关系到国家的发展、社会的稳定、家庭的幸福、个人理想的实现。所以，做好大学生就业指导工作，是高校办学的重要任务。

第一节　大学生就业指导概述

困惑与迷思

　　近几年来，很多学生都在向就业指导老师或辅导员问及这样的问题：

　　老师，我是读研还是就业呢？

　　老师，我们这个专业以后能干什么呀？

　　老师，您觉得我回家乡好还是留大城市好呢？

　　老师，这个单位不好，我想违约可以吗？

　　老师，我到现在都没有收到面试的通知怎么办？

　　老师，简历到底怎么弄啊？

　　老师，这个单位要女生吗？对女生有没有性别歧视啊？

　　关键问题：大学生如何进行职业定位，认知职业世界，了解就业形势、就业政策和相关制度，掌握求职技巧，学会解决就业中遇到的问题，不断提高职业素养，做好就业各项准备，是共同面临的课题。

理论与讲解

　　在针对毕业就业所做的调查中，大部分学生谈到，他们非常关心能找到什么样的工作，不

NOTE

知道职场是什么样，不知道自己适合干什么、能干什么。在找不到工作或找到的工作不满意时，缺乏正确的心态去面对。因此，开设就业指导课程，引导大学生认清就业形势，树立正确的择业观念，不断提升职业素养和职场竞争力，主动适应社会，是非常重要和必要的。

一、大学生就业指导的基本概念

（一）就业指导的概念

1. 就业   就业是指劳动者同生产资料相结合，从事一定的社会劳动并取得经济收入的活动。对就业概念的理解，从理论上说需要把握三个方面：一是从事社会劳动，要把个人的工作融入整个社会之中；二要得到社会的认可，必须合理合法；三要有一定的报酬或经济收入。社会中具备劳动能力的人通过就业维持生活，同时实现自身价值，为社会做出贡献。

2. 就业指导   也称为求职择业指导、职业指导或职业辅导，是指为需要获得职业的人提供如何获得适合自己职业的各种服务和指导，实现劳动者与职业的结合。就业指导有广义和狭义之分。广义的就业指导是指为劳动者选择职业、准备就业及在职场中求得发展，进一步提供切实可行的知识、经验和技能；狭义的就业指导是指为应聘者传达就业信息，为其择业开展中介服务，帮助劳动者实现理想的就业。

（二）大学生就业与就业指导

1. 大学生就业的特点   大学生就业和其他就业不同。其一，就业主体是受过高等教育、有一定的思想素质和文化素质的青年群体；其二，大学生从学校步入社会，由学生转为社会人、职业人，一般不具有工作经验；其三，具有较强的群体性和季节性，数百万计的毕业生在同一时间段需要就业。

2. 大学生就业指导   大学生就业指导是广义的就业指导，其内容包括预测就业市场，汇集、传递就业信息，开展就业政策咨询，推荐、介绍毕业生，组织招聘单位开展招聘活动，培养毕业生职业技能，指导大学生规划职业生涯等。通过大学生就业指导，要帮助和引导大学生树立正确的职业理想和择业观念，提高职业素养，增强就业能力，根据自身的特点和社会职业的需要，找准职业定位，选择并确定有利于发挥个人才能和实现个人理想的职业，顺利就业，实现学业、就业、职业和事业的协调统一，为社会多做贡献。

二、大学生就业指导的主要内容

当今时代社会发展迅速，经济形势日新月异，大学生就业成为社会共同关注的热点。在此背景下，就业指导的作用日益突出，内容不断丰富，形式也更加多样。现阶段，大学生就业指导的主要内容有以下几个方面。

（一）就业思想教育

就业思想教育主要是择业观教育，要把正确的世界观、人生观、价值观教育融入就业指导工作中，落实到生涯设计、择业标准、求职道德、成才道路等方面，帮助学生树立正确的择业观，将自我价值实现与社会需要结合起来，树立大局意识，担当意识，培养艰苦奋斗和无私奉献精神。就业思想教育贯穿就业指导的全过程，通过就业指导，使大学生在求职择业过程中，能正确认识社会，认识自我，自觉调整择业期望；既能面对现实，保持良好心态，又勇于竞争，克服"等、靠、要"的思想，积极适应社会。

（二）就业政策指导

就业政策是高校毕业生就业的行为准则和求职择业的重要依据。大学生了解国家层面的就业政策，熟悉地方性、区域性、行业性的就业政策和措施，掌握学校制定的毕业生就业工作方案，有利于根据国家需要并结合个人实际，有针对性地选择职业和就业岗位，克服思想和行为上的随意性与盲目性。

（三）就业形势指导

就业形势指导主要是帮助大学生了解毕业生状况和人才需求的形势，使学生全面了解本行业人才市场的近况，对行业的改革和发展状况、社会的用人需求数量、人才的基本素质要求有比较充分的了解，从而更好地进行职业定位和职业选择，把握求职择业的主动权。

（四）就业策略指导

就业策略指导也称为就业技巧指导，即对大学生求职择业的策略、方法、手段、技巧等具体操作环节进行指导，是大学生实现顺利就业的必备技能。其主要包括自我认知能力、信息收集能力和处理能力、自荐方法、面试技巧、沟通能力、职业适应能力等内容。正确的方法和技巧是成功就业的重要因素，在双向选择过程中，掌握和运用必要的求职方法和技巧，是提高毕业生就业成功率的重要保障。

（五）就业心理指导

就业心理指导是指运用心理学的原理和方法，针对毕业生的心理特点和在择业过程中产生的心理问题予以帮助指导。毕业生在就业过程中，面对激烈的竞争和择业这一人生重大选择，由于主观上的不成熟和客观上的诸多因素，容易出现茫然、自卑、焦虑等心理问题。另外，在学生向职业人的转变过程中，也会出现很多因不适应导致的心理问题。因此，帮助大学生提高心理素质，勇于面对挫折，保持积极乐观的良好心态，尽快适应社会和工作环境，完成从学校到社会、从学生角色到职业角色的转变，是人生的重要课题。

三、大学生就业指导的意义

（一）大学生就业指导的重要意义

1. 有利于正确择业　择业是人生的关键，直接影响大学生个人的前途和发展。由于大学生涉世不深，社会经验不足，对国情和社会缺乏深刻的了解和认识，对自己究竟适合什么样的工作缺乏客观、科学的分析和判断，以致在众多的职业岗位面前眼花缭乱、无所适从。大学生就业指导能帮助大学生更好地认识自我，了解职业世界，并遵循职业选择原则，进行最佳的职业定位，做好职业选择。

2. 有利于心理调整　面临就业的选择，怎样分析主客观条件，怎样看待不同工作岗位的利弊得失，如何把握机会，找到一个比较满意的工作，成为大多数大学生思考的焦点问题。大学生就业指导，通过开展就业心理咨询，指导和帮助毕业生克服就业中的焦虑、迷茫、自卑、依赖、急功近利等心理障碍，树立乐观、积极的态度，勇于面对挫折和困难，从而走上正确的求职道路。

3. 有利于顺利就业和职业稳定　顺利就业是大学生的共同愿望，关系到大学生未来的生活状态和事业进步。科学的就业指导帮助大学生顺利找到一个比较适合自己的工作岗位，顺利

NOTE

进入职场。同时，帮助大学生在正确的人生价值观、良好的道德准则和行为规范基础上坚守自己的职业并获得事业成功。

4. 有利于学校改革和声誉提高　毕业生能否适应社会的需求，能否在工作岗位创造成绩，对学校的声誉和发展至关重要。在就业指导过程中，学校可以对如何培养素质高、能力强、社会适应性强的学生进行实证性的研究，得到来自就业的最真实的反馈，促使学校及时调整专业设置和学科建设，保证紧缺人才的培养，实现"学以致用"，最终提高学校的整体实力。

（二）医学院校大学生就业指导的重要性

近年来，我国医学教育有了很大的发展，据教育部网站 2015 年统计年报数据显示，2015 年医学专业普通本科生人数达到 1152058 人。随着高等医学院校办学规模的较快增长，医学生就业问题越来越受到关注。因此，对医学毕业生开展有针对性的就业指导，促进充分就业，是当前医药院校就业工作面临的重要课题。

1. 树立医学毕业生正确的择业观　目前医学生就业存在"一高两难"的状况。"一高"是毕业生就业期望值过高，不愿意下基层。"两难"是毕业生进大医院难，而基层医院招聘难。究其原因，是相当多的医药专业毕业生更愿意留在大城市，希望到三甲医院工作。然而，目前大城市三甲医院的从业人员大多已经饱和，医学毕业生很难顺利入职。与此相反，基层医院却急需大量医药专业人才。所以，需要医学毕业生端正择业观，树立为祖国医药卫生事业发展和人民群众健康服务的思想，树立基层大有可为的信念，增强担当意识，把服务基层民众的健康当作自己事业的核心部分，时刻铭记"除人类之病痛，助健康之完美"的誓言，将社会责任和自身发展有效结合起来，为实现中国梦和健康中国的蓝图做出自己的贡献。

2. 合理配置中医药人才　从中医药事业方面来说，中医药院校毕业生的就业关系着行业人才的支撑，关系着中医药事业的兴衰。目前，虽然"大医院"对中医药专业毕业生的需求趋于饱和，但整个社会总体上依然处于人才缺乏的状态。2011 年，国家中医药管理局首次发布全国中医基本情况调查结果，报告显示，全国每万人中医执业医师仅约 3 人，每万人中医医院床位不到 4 张。中医执业医师占全国执业医师的 21%。村卫生室中，具有中医类别执业（助理）医师资格的人员约占 5%。随着健康中国规划的实施，人民群众对中医药的需求日益增加，各级各类医疗机构尤其是社区卫生服务中心（站）、乡镇卫生院、村卫生室等对中医药人才的需求缺口很大。所以，中医药院校加强大学生就业指导非常有必要。

3. 促进医学毕业生职业稳定　就业指导培训能帮助学生正确认识就业形势，深入理解就业政策，主动做好就业的各项准备，把握机遇，从而顺利就业。医学毕业生所学的专业性强，课业重，压力大，平时将更多的时间放在了专业学习上，缺乏对社会环境的正确感知，容易在职业定位等方面出现偏差。科学的就业指导可以开拓医学毕业生的思维，客观地评价自我，认知职业，化解职场中面临的各种困惑和问题，科学规划职业生涯，树立终身学习观念，在步入社会化进程中实现全面发展。

🖝 **课堂互动**

想一想，对就业指导最大的期望是什么？

让每位学生思考"我在就业指导方面目前最想解决的问题是什么"？并把它写在纸条上，

分小组分享。课后，把小纸条交给老师做教学参考。

第二节 大学生就业指导的发展历程

理论与讲解

从世界范围来讲，就业指导开展至今已有一百多年的历史。了解国内国外就业指导的发展历程与现状，有助于加深对就业指导重要性的认识，也有助于大学生更好地接受就业指导服务。

一、就业指导的发展历程

（一）就业指导的由来

就业指导作为一种专门的社会服务工作和研究课题，最早起源于美国。早在1894年，美国加州工艺学校就有人推行就业指导。之后，在德国、苏格兰等一些西方国家也相继开展了专门的职业指导活动。就业指导的创始人、美国的弗兰克·帕森斯（Frank Parsons）首先使用了就业指导的概念。1909年帕森斯出版了《选择一个职业》一书，标志着就业指导理论的正式产生。

（二）就业指导的发展历程

就业指导的发展大体经历了以下三个时期。

1. 职业指导理论提出和基本模式建立时期（1908～1942年） 代表理论是"特质因素论"。1901年美国波士顿成立了民众服务中心，帕森斯任领导。1909年，帕森斯撰写了《选择一个职业》一书，系统阐述了科学的职业选择理论——特质因素理论。由此也构建了帮助青年学生了解自己、了解职业，使自己与职业要求相匹配的职业指导模式。该理论假设是基于个体差异职业差别基础上的人职匹配。即假定所有的人在其成长和发展方面都存在差异，因此，职业指导就是人的兴趣和能力与社会所提供的工作机会相匹配的问题，职业指导的过程就是自我认知、职业认知前提下的人职匹配的过程。

2. 重视个人发现时期（1942～1951年） 代表理论是"来访者中心疗法"，代表人物是罗杰斯（Carl Ransom Rogers），代表著作是《心理咨询和心理治疗》。职业指导的重点向职业咨询的方法和技术转变。这种理论以来访者为中心，让来访者自我发现、自我抉择，充分尊重人的个性，尊重个人的选择，尊重人的自由发展，是一种助人自助的方法。

3. 生涯辅导的形成时期（1951～1971年） 主流理论是生涯发展理论，代表人物是舒伯（D. E. Super）。职业生涯发展理论从动态的角度来看待一个人进行职业生涯选择的历程，生涯发展是一个终生的过程。其强调职业发展的成熟度和职业自我概念，强调职业类型的选择和生涯形态的建立是一个发展的、动态变化的过程。

4. 生涯辅导成熟、完善和国际化时期（1971年至今） 职业生涯的内涵进一步扩大到家庭生活，舒伯将生涯定义为"生活中各种事件的演变方向和历程，包括人一生中的各种职业和生活角色，由此表现出个人独特的自我发展类型，它也是人自青春期到退休之后一连串的有报酬或无报酬职位的总和，甚至包括了副业、家庭、好公民的角色"。美国1973年创办的国家职

NOTE

业指导学会也在 1983 年更名为美国辅导与发展学会。

二、我国大学生就业指导的历史沿革

（一）就业指导工作的产生

1916 年，清华大学校长周诒春先生率先将心理测试的手段应用在学生选择职业中并开设相关的辅导课程，开始探索就业指导工作。1923 年，清华大学成立了职业指导委员会，拉开了我国就业指导工作的序幕。1925 年，清华大学庄泽宣教授编写了《职业指导实践》一书。1929 年 5 月，全国教育会议通过了《设立职业指导所及历行职业指导案》，并规定了实施学生职业指导的办法。1931 年 9 月，以研究职业指导为宗旨的"全国职业指导机关联合会"正式成立。与此同时，许多学校及社会组织陆续设立了就业指导机构，积极探索就业指导工作，使中国的职业指导从无到有，对于改变国人择业的盲目随意性、增强择业观念等起到了积极作用。

新中国成立后至 1982 年，由于长期实行计划经济和大学生统招统分的制度，完全真正意义上的就业指导工作在中国的历史进程中出现了断层。

（二）大学生就业指导的发展

改革开放以来，大学生就业制度经历了统包统分、双向选择、自主择业和自主创业的过程，高校就业指导工作也随之经历了恢复、发展、完善等三个阶段。

1. 就业指导恢复阶段（1982～1994 年）   1982 年起，国家积极而稳妥地实行毕业生就业制度改革。1983 年，国家教育委员会确定在清华大学、上海交通大学、西安交通大学和原山东海洋学院四所院校进行学校与招聘单位"供需见面"的试点。1985 年，毕业生自主择业，招聘单位择优录取的双向选择制度开始逐步推广。1986 年，深圳大学首开先河，在全国高校中率先成立就业指导中心，主要职责是通过开设就业辅导课，创办《就业辅导报》收集职业信息。此后，很多学校开展了一些对就业指导工作的探索和实践。

2. 就业指导工作的发展阶段（1994～2000 年）   1993 年，国家颁布《教育改革和发展纲要》，明确了毕业生就业制度改革目标和改革后就业方法，各高校在国家教育委员会的要求下，相继成立了毕业生就业指导中心，开展以就业指导为主题的讲座及系列化的讲授内容，就业指导工作的理论性和系统性得到加强，就业指导进入课堂成为必然。

3. 就业指导工作逐渐完善阶段（2000 年至今）   2000 年以后，毕业生自主择业常态化，各高校开始开设专门的就业指导课并不断完善课程体系。2009 年，国家印发了《国务院办公厅关于加强普通高等学校毕业生就业工作的通知》，提出了鼓励大学生采取自主创业等多种形式实现就业。2010 年出台《教育部关于大力推进高等学校创新创业教育和大学生自主创业工作的意见》，高校就业指导和创新创业教育工作应运而生并不断完善，引导大学生通过创业求发展。2016 年出台《教育部办公厅关于进一步做好高校毕业生就业创业工作的通知》，要求高校要做好以高校毕业生为重点的青年就业工作，支持帮助学生们迈好走向社会的第一步。

三、大学生就业指导工作的现状

（一）就业指导工作的探索情况

近年来，大学毕业生就业形势发生了重大变化，如持续增长的大学毕业生、大学生就业观的多元化、新职业新行业的大量涌现等。就业指导工作要帮助学生树立职业观念，指导学生正确把握目前的就业形势，了解和熟悉国家、省（自治区、直辖市）、市有关大学生就业政策，指导毕业生掌握求职对策，从而为毕业生顺利就业创造条件。

1. 探索　面对新形势，高校进行了各种有益探索和实践。

（1）就业招聘工作有所提前　一些高校校园招聘会在 10 月份就已经开始，甚至有些单位提前一年实施雏鹰计划，招聘学生进单位实习，提前锁定优秀毕业生。近年来，经就业指导部门努力，大、中、小型招聘会较以往提早进行，让大学毕业生有更多的准备和选择机会。

（2）加大课程教学与改革　各高校通过增加授课学时、优化教学内容、创新教学模式等加强大学生就业指导课程的改革。在教学过程中，多媒体教学、案例教学、翻转课堂等各种教学方法与模式都进行了探索和尝试，并取得了很好成效。

（3）创新指导模式和载体　与以往相比，很多毕业生在知识储备、实践技能、社交能力等方面有了进步，但面对社会，面对严峻的就业形势，他们在求职过程中容易出现心理波动问题，如对前途信心不足、焦虑迷茫、对就业形势把握不住等。很多高校的就业指导中心（部门）开展了就业联盟活动，如信息共享、资源整合、传递信息等。

2. 管理　学校从学生就业工作指导、学生培养质量、就业工作规程等方面制定了一系列的制度，基本实现了大学生就业指导工作的全程化、规范化、全员化。

（1）加强引导，规范管理　很多学校制定了大学毕业生就业工作章程，加强对学生就业指导工作的领导，规范了学生就业指导工作流程，为学生就业指导工作提供了坚实的领导保证、组织保证和制度保证。

（2）分解目标，实行就业指导工作目标责任制　高校将就业工作纳入考核范畴，进行目标分解，定期考核，并定期通报完成任务进度情况。

（3）加强创业、就业指导教师队伍建设　建立了大学生就业指导工作调研机制，学校选派职业指导教师参加各类职业指导教师培训，加强就业创业师资的培育。

（4）加强调研工作和特色项目服务　利用双选会、就业洽谈会及专场招聘会对招聘单位和毕业生分别进行满意度调查，各专业学生就业意向调查；签订就业创业实践基地合作协议，使毕业生就业工作基地化；大力宣传西部计划，"三支一扶"计划，大学生村官计划等项目，支持鼓励大学生到基层成长成才，建功立业。重视就业困难学生帮扶，强化日常服务。

（5）实施学生创新创业教育工程　以创业促进就业，很多学校提出创新人才培养的目标，制定教学计划，研究培养模式；同时以设立创业基金为引擎，开展创新创业项目研究。

（二）医药院校毕业生就业指导

2004 年起，医药院校毕业生大致以每年 20% ～30% 的速度递增，各类医学院校（系）每年招录的医学生约有 60 万人。从我国医疗资源分布情况看，医学毕业生的人数远远满足不了市场需求。但现实是，现有大的医疗机构人员趋于饱和，偏远地区医院和社区医院由于条件差、待遇低、政策不到位等原因招不到毕业生。在此背景下，各医药院校大学生就业指导工作责任重大、任务艰巨，就业指导部门进行了多方面的努力。

1. 指导形式　开设就业指导课程、提供就业信息、举办校园招聘会等，也有的将实践能力的培训纳入日常的教学计划，如开展现场招聘模拟、礼仪示范等，请医院的人事部门人员给学生做讲座，从招聘单位的角度对学生职业素质提出建言和要求；请校友回校做讲座，讲述自身求职和职业发展的经历、经验。

2. 培训阵地 主要的途径是传统的课堂讲授，通过课堂教学使学生熟悉就业政策、掌握就业技能。课堂外，不少学校开展了素质拓展训练，建立了素质拓展场馆，有的还开设了就业工作坊、创新创业孵化室等，让学生们对自身职业角色提前认知，进行求职经历和就业真实环境的体验。

3. 就业指导课 基本上都开设了职业发展规划与就业指导课程，纳入教学计划。就业指导贯穿学生入学到毕业的整个培养过程，建立了较为系统、完整的课程体系，包括职业生涯规划教育、创新创业教育和就业指导，配备了相应的专、兼职师资队伍和团队，对就业形势、就业市场进行调研、访谈，宣传、推荐就业信息与岗位，开展多项服务。

4. 第二课堂活动 采用走出去、请进来，举办各种实践活动和培训活动，经常举办大型职业生涯规划和创业计划大赛，有力促进学生职业素养的提高和就业能力的提升。

小组讨论

请谈谈本校就业指导中心和学院向你们提供了哪些就业指导服务？你曾接触过哪些服务？同学们对学校的就业指导服务有什么建议和意见？

第三节　国外大学生就业指导

理论与讲解

欧美发达国家大学生就业一般实行自由择业的就业制度，完全通过市场进行调节。大学生就业不受任何行业范围、工作性质和就业地的限制，可以自由地选择职业；雇主也是根据自身的需要自由录用毕业生。国外大学生的就业是整个社会的事，政府、高校、社会中介在这个过程中各有分工。不同的国家各参与要素的职责不尽相同，职责的重心也各有不同，但都自成体系，实现了运作方式的体系化。在国外，大学生就业指导在生涯规划上体现了系统化、全程化的特点，有的从小学甚至学前就开始有生涯规划教育，到大学更是从入学就有计划、有步骤地进行。大学生就业指导的专业人员的学位和专业化程度非常高，职业规划师和职业心理咨询师众多，实现了就业指导人员的专业化。

一、美国的大学生就业指导

美国汇集了多所世界著名高校。各所高校之间存在着激烈的竞争，毕业生就业率和就业质量直接影响着高校的声誉和发展。学校在招生规模、学生学费标准的制定、政府拨款的力度及社会捐助等方面都要受到学生就业率高低的影响，因此，美国高校非常重视对学生进行毕业就业的指导工作。其就业指导工作的特点包括以下几方面。

（一）工作模式全方位、立体化

美国高校就业指导模式经历了由传统向现代的转变，指导内容和方法不断更新。工作重点从过去注重就业安置和资讯提供，逐渐转变为注重加强培训和辅助发展。辅导范围由择业指导拓展为将事业、心理、学术三者合为一体的辅导和全人发展。就业指导由过去旳行政服务性工作转变成具有教育职能的教学性工作。就业辅导的基础由原来依赖常识、直觉和经验，上升到注重理论、研究、调查相结合的专业化服务。指导对象由只侧重应届毕业生转变为面向所有年级，甚至包括研究生在内的各类学生。

（二）工作内容丰富而细致

就业指导工作内容包括：以心理测验和职业咨询为方式的自我认识指导；以提高应聘技巧、增强职业竞争力为目的的求职工作坊和培训课程；以了解职业特点和职业要求为目的的小组训练和讲座；以增强职业适应性为目的的社会实践活动。高校就业指导工作内容上丰富多彩，形式上灵活多变，而且注重质量和实际效果，工作做得非常细致。

（三）工作方式注重全程服务

将就业指导纳为高等教育系统的组成部分，对有不同发展需求的学生提供不同的辅导内容。某些大学实行的"优质职业培训计划"，选拔成绩及素质比较高的学生，从低年级开始对其进行全程的就业指导服务和求职技能训练。在学生求职时，鼓励其竞聘一些著名的公司。

（四）工作人员实行全员参与

在美国高校，辅助学生就业工作的人员范围广泛，比如专业教师、学校行政人员、学生会组织、政府有关部门、社会研究专家及就业指导理论学者等。各高校都建立了专门的"校友事业网络"，利用网络联络各届校友。这些校友经常被邀请回母校举办讲座，为在校生和毕业生提供职业方面的意见。

（五）普遍使用职业测试工具

职业测试作为一种辅助工具，广泛为美国高校就业指导机构所采用。常用的职业测试工具包括自我定向探索（self-directed search，SDS）、斯特朗-坎贝尔兴趣量表（Strong‐Campbell interest inventory，SCII）、霍兰德职业爱好量表（Holland vocational preference inventory，HVPI）、塞普尔工作观量表（work values inventory，WVI）等。测试结束后，工作人员根据不同的情况，以个人和小组两种方式对测试结果进行解释，并且开展测试后的跟进工作。

（六）注重宣传与交流

高校注重对就业指导工作的推广，推广工作分为校内宣传和校外交流两个方面。校内宣传主要通过在校园内开展主题展览、编发就业手册、散发求职技巧参考单等方式，扩大就业指导的影响，提高学生对就业指导服务的使用率。校外交流工作一方面面向招聘单位宣传学校的办学质量，扩大学校影响，提供就业招聘服务，强化需求关系，寻求与招聘单位的合作；另一方面加强校际交流，提高工作水平，实现就业信息和资源的共享。

二、英国的大学生就业指导

英国的大学生就业指导任务一般由学校承担，学校充当就业指导的"高参"。英国高校一般设有"就业指导服务部"，负责为学生提供就业信息和心理辅导服务。英国大学生就业指导工作的特点包括以下几个方面。

NOTE

（一）高校及民间组织提供就业指导服务

英国高校"就业指导服务部"，既是学生们就业信息的主要"数据库"，又为大学生排忧解难、对症下药，提供心理辅导。工作人员与招聘单位保持着长期联系，及时了解人才需求情况，向学生提供就业信息，帮助分析学生的具体情况、计划求职方向、面试过程中注意的问题。英国还有就业指导的民间组织，联合各高校编写就业辅导书，发布有权威性的评估和就业率统计信息。

（二）职业指导融入大学课程设计

英国大学将职业指导融入了大学的课程设计之中。以牛津大学为例，其所设立的专职服务部门，不仅服务于在校生，还服务于毕业4年之内的毕业生。在大学里，专职服务部门充分利用服务职能，既为广大的大学生提供就业信息，还为雇主提供招聘的专业建议，让雇主充分参与职业服务组织的招聘会和招聘者培训，有效避免人才市场供求信息的不充分和不对称，解决大学生就业难的问题，一举多得。

（三）专业的就业指导队伍

大学设有专门的就业咨询人员，向学生提供就业信息，帮助分析学生的具体情况、计划求职方向，教学生如何撰写专门的求职信及面试中的注意事项等。在英国大学里从事就业辅导的教师大都拥有心理学等专业的博士学位。对毕业生的辅导除了择业外，还包括个性分析、职业生涯设计等更多的内容，预约谈话的毕业生终日不断。

三、德国的大学生就业指导

德国大学生就业由国家劳动总局及各州联邦政府的劳动局来操作，局里特设大学生职业指导处并附属一个信息中心。建立了全国通行的网络平台，招聘单位和学生可用任何一台电脑登录，免费共享资源。德国大学生就业指导有以下特点。

（一）招生与就业相衔接

高校非常注重为学生提供入学前的咨询服务，每年都举办面向社会广大高中毕业生的入学咨询服务活动。主要内容有：为广大学生提供包括学校专业设置情况的介绍，专业就业前景，学生如何根据自己的特长、兴趣、爱好及综合素质选学相应的专业，设计自己职业生涯等咨询服务。这个过程中学生完全可以自由选择学校、专业和将来所从事的职业。

（二）专业学习与职业生涯相结合

各高校每年都对毕业生进行互补性专业知识培训和综合能力培训，其做法主要是对某些专业的学生进行互补性很强的课程训练和综合能力培训。如对学习生物等专业的学生强化计算机、法律方面的知识培训，因为这些专业的学生在今后的工作中都要涉及这些方面的知识。

（三）强调学生自我负责

强调大学生是就业的主体。因此，虽然高校就业指导机构会为提供学生就业指导服务，但是在对学生的教育中，会对学生灌输自主就业意识。自我负责意识的培养使得大学生自身会寻求不断进步。首先是非常重视实践能力的培养和锻炼，在日常的学习中学生勇于接受各种挑战，努力把握各种有利的机会。其次，树立积极乐观的心态，认为个人就业问题应该通过自身的努力来实现，当不能实现就业时，不会过多地对学校和政府埋怨。因此，德国学生在就业时，即使暂时找不到理想的工作，也会以稳定的心态来应对，先找一份能生存的工作，将来再进行职业提升。

四、日本的大学生就业指导

日本大学毕业生的就业制度是自由就业，政府和高校不负责安排毕业生的工作，但政府、高校、社会都非常重视高校毕业生就业和就业指导工作，政府对毕业生就业实行间接控制，强化立法和政策引导，但对毕业生就业的运行不干预。

（一）健全的就业体系

日本建立了一套文部省主管、厚生劳动省协管、大学就业指导部门为中心、企业提供支持、就业考试予以保障、大学生积极参与的就业援助体系。这一体系对促进日本大学生的就业发挥了积极作用。日本的就业援助体系具体包含政府作为、大学作为、企业作为、学生的积极参与及社会的广泛参与，通过形成社会多个主体的就业联动机制，使高校大学生在实际就业的过程中，能够享受到全方位的服务，有效地减少就业过程中所遇到的疑问和疑惑，也使高校大学生能够有更多的就业机会和就业选择。

（二）重视市场自行调节

日本实行大学毕业生自由就业制度，由市场进行调节。大学生就业不会受到行业、工作性质和地区的限制，自主选择职业岗位。与此同时，招聘单位也可以根据自身的实际发展需要录用合适的毕业生。重视市场调节的核心就是政府对于高校毕业生和招聘单位之间的择业选择行为不做任何的行政干预，而只是单纯地提供就业服务。例如相关政府部门会对职业进行分类，并对职业进行前景预测，分析该职业目前的就业前景及可能的就业机会。同时也通过完善相应的法律法规对就业市场进行规范，有效地保障大学毕业生的权益。

（三）强调个性化的就业指导

所谓个性化就业指导是以提高大学生的就业质量为目标，对每一个或每一类学生个体进行一对一的就业指导，以便学生能找到更适合自己个性、特长发挥的职业。在日本，高校的就业指导和服务工作具有很强的针对性，就业指导机构和服务内容虽然不尽相同，但都十分注重学生的个性化就业指导。在学校专门的就业指导部门中，独立设有提供个性化辅导的交谈室，为大学生提供就业指导的相关服务。学生可以通过预约的方式，选择就业辅导老师与其进行交谈。同时，学生也可以通过网络提问或交谈的方式与就业指导老师进行交谈。个性化的就业指导一方面可以提供针对性和专业化的服务，另一方面也可以为就业竞争力较弱的学生提供更加人性化的服务，能够有效地提升就业指导的水平。

🔍 课堂讨论

美国大学求职辅导中有专门的一项课业是鼓励学生多参加一些不同的商业圈活动、义务工作、兴趣小组等，称为"发展人脉关系"（Net-working），这个做法对大学生找工作有意义吗？

分析：这个过程不一定能直接帮助大学生找到工作，但大学生可以借此了解行业的最新动态，结识不同的职场人士，感受不同公司的文化，这些都是大学求职辅导课堂的重要补充，也是与通过父母、亲友等各种社会关系获得求职机会的不同之处。在求职辅导的过程中强调大学生人际交往能力锻炼，鼓励其寻找对行业熟知的人并进行咨询，建立广泛、良好的人际关系，能为毕业生将来的职场成功提供帮助。

课后思考

就业指导可以为我的就业提供哪些帮助？

第一章　就业形势与就业政策

● **本章要点**

　　通过本章的学习，了解高校毕业生就业形势，把握就业发展趋势，特别是医药行业发展现状、趋势及对今后就业的影响；理性看待毕业生就业现状，摆正心态，积极应对，树立与就业形势相适应的就业观念。了解大学生就业政策的变革历程，了解当前大学毕业生就业政策。

第一节　大学生就业形势

困惑与迷思

　　小贺，某中医药大学中药学专业应届毕业生。他在校期间学习成绩突出，多次获得奖学金，决心毕业时考取研究生。进入大四，周围的同学纷纷利用课余时间，专注社会、学校的各类招聘会，上网查询各种招聘信息。他坚持以考研为目标，不考虑就业的问题。春节过后，他考研失利，十分苦恼，被迫开始找工作。期间他虽然获得三个单位的面试资格，但最终都以失败而告终，他开始着急了，认为招聘单位不识人才，招聘方式不公平，陷入了深深的迷茫中。

　　关键问题： 每年都有"学霸"级的毕业生在就业择业过程中碰壁，不能顺利走上工作岗位。对于就业过程中的困惑应该怎样看待？

理论与讲解

　　大学期间，尤其是进入高年级以后，应在学好专业知识的同时及早关注大学生的就业现状和面临的就业形势，客观分析就业市场现状和招聘单位的招聘需求，积极做好就业准备，不断提高自身就业竞争力。

一、我国宏观就业形势

　　随着我国经济进入"新常态"、人事制度改革的不断深入和高校毕业生规模不断加大，大学生就业环境发生了很大变化，大学毕业生就业形势更加复杂严峻，大学生就业已成为全社会普遍关注的问题。

（一）就业人口压力持续存在

　　人口和人力资源数量众多并保持增长，是我国的基本国情。大学毕业生是整个社会劳动力供给的重要组成部分。从20世纪90年代中期以来，随着我国劳动市场改革的深化，企业下岗职工、进城的农民工、大学毕业生等不同群体同时进入市场择业的现象出现，大学生就业面临多重压力。据有关部门统计，2013年全国外出进城务工的农民工已达到1.66亿人；另据有关部门预测，我国"十三五"期间平均每年需要在城镇就业的人口大约为1500万人，其中以高校毕业生为主，就业总量压力非常大。目前在我国经济转型的大背景下，正经历着经济深入调整、产业结构不断优化、供给侧结构性改革，将导致城镇新增劳动力就业、农村劳动力转移、城镇失业人员再就业和化解过剩产能导致的职工分流等多重就业压力碰撞的局面，劳动就业人口总量将持续在一个高峰值上。这在无形中给大学生就业带来了不利影响，今后大学生就业竞争会更加激烈。

（二）就业结构性矛盾比较突出

大学生就业的实质是国家社会经济发展与人才资源之间的合理配置问题。目前，我国大学毕业生"就业难"并不是供给绝对大于需求，现实中往往是"就业难"与"招聘难"并存，这种现象反映的本质就是高等教育培养的人才与国家经济社会发展需求之间存在着"结构性矛盾"。结构性矛盾主要表现在：高校培养的专业人才的数量、层次与劳动力市场不相匹配，大学毕业生的知识、技能等综合素质与招聘单位需求不相适应，大学毕业生的就业期望与人才市场提供的就业岗位存在着反差等。因此，高校必须加快人才培养综合改革，主动适应社会发展和经济变化，不断调整、改进人才培养模式，科学合理地设置专业，提升高校专业设置的科学预测和规划能力，增强高等教育与社会需要的适应性，促进人才培养更好地适应经济社会发展需要，以缓解人才供给与人才市场需求的结构性矛盾。

（三）国家高度重视大学生就业

大学生是国家宝贵的人才资源，是现代化建设的重要力量，是大众创业、万众创新的生力军。高校毕业生就业创业事关国家经济社会发展和社会和谐稳定。党中央、国务院历来高度重视和关心高校毕业生就业工作。党的十八大报告指出"就业是民生之本"，要"做好以高校毕业生为重点的青年就业工作"。党的十八大报告同时把"就业更加充分"作为全面建成小康社会和全面深化改革开放的目标之一。习近平总书记明确指出，高校毕业生的就业问题，关乎社会安定稳定，一定要高度重视。要做好以高校毕业生为重点的青年就业工作，加强政策支持，强化就业创业服务体系建设，支持帮助学生们迈好走向社会的第一步。2016年11月，习总书记主持召开中央深化改革领导小组第29次会议，审议通过了《关于进一步引导和鼓励高校毕业生到基层工作的意见》，从实施就业优先战略和人才强国战略高度，对毕业生到基层就业进行全面系统部署，直接推动毕业生就业创业工作。李克强总理也强调，要把促进高校毕业生就业创业放在突出位置，拓宽就业渠道，加强就业指导和创业教育，加强就业市场供需衔接和精准帮扶。国务院每年都召开全国普通高校毕业生就业（创业）工作电视电话会议，部署安排高校毕业生的就业工作。所有这些都充分体现了党中央、国务院对高校毕业生的高度重视和亲切关怀，为做好新形势下毕业生就业创业工作指明了方向。

二、大学生就业现状

（一）大学毕业生人数逐年增加，增速放缓

经过连续近20年的高校扩招，我国高等教育快速进入了大众化教育的发展阶段，大学毕

业生人数持续攀高，大学生就业压力不断增加，就业形势严峻。相关数据显示：自 1999 年扩招以来，全国普通高校毕业生人数逐年增多。2003 年扩招后第一批本科生毕业，毕业生数达到 212 万，到 2017 年增加到了 795 万，创历史新高。2004～2009 年是我国大学毕业生人数快速增长期，每年增长量超过 50 万，2010 年以后是大学毕业生人数持续缓慢增长期，每年增长量均在 30 万以下。从 2003～2017 年的 15 年间，毕业生数增长了 583 万（图 1－1）。

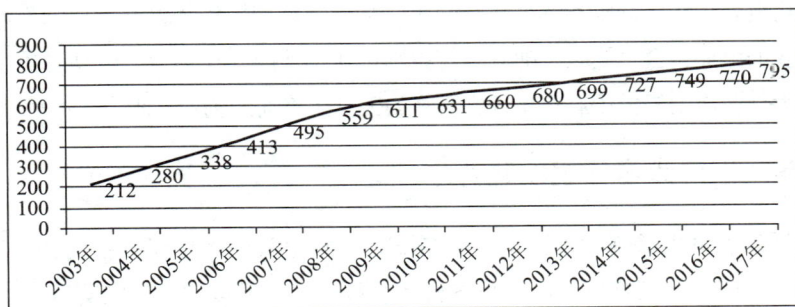

图 1－1　2003～2017 年全国高校毕业人数统计图（万人）

数据来源：教育部门每年公布的毕业生人数。

（二）大学毕业生初次就业率下降，半年后就业率稳定

《中国劳动保障发展报告（2016）》数据显示：2003 年之前，大学生初次就业率较高，均保持在 80% 以上，半年后就业率比初次就业率增加 5～10 个百分点。2003～2015 年，大学生初次就业率在 70%～75% 之间，半年后就业率比初次就业率增加 15～30 个百分点，即初次就业率较 2003 年前下降 5～10 个百分点，而半年后就业率均保持在 90% 以上，各年虽有波动，但差距不大。麦可思研究院发布的《2015 年中国大学生就业报告》显示：2012～2014 届大学生毕业半年后的就业率分别为 90.9%、91.4%、92.1%；《2016 年中国大学生就业报告》显示：2015 年本、专科毕业生毕业半年后的就业率分别为 92.20%、91.20%；东北师范大学发布的《中国大学生就业创业年度发展报告 2015—2016》显示：2016 届全国高校毕业生净就业率为 90.58%。从近五届大学毕业生就业率来看，毕业生就业率总体呈现稳定的趋势。

（三）大学生就业重心下沉，去向多元化

伴随着我国城镇一体化、国家对中西部地区经济发展的扶持和鼓励大学生基层就业等，二三线城市、中西部城市、城乡基层将会创造更多的就业岗位，成为大学生就业的重要选择。麦可思研究院就业数据显示：2010～2014 届本科生就业，城市分布已经出现"重心下移"，在直辖市就业比例为两成左右，在副省级城市约三成，在地级市及以下地区接近五成，这与我国城市化发展相一致。近年来，随着各级政府出台一系列引导大学生面向城乡基层就业政策措施，前往西部、城乡基层就业的毕业生人数稳步抬升。随着我国积极扶持县级及以下基层医疗卫生事业的发展，基层医疗单位的用人需求不断增加。据统计：近五年来，医科大学生去往市级医疗单位就业的人数逐步减少，去往县级单位就业的逐年增加，反映医科毕业生的就业重心在下沉，毕业生的期望值在逐步降低，对市场需求信号给予理性的回应。

经过改革开放 30 年的发展，我国中小企业、私营企业发展迅速，在国民经济和社会发展中的地位和作用日益增强，也为大学生就业提供了更多的就业岗位。《2015 年中国本科毕业生就业报告》数据显示："民营企业/个体"是 2014 届大学毕业生就业最多的招聘单位类型，本

NOTE

科院校中有 50% 的毕业生就业于"民营企业/个体"，高职高专院校中有 65% 的毕业生就业于"民营企业/个体"，均比 2013 届（本科 45%，高职高专 63%）有所上升。本科毕业生在民营企业的就业比例呈上升趋势，5 年上涨 10 个百分点，已接近五成，国企和外企对本科毕业生的需求下降明显。由此可见，当前大学生的就业主要去向已经转向了中小企业、私营企业等，"非国有"单位成了今后就业的主要渠道。随着经济增速放缓中经济结构的调整、产业结构升级和产能过剩的化解，新兴的健康养老、互联网＋、文化创意和绿色环保等产业的崛起，将为大学生就业提供更多的就业机会。同时，随着政府激励创业、社会支持创业、劳动者勇于创业的新机制逐渐形成，为创业活动提供了有利条件，更多的大学生将通过创业实现自己的职业理想。

三、"新常态"下的大学生就业趋势

在我国经济发展进入"新常态"的大背景下，大学生就业将呈现出新的特点和发展趋势，大学生就业与创业问题也面临着新的挑战与机遇。虽然经济增速放缓可能使得大学生就业问题更加复杂，但"新常态"带来国家经济结构的调整，经济增长动力趋于多元化，经济结构更加合理高效，又为大学生就业提供了有利条件。政府部门深化改革、简政放权、推进城镇一体化等政策也给中小企业的发展、大学生就业创业提供了新的契机。

（一）挑战与机遇并存

大学生就业与国家经济发展息息相关。传统的经济学理论一般认为：劳动力需求的水平主要是由经济增长速度决定的，经济增长会为劳动力市场创造更多的就业岗位，失业率降低；反之，劳动力需求将减少，失业率升高。"新常态"下我国经济从高速增长进入中高增速期，下行压力比较大，每年新增就业岗位数存在不确定性，这就决定了大学生就业形势更加复杂严峻，从近期来看，会给大学毕业生就业带来不利影响。而且，"新常态"下产业结构调整优化过程中，传统行业转入新领域，对从业者的知识、技能提出更高更新的要求，一些大学毕业生因为不适应新的岗位要求，将失去一些就业机会。

然而，高技术产业、新兴产业逐渐蓬勃发展，国家产业结构中第三产业比重也在不断上升。相对于传统产业，第三产业、新兴产业和高新技术产业的就业岗位普遍对从业者素质有更高的要求，这对大学生就业比较有利；日益上升的中高端劳动力的需求也会极大地拓展大学毕业生就业市场，使大学生就业问题在一定程度上得到有效缓解。同时，企业充分参与市场竞争、推进企业创新发展、扩大企业规模，市场潜力将会被进一步激发。作为吸纳大学毕业生就业的重要渠道，中小企业、私营企业的蓬勃发展将会为大学毕业生就业提供新的契机。

（二）国家宏观政策调整逐步到位

近年来，为了有效缓解大学生就业压力，促进大学生就业，各级政府、相关部门先后出台了一系列促进大学毕业生就业的新政策措施，为毕业生就业创造了良好的条件和环境，取得了积极效果。2011 年《国务院关于进一步做好普通高等学校毕业生就业工作的通知》（国发〔2011〕16 号）中强调："各地区、各有关部门要继续把高校毕业生就业摆在就业工作的首位，进一步加大工作力度，多渠道开发就业岗位，完善相关政策措施，切实加强就业服务，千方百计促进高校毕业生就业。"各级政府和相关部门频频出台新的大学生就业政策，其特点是：涵盖面广，涉及教育、人事、公安、财税、金融、工商等多个领域；内容丰富，涉及高校人才培养、就业指导、职业培训、劳动合同、户籍管理、档案管理、社会保障、基层就业、自主创业等内容，综合性极强。随着大学生就业政策的不断完善，政策效应充分释放，不断激活人力资源市场，与宏观经济政策、产业政策协调推进，综合发力，为大学生创造了更好的就业环境和更多的就业机会，从根本上消除了大学毕业生就业在制度上的障碍，对真正解决大学毕业生就业难题，起到了非常重要的作用。

（三）就业市场更加完善规范

经过二十多年的发展，伴随着高校毕业生就业制度改革而建立的大学生就业市场已基本形成，市场的积极作用逐渐凸显，信息更加公开便捷，操作更加规范有序，学生更容易掌握有效的市场信号，并做出积极回应。目前，就业市场因其高效、可靠、真实、规范而受到毕业生和招聘单位的普遍欢迎。大学毕业生就业市场的功能也从单一的"就业媒介"不断扩展，综合性的指导服务体系已逐步建立，能够为毕业生和招聘单位提供全方位的帮助、指导和服务。市场机制在大学毕业生择业过程的作用愈来愈明显，大学生就业市场正逐步从不规范到规范、从功能单一到功能多样化、从不成熟到逐步成熟，有效地促进了大学毕业生就业。据统计，某医学院校中药学专业 2015 届毕业生，离校前顺利就业的，近 80% 是通过就业市场来落实就业单位的。

四、影响大学生就业的因素

（一）大学生自身因素

1. 就业观与现实脱节　　"90 后"大学生的就业观在就业理想、就业选择、就业目标、择业目的、就业期望上，表现出明显的特点。积极的一面表现在富有激情、喜欢挑战、更加务实、喜欢继续深造等。然而，也有一些与当前就业形势不相适应的就业观念，成为制约毕业生顺利就业的重要原因。主要表现在：就业选择更加功利化、物质化；就业期望值依然偏高。内地某高校调查结果显示，对于工作地点的选择，43.1% 的学生选择将来在东部沿海城市发展，35.1% 的选择回家乡就业，仅有 6.3% 的学生考虑去中西部地区；部分大学生回避竞争，把就业寄希望于"拉关系、走后门"。

2. 就业能力欠缺　　就业能力是大学生整体素质的客观反映，是就业过程中大学生思想道德素质、专业技能素质、社会适应能力、心理素质及择业技巧等方面的综合体现。尽管各个行业对大学毕业生的就业能力要求存在差异，但对一些基本素养比如责任心、诚信、团队协作等存在一致性，成为大学生顺利就业的"门槛"。大学生就业难的一个重要原因，正是由于部分学生缺乏社会非常看重的基本职业素养而造成的。因此，大学生在校期间在学习专业知识的同时，需要重视自身基本素质的训练和提升。此外，随着我国经济转型和传统行业的转型升级，创新性技术产业、健康养老行业等的蓬勃发展，新兴业态的不断涌现，对应聘大学毕业生专业技能、知识结构提出了新的要求。

（二）大学教育因素

高等学校的人才培养要与社会经济发展相适应，这是高等教育发展的客观规律。它不仅要在人才培养数量上满足劳动力市场的需求，更重要的是要在质量、结构上达到与劳动力市场人才需求的动态均衡。但由于受高等教育改革的相对滞后性、复杂性及自身发展规律等因素的影响，我国高校在人才培养上尚有许多方面亟待调整和优化，主要表现在高等教育布局、专业设置和培养模式等方面与市场经济和社会发展有所不适应。高等教育布局需要调整，研究生、本科生、专科生的培养比例不够合理，呈现两头小、中间大的"腰鼓形"结构；而劳动力市场

NOTE

需求的结构呈"金字塔形"，需要少量高级研究型人才和中高级人才，大量的工程型技术人才、应用型技术人才，以及具有一定技术、技能的高素质技术工人。两者不匹配。高校专业设置的调整具有滞后性，许多高校也不重视通过调研与论证进行专业调整，不可避免地使专业设置与经济社会发展之间不相适应、不相互动。另外，我国的高等教育侧重于理论知识的传授，对大学生社会实践、知识创新、团队合作等方面素质的培养不够重视，导致毕业生在知识结构和能力上不能满足社会经济发展的要求。

（三）就业市场因素

虽然大学生就业市场正在逐步走向成熟，但目前市场运行机制和制度仍需不断完善，主要表现在大学毕业生就业市场尚缺乏统一性。目前，大学生就业市场主要有教育、人事、劳动部门的劳动力市场，高校内部的就业洽谈会，中介公司以盈利为目的举办的招聘会，各个地区、县市举办的各种大型就业招聘会。如此多的各类就业市场，针对性不强，效率很低，不仅给大学生提供有效的就业信息比较有限，而且带来很大的不便，市场监管机制和法规也需进一步完善。由于大学毕业生就业市场监管不到位，一些招聘单位在挑选毕业生时要求十分苛刻，部分招聘单位盲目追求高学历，纷纷打出了需要高层次人才的旗帜，还有一些单位存在性别、学校或籍贯歧视，市场竞争机制尚不健全，人才资源配置效率不高，不公平的现象时有发生，如有的招聘单位通过非市场渠道公布用人信息，暗箱操作；有的大学生找工作时过分依赖于家长、亲朋好友等人际关系网。

（四）"规培"对医学生就业的影响

住院医师规范化培训（简称"规培"）是国家层面制定的政策，是医学生毕业后教育的重要组成部分，将会对医学毕业生的职业规划和就业产生影响。2013年12月，国家卫生和计划生育委员会等七部门联合出台了《关于建立住院医师规范化培训制度的指导意见》，要求到2015年，各省（区、市）须全面启动住院医师规范化培训工作；到2020年，基本建立住院医师规范化培训制度，所有新进医疗岗位的本科及以上学历临床医师，全部接受住院医师规范化培训。这就意味着，如果医学毕业生未能参加规培，就不能从事医疗职业。

课堂分享

收集近三年全国、全省、本校大学毕业生人数、就业情况，通过图表或其他形式进行数据分析，组织学生结合自己专业谈谈对当前大学生就业形势的看法。

第二节   大学生就业政策

困惑与迷思

小倩是某大学中医学专业应届毕业生，准备回家乡就业。当地卫生行政部门网站公布了中医院招聘信息，她兴致勃勃地拿着自己的简历参加应聘。应聘报名时才得知，所有录用人员必须通过县里统一考试，而且考试内容除了专业知识外，还有管理、法律等内容。参加考试后，小倩因成绩不理想未被录用。她十分不解，认为她是一名合格的中医学专业毕业生，只要她有毕业证，当地政府就应该给她安排一份工作。

关键问题：目前我国大学毕业生就业实行"双向选择、自主择业"的制度，大学生需要通过竞争获得就业岗位。通过考试录用大学毕业生，是事业单位招录工作人员的基本政策规定。

理论与讲解

就业政策，是指国家在一定的历史条件和历史阶段为促进经济发展和社会进步，为劳动者创造就业和扩大就业机会所制定的行为准则。大学生就业政策是国家就业政策的一个重要组成部分，是专门针对大学生就业工作而制定的，用以规范相关部门行为，为大学生创造就业机会、扩大就业机会的一系列制度、规则及法规的总称。大学生应了解当前大学生就业的基本政策，包括国家的、地方的及行业的，并在就业择业时用好政策，为自己的就业保驾护航。

一、大学生就业政策的沿革

大学生就业政策是随着国家经济体制的变革而发展的。新中国成立 60 多年以来，我国大学生就业政策的发展大致分成三个阶段。

（一）第一阶段：统包统分阶段

从新中国成立初期到 20 世纪 80 年代中期，国家根据当年的用人计划，统一制定毕业生分配方案，省级主管部门负责部署、监督、落实，学校实施毕业生的派遣，毕业生由国家统一派遣到招聘单位。这种由国家负责、按照计划统一分配的大学生就业制度，即"统包统分"制度，是我国高度集中的计划经济体制的产物。这一就业模式的特点是国家职能部门根据招聘单位总体需求情况统一制定毕业生分配计划，毕业生由学校根据国家分配计划统一落实到具体的招聘单位。大学生由国家负责按计划分配的就业制度适应了当时国家计划经济下高度集中的资源配置方式，有利于国家宏观调控人才流向，保证了国家重点建设项目和边远落后地区的人才需求，促进了各地、各部门的经济协调发展。但随着我国政治经济领域的变革和发展，这种高度集中的统一分配制度与社会需求日益不相适应，毕业生和招聘单位之间没有自主选择权，严重制约了大学毕业生和招聘单位的积极性、主动性和创造性。

（二）第二阶段：双向选择阶段

从 20 世纪 80 年代中期开始，国家对高等学校毕业生的就业制度分步骤、分层次地进行了改革，推行在一定范围内毕业生自主择业、招聘单位择优录用的双向选择的"中期改革方案"。1985 年 5 月 27 日，中共中央颁布《中共中央关于教育体制改革的决定》（简称《决定》），这是我国当时发展教育事业的纲领性文件，文件中明确提出要"改革大学招生的计划制度和毕业生分配制度，改革高等学校全部按国家计划统一招生、毕业生全部由国家包下来的分配办法"，并指出对国家招生计划内的学生，其毕业分配实行在国家计划指导下，由本人选报志愿、学校推荐、招聘单位择优录用的制度。"双向选择、择优录取"的就业模式从此开始。按照《决定》确定的方向，1985 年在清华大学和上海交通大学等少数学校进行了"供需见面""双向选择"的改革试点。1989 年 3 月，国务院批准了原国家教委提出的《高等学校毕业生分配制度改革方案》（即"中期改革方案"，这是根据当时改革的条件和环境制定的过渡性方案），其中明确提出了在过渡阶段实行以学校为主导向社会推荐就业，毕业生和招聘单位在一定范围内双向选择的办法。对经推荐未被录用的毕业生，尽管国家政策要求其自谋职业，但在实际工作中，国家对绝大多数毕业生仍是实行了"包分配"的政策。以"双向选择"为主要特征的毕业生就业制度只是过渡性的就业政策，它顺应了教育体制改革对毕业生就业制度的新要求，适用于计划经济向社会主义市场经济转轨的过程。

（三）第三阶段：自主择业阶段

1993年2月13日，中共中央、国务院颁布了《中国教育改革和发展纲要》，明确指出我国大学生就业制度改革的长远目标是改革高等学校毕业生"统包统分"和"包当干部"的就业制度，实行少数毕业生由国家安排就业、多数由学生"自主择业"的就业制度。按照《中国教育改革和发展纲要》的要求，随着我国劳动人事制度的改革，除了师范类毕业生和某些艰苦行业、边远地区的毕业生在一定范围内实行定向就业外，大部分大学毕业生在国家的方针政策指导下，通过就业市场实行自主择业。

1999年，经国务院批准，教育部颁布了《面向21世纪教育振兴行动计划》。按照这一文件规定，从2000年起，我国要逐步建立比较完善的毕业生就业制度，并同时将原来计划经济时期一直沿用的"派遣证"改名为"就业报到证"。同年6月召开的全国教育工作会议，明确要建立自主择业的毕业生就业制度，即不包分配、竞争上岗、择优录用的用人制度。这标志着我国大学生就业制度结束了"计划、分配、派遣"的历史，转向了以市场为其导向。至2001年，我国毕业生就业制度改革全面进入毕业生"自主择业"阶段。在这种就业体制下，大部分毕业生按照个人的意愿、能力和条件通过市场竞争，走上就业岗位，而不再依靠行政手段由国家保证就业；招聘单位也只能通过工作条件及优惠待遇吸引大学毕业生，不能等待国家用行政命令的办法给予人才保证；而高等学校作为培养大学生的摇篮，主要为大学毕业生提供相关的就业服务。

通过历史回顾，大学毕业生就业从新中国成立时的"统包统分"，到现在的主要依靠市场实现资源合理配置的"自主择业"，政府部门、高等学校和大学毕业生都面临着挑战，传统的政策观念、政策制度、政策执行体制和高等教育的内容等各个方面都在不断改革。

二、促进大学生就业的政策

《关于进一步深化普通高等学校毕业生就业制度改革有关问题的意见》指出，要"紧紧围绕促进国家经济发展和社会稳定的大局，采取积极有效的措施，进一步转变大中专毕业生的就业观念，建立市场导向、政府调控、学校推荐、毕业生与招聘单位双向选择的就业机制，努力实现高校毕业生的充分就业"。文件明确了市场、政府、学校、毕业生和招聘单位在毕业生就业过程中担任的角色、职责。同时明确，在国务院领导下，教育部、人事部、国家发展和改革委员会、财政部、劳动保障部、公安部等有关部门密切配合，共同做好高校毕业生就业工作。省（自治区、直辖市）人民政府成立由政府主管领导牵头、有关部门参加的领导协调机构，统筹做好高校毕业生就业工作。

（一）完善就业政策

大学生就业政策是随着我国高等教育的发展及劳动人事制度的改革深入而形成及变革的。随着就业市场规模的不断扩大，市场中招聘单位良莠不齐、不法中介欺骗大学毕业生、行业保护和地方保护主义等不良现象依然存在。在这种情形下，政府制定了一系列完善的就业政策，制定严格的市场职业资格准入制度，审核招聘单位的用人资历，对不合法行为依法打击，让市场行为在法制的范围内有序进行，保护市场就业主客体的合法权益。在人事制度改革方面，积极缩小各地区及城乡间的收入差距，强化社会保障，坚持招聘中公开、公正、择优原则，面向全社会公开发布信息及录用标准。

（二）加强宏观调控

我国的城乡二元结构和区域不均衡发展，如果单纯以市场为依托来配置工作岗位，毕业生都愿意选择到经济发达的城市就业，而不愿去经济条件较差的西部或边远地区就业，就会造成大中城市就业压力过大，西部边远地区就业缺口巨大的反差。因此，政府的宏观调控就显得尤为必要。这种调控主要通过政府制定相关政策对就业市场和毕业生进行引导分流；建立全国性的人才网络库，为全国大学生提供就业信息；创造新的就业岗位，鼓励大学生到特定岗位、地区、行业就业；以财政专项拨款、计划项目等方式开辟出一条人才输送的新路径。总之，政府通过行政、法律、经济政策等多种手段对就业市场进行调控，以保障市场的正常有序运行和化解毕业生就业的难题。

（三）完善就业市场

1. 完善运行机制 有效的毕业生就业机制包括供求机制、竞争机制和价格机制。通过供求机制的建立，实现招聘单位和大学毕业生的优化配置。除国家重点项目和特殊行业必须用计划来确保人才外，其余招聘单位和个体都要进入人才市场，由市场进行配置。竞争机制就是将各级各类学校的毕业生都置于市场，让他们在公平的环境中竞争，一方面能促进人才资源的合理配置，另一方面能够对高校专业结构的调整、学生综合素质的提高起到积极的促进作用。劳动力的价格机制是劳动力市场运作的中心环节，毕业生把待遇优厚的单位部门作为选择对象，这是符合市场运行规律的，是价格机制在市场上的体现。

2. 发展无形市场 无形市场也可定义为"信息市场"。通过各种渠道，收集供需信息，建立人才供需信息库，并运用现代通信手段准确及时地传递和公布信息，使毕业生随时可以查阅到全国各地的用人信息，为通过市场自主择业提供可靠的依据。同时招聘单位也可事先对参加洽谈的毕业生的基本情况有所掌握，对应聘者进行权衡，择优聘用。无形市场是"网络市场"，网络市场突破了时空限制，减少了供需双方搜寻的时间与费用，打破了信息分割封闭的状态，使市场走向统一、开放，学生和招聘单位在网上可以实现"双向选择"。近年来，全国很多地方都建立了毕业生就业局域网，加速了区域内信息传递和流通，为区域内毕业生就业工作提供了极大的方便。

3. 规范市场行为 毕业生就业具有较强的政策性和时效性，如果无法可依，毕业生就业市场就会处于一种无序的状态，毕业生、招聘单位及高校三者之间的责、权、利就会模糊不清。因此，毕业生就业市场必须建立在法制的基础之上，使毕业生的自主择业、双向选择、推荐或招聘方式、就业后的劳动关系、就业合同、协议、收费事项等方面都做到有章可循、有法可依，以保证毕业生就业市场的健康发展。

（四）推行高校改革

1. 调整专业结构 高校在专业设置与人才培养上必须主动适应经济社会发展和劳动力市场的变化。目前，高校普遍加强了市场调查和科学预测，根据行业的发展趋势、技术要求、岗位设置和人才需求等，及时、主动调整专业结构。同时，许多高校把毕业生的就业率及招聘单位的评价反馈和社会声誉作为调整专业结构的重要标准，对就业率低或者是招聘单位评价不高的专业采取了少招或停招的措施，对优势专业和特色专业则采取扩招措施。

2. 改革教学内容　为了促进大学生就业，高校纷纷采取了教学改革措施，根据社会需要的变化，删除过时的教学内容，补充反映时代发展的新知识，推动教材更新。同时强化了实践教学，为大学生建立更多的实习基地，将教学与实践紧密结合起来，不断强化学生实践操作能力的培养。

三、促进大学生就业的措施

面对高校毕业生数量持续增长、促进大学毕业生就业任务不断增大的现状，从国家到各省（自治区、直辖市）均把高校毕业生就业摆在就业工作的首位，不断加大工作力度，采取相关措施，加强就业服务，千方百计地促进高校毕业生就业。

1. 积极拓展高校毕业生就业领域　政府在构建现代产业体系中努力创造更多适合高校毕业生的就业机会，着力发展既具有较高科技含量又具有较强吸纳就业能力的智力密集型、技术密集型产业，开发更多适合高校毕业生的就业岗位。同时，鼓励中小企业吸纳高校毕业生就业，国家、相关部门出台相关政策不断改善中小企业发展环境，大力发展劳动密集型产业、服务业、小型微型企业和创新型科技企业，将落实中小企业扶持政策与做好高校毕业生就业工作结合起来，鼓励企业积极吸纳高校毕业生就业。高校毕业生到中小企业就业的，在专业技术职称评定、科研项目经费申请、科研成果或荣誉称号申报等方面，享受与国有企事业单位同类人员的同等待遇。

2. 鼓励和引导高校毕业生到基层就业　一般来讲，基层就业就是到城乡基层就业。"基层"既包括广大农村，也包括城市街道社区、中西部地区、贫困地区和艰苦边远地区；既涵盖县级以下党政机关、企事业单位，也包括社会团体、非公有制组织和中小企业；既包含单位就业，也包括自主创业、自谋职业。目前国家实施的基层就业项目主要有：大学生志愿服务西部计划、选聘高校毕业生到村任职、"三支一扶"（支教、支农、支医和扶贫）等。同时国家也出台了一系列优惠政策鼓励高校毕业生到城乡基层就业。2011年，《国务院关于进一步做好普通高等学校毕业生就业工作的通知》中明确指出：各地要根据统筹城乡经济和加快基本公共服务发展的需要，大力开发社会管理和公共教育、医疗卫生、文化等领域服务岗位，增加高校毕业生就业机会。要进一步完善相关政策，重点解决好他们在工资待遇、社会保障、人员编制、户口档案、职称评定、教育培训、人员流动、资金支持等方面面临的实际问题。对在公益性岗位就业并符合条件的高校毕业生，按规定给予社会保险补贴和公益性岗位补贴。自2012年起，省级以上机关录用公务员，除部分特殊职位外，均应从具有2年以上基层工作经历的人员中录用。毕业生到西部地区和艰苦边远地区县以下基层单位就业，服务期达到3年以上（含3年）的高校毕业生，按规定实施相应的学费和助学贷款代偿。

3. 鼓励支持高校毕业生自主创业和灵活就业　目前，为支持大学生创业、改善创业环境，国家和各级政府先后出台了许多优惠政策，比如在《关于进一步做好普通高等学校毕业生就业工作的实施意见》中规定，对于自主创业的毕业生，可以在注册登记、贷款融资、税费减免、创业服务等方面获得扶持。大学生创业可以放宽一定的行业限制，比如申办个体工商户、个人独资企业、合伙企业时，除法律法规另有规定外，将不受最低出资金额限制。另外，一些省市

NOTE

也出台了扶持高校毕业生创业的优惠政策。同时国家在税收政策、小额担保贷款政策、行政事业性收费减免等优惠政策方面对高校毕业生创业予以支持。国家还要求各地要鼓励支持高校毕业生通过多种形式灵活就业，并给予相关政策扶持。对符合就业困难人员条件的灵活就业高校毕业生，要按规定落实社会保险补贴政策。对申报灵活就业的高校毕业生，各级公共就业人才服务机构按规定提供人事、劳动保障代理服务，做好社会保险关系接续工作。

4. 鼓励见习基地培训机构吸纳高校毕业生　国家出台文件要求各地、各部门要结合当地产业发展需要和高校毕业生情况，鼓励和扶持一批规模较大并有一定社会影响力的企事业单位作为就业见习单位，为有见习需求的未就业高校毕业生提供见习机会。积极引导有条件的科技企业孵化器创建大学生科技创业见习基地；各地要积极组织有培训需求的高校毕业生参加职业技能培训和技能鉴定，帮助其提高就业能力；鼓励高校、科研机构和企业，结合国家产业发展和技术进步的需要开展研究，聘用优秀高校毕业生作为研究助理或辅助人员参与研究工作。

5. 大力加强就业指导和就业服务　教育部多次发文要求：高校要全面开展职业发展指导和就业创业教育，将就业指导课程纳入教学计划，建立贯穿于整个大学教育期间的职业发展和就业指导课程体系，帮助大学生树立正确的成才和就业观念。人力资源和社会保障部门针对未就业大学毕业生开展就业失业登记，各级公共就业人才服务机构免费办理就业登记，提供人事、劳动保障代理服务。强化就业援助，各级公共就业人才服务机构要将就业困难的高校毕业生纳入就业援助体系，建立专门台账，实施职业指导和重点帮扶，并向招聘单位重点推荐，或通过公益性岗位安置就业。保障就业权益，国家要求各城市取消高校毕业生落户限制，允许高校毕业生在就业创业地办理落户手续。

🧑‍🤝‍🧑 课堂分享

选择近三年本校基层就业的毕业生2~3人，谈谈各自的就业经历和感受，课前录制成小视频，在课堂分享。

第三节　医药行业的就业形势

🖱 理论与讲解

目前，我国医药行业发展迅速，已成为国民经济的重要组成部分。医药产业的发展，为医药类大学毕业生就业创造了更多的就业机会。

一、医药行业发展现状

（一）医疗卫生事业发展迅速

新中国成立后经过几十年的发展，我国医疗卫生事业发展取得了明显的成果，已经建立了由医院、基层医疗卫生机构、专业公共卫生机构等组成的覆盖城乡的医疗卫生服务体系。根据《2015年我国卫生和计划生育事业发展统计公报》数据：截至2015年末，全国医疗卫生机构总数达 983528 个，比上年增加 2096 个。其中：医院 27587 个，基层医疗卫生机构 920770 个，专业公共卫生机构 31927 个，其他 3244 个。与上年相比，医院增加 1727 个，基层医疗卫生机构增加 3435 个，专业公共卫生机构减少 3102 个。目前我国已经初步建立了城镇职工医疗保险制度、覆盖全国城乡的医疗卫生服务体系和新型农村合作医疗制度，并加快推进分级诊疗制度建设、全面医保体系建设、医疗救助制度和基本公共卫生服务均等化制度建设等相应制度的建设，人民健康水平大幅提高，重大传染病的防治和医疗机构儿童用药配备的完善等都取得了明显进展，妇女儿童卫生保健水平进一步提高。同时，为了推动医药产业创新发展、转型升级，建立健全医疗卫生机构与养老机构合作机制，国家鼓励社会力量举办医养结合机构及老年康复、老年护理等专业医疗机构。为推动基层医疗卫生服务的发展，允许有乡村医生执业证书的人员在乡镇和村开办诊所，鼓励零售药店提供中医坐堂诊疗服务。党的十八大提出了 2020 年全面建成小康社会的宏伟目标，医疗卫生服务体系的发展将迎来新的机遇。

（二）医药产业发展蒸蒸日上

医药行业是我国国民经济的重要组成部分，对于促进经济社会发展和就业具有十分重要的作用，被称为是不受经济波动和社会变革影响的"朝阳产业"。近年来，我国医药行业始终保持快速、稳定的增长，目前已成为全球最大的新兴医药市场。据统计：近 10 年来，我国医药工业总体持续保持着高于 15% 的增速迅速发展，2006 年医药工业总产值为 5340.00 亿元，2014 年达到 25798.00 亿元，年复合增长率为 21.76%。医药工业总产值占 GDP 的比重由 2006 年的 2.45% 上升至 2014 年的 4.06%。根据南方所统计，中国七大类医药工业总产值在"十一五"期间复合增长率达到 23.31%。最近几年，受到经济转型、产业结构调整等多重因素的共同影响，我国医药工业总产值增速有所放缓，但 2015 年同比仍增长 15%，销售收入和利润总额分别增长 13% 和 11%。随着医疗体制改革的持续推进，社会保障体系和医疗卫生体系框架建设基本完成，政府投资建设重点从大中型医院向社区医院、乡村医院转变，国家对卫生支出的比重继续攀升，改革红利为医药市场提供了新的增长空间。同时，考虑到我国经济的持续增长和人均收入水平的提高、人口老龄化的加快、城镇化水平的提高、疾病图谱变化、行业创新能力的提高及医保体系的健全等因素的驱动，预计未来我国医药产业仍将保持快速增长。

（三）群众健康需求日益增长

统计数据显示，2000～2007 年，60 岁以上的老年人已经由 1.26 亿增长到 1.53 亿，占全国总人口的比例已经从 10.2% 增加到 11.6%；预计到 2020 年，我国的老年人口将达到 2.4 亿，占总人口的 17.17%。人口老龄化带来的医疗健康需求越来越大，现有的医疗卫生条件难以满足社会的需求，必须加快改革的步伐。十八届五中全会将"健康中国"上升为国家战略，国务院李克强总理近期也做出重要批示，指出"医药卫生体制改革是维护人民群众健康福祉的重大民生、民心工程"。

随着人民生活水平的不断提高，人们对健康的需求也不断增长，需求内容呈现多元化。有数据显示，2014 年阿里零售平台的健康消费（包括医药产品、健康产品和医疗健康服务等）总额较上年同期增长 62.5%，达到 650.2 亿元。中国人的健康消费理念正在转变，人们健康消费的需求在不断升级，并呈现越来越丰富多元化的趋势，特别是随着经济发展、居民生活方式及环境的变化，对公共卫生与健康服务的需求越来越多。

二、医药人才就业状况

（一）医疗卫生行业从业情况

"十二五"期间，我国卫生计生人才工作取得显著成效，人才队伍规模不断扩大。根据《"十三五"全国卫生计生人才发展规划》数据显示：2015 年底，我国卫生计生人员总量达到 1069.5 万人，其中卫生技术人员 800.7 万人。人才结构得到优化，卫生技术人员中本科及以上学历人员比例由 2010 年的 24.9% 提高到 2015 年的 30.6%，医护比由 1：0.85 提高到 1：1.07。医师日均负担诊疗人次由 2010 年的 7.5 提高到 2015 年的 8.4，日均负担住院床日数由 1.6 提高到 1.9。然而，卫生计生人才发展的一些结构性、制度性矛盾仍然突出，人才结构和分布尚不合理，基层人才、公共卫生人才及健康服务人才短缺，对康复、老年护理、妇幼保健等相关服务的需求尤为迫切。

（二）医疗卫生人才需求趋势

按照《"十三五"全国卫生计生人才发展规划》，到 2020 年我国卫生计生人才总量要达到 1255 万。从总量上看，我国的医疗卫生人才仍然不足，今后几年内医学毕业生需求仍然较大。由于我国医疗卫生人才分布不够合理，今后卫生计生重大人才项目将向基层、艰苦贫困地区倾斜，社区、乡镇基层医疗机构将成为医学毕业生就业的重要渠道。同时，全科、儿科、精神科、临床心理、产科、生物安全、病理、麻醉、康复、急救、重症医学、传染病、老年医学、遗传咨询等专业人才紧缺，这些专业毕业生需求旺盛。随着人口老龄化和人口政策的调整，中医学、针灸推拿学、康复治疗学、老年护理等专业毕业生也将受到青睐；随着两孩政策的全面实施，妇幼保健、儿科等专业人才的需求将大幅增加。

（三）医学类毕业生就业状况

1. 医学类毕业生情况　近年来，我国医学教育有了很大的发展，初步建立了包括学校基础教育、毕业后教育、继续教育在内的较为完整的医学教育体系。高等医学院校数量由新中国成立初期的 44 所，发展到 2010 年的 208 所。据教育部网站 2015 年统计年报数据显示，2015 年医学专业普通本科、专科生在校生人数分别达到 115.2 万人、117.82 万人。预计毕业生人数分别为 23.95 万人、37.16 万人。高等医学院校的招生数、毕业生数和在校生数保持较快增长，为我国的医药卫生事业供给了大量的专业型人才，但同时也带来医学生就业形势的变化。

2. 医学类毕业生就业现状　麦可思 2016 年 6 月发布《2016 年中国大学生就业报告》，统计得出 2015 届毕业生半年后就业率为 91.7%，与 2014 届（92.1%）和 2013 届（91.4%）基本持平。平均月收入 3726 元，比 2014 届（3487 元）增长了 239 元，其中医学本科毕业生起薪低但增长后劲足；2015 届大学毕业生的职业与专业相关度为 66%，其中专业相关度最高的是医学（95%），其次是工学和教育学（均为 71%）；半年内离职率最低的也是医学（12%）。

课后练习

1. 结合自己所学专业，调研所在省份医药行业发展现状，写一份调研报告。

2. 课后指导学生参加一场校内招聘会，体验自己所学的知识、能力与招聘单位的需求相比还有哪些差距。

第二章　就业程序与准备

　　通过本章的学习，了解就业的主要程序及求职的材料准备，掌握求职简历的书写方法与求职信的书写要求，明确求职信息的收集途径、整理方式与利用方法，使毕业生在择业前做好充分的准备，以利于顺利就业。

第一节　了解就业程序

困惑与迷思

　　小张是某中医药大学五年级学生，性格内向，平日里很少与人交流，在校期间也没有特别突出的表现。眼看就要毕业了，面对就业压力，他迷茫困惑，无所适从。看着同学们紧张忙碌地参加就业应聘，他却不知该怎么做，心中非常着急。有一天，他终于下定决心来到学校就业指导中心咨询。

　　关键问题：小张的迷茫与困惑源自于对就业的基本过程不清楚、不明白，以至于在进入毕业就业阶段时不知该如何着手、如何面对。

理论与讲解

　　大学毕业生就业，需要了解基本的程序。它不仅是指"找工作"的过程，还包括招聘单位招聘的主要程序、学校就业工作的基本程序、省级毕业生就业工作主管部门的工作程序等，这些都是毕业生必须事先了解清楚的。

一、高校毕业生就业的基本程序

（一）毕业生求职择业的过程

1. 求职准备　了解当年的就业政策和规定、各种应考准备、自荐材料的准备等。

2. 求职择业　获取相关就业信息，争取应聘机会，参加笔试、面试。

3. 签订就业协议书　落实工作单位，与招聘单位签订就业协议书。

4. 毕业离校　领取毕业生就业协议书，学位、学历证书，报到证，户口迁移证，党团组织关系介绍信。

5. 工作单位报到　持报到证到接收单位报到，办理落户手续，关心追踪档案，转移党团组织关系，与招聘单位签订劳动合同。

6. 就业"改派"　　毕业离校后择业期 2 年内，若就业情况发生变化的，可办理就业"改派"手续。

（二）高等学校就业工作的基本程序

高等学校在毕业生择业、就业过程中担负着管理、服务、指导、监督、执行等工作职责。具体工作职责包括：向毕业生宣传国家和地方政府有关就业政策，在实际工作中贯彻落实各项政策和规定；进行毕业生资格审查；发放就业协议；指导毕业生签订就业协议书；举办毕业生招聘活动；制订学校就业方案并按规定上报省毕业生就业主管部门；办理就业报到证；毕业生派遣离校；寄送毕业生档案；择业期内毕业生调整改派。

二、省级毕业生就业工作主管部门工作程序

1. 总结当年毕业生就业状况、制定毕业生就业政策、确定年度就业工作实施意见及日程安排。

2. 对各高校毕业生资格进行审查、统计、汇总和向社会公布毕业生资源信息。

3. 省级毕业生就业工作主管部门、高等学校对应届毕业生进行就业指导与教育。

4. 组织"供需见面、双向选择"活动。每年 11 月末至下一年的 5 月中旬，通过高校毕业生就业市场，采取多种形式举办毕业生和招聘单位参加的"供需见面，双向选择"的招聘活动，为毕业生求职择业创造条件、提供服务。

5. 制订毕业生就业方案。学校依据毕业生与招聘单位签订生效的就业协议书（或学生已经落实就业单位的有关证明），制定就业建议方案，报省主管部门。

6. 毕业生就业派遣。每年 6 月下旬至 7 月中旬由省主管部门集中办理省内各高校毕业生就业报到证和有关派遣手续。

7. 毕业生报到与接收。已落实就业单位的毕业生，在规定时限内持《全国普通高等学校本、专科毕业生就业报到证》或《全国普通高校毕业研究生就业报到证》到工作单位报到，招聘单位凭报到证并按当地有关要求和规定办理接收手续和户口关系。

三、招聘单位招聘的主要程序

（一）招聘单位招聘、录用毕业生主要工作程序

1. 招聘单位确定当年需要毕业生的岗位、人数和条件，根据要求制定详尽的招聘计划，并按毕业生就业主管部门要求进行需求信息登记。

2. 向毕业生发布需求信息。主要渠道有：主管高校毕业生就业的政府部门；各级人才中心；高等学校主管毕业生就业的部门（如学生处、就业指导中心、毕业办等）；招聘单位自己的网站和专业性就业网站（如各省高校毕业生就业信息网、中华英才网）；电视、报纸、广播等新闻媒体。

3. 进入校园招聘。有的单位直接到高校举办专场招聘会，介绍单位的发展建设情况、人才需求情况及发展机遇、用人制度及有关具体招聘事宜；也有的单位通过参加高校举办的各种形式的校园招聘活动与毕业生进行更直接的洽谈，甚至直接签订就业协议书。

4. 搜集毕业生信息。主要渠道有：从省、市毕业生就业主管部门和高校就业工作部门获

NOTE

取毕业生信息；参加供需洽谈会搜集毕业生信息；通过网站搜集毕业生信息；通过学生的自荐获取毕业生信息；通过报纸、杂志上毕业生所登的"求职广告"搜集毕业生信息等。

5. 分析毕业生信息资料，对毕业生进行初选，并进一步组织考试、考核（笔试、面试），确定录用毕业生名单，与达成意向的毕业生签订就业协议书。

6. 接收报到的毕业生，办理户口和档案接收手续，组织毕业生入职培训，安排职业岗位。

（二）机关单位招聘毕业生主要程序

我国的机关单位包括各级党政机关、人大、政协、法院、检察院、群众团体机关等。现阶段，这些机关单位在招聘工作人员时基本上都是按照（或参照）公务员的招考办法同期进行。

1. 国家公务员招聘办法　国家公务员一般是指政府机关工作人员，即在各级国家行政或党务机关依法行使行政权、执行国家公务的在职人员（不包括工勤人员）。按照《中华人民共和国公务员法》的有关规定，机关单位公务员的聘用实行"凡进必考"的录用原则。录用担任主任科员以下及其他相当职务层次的非领导职务公务员，采取公开考试、严格考察、平等竞争、择优录取的办法。民族自治地方录用公务员时，依照法律和有关规定对少数民族报考者予以适当照顾。

2. 国家公务员的招考程序　中央机关及其直属机构公务员的录用，由中央公务员主管部门负责组织。地方各级机关公务员的录用，由省级公务员主管部门负责组织，必要时省级公务员主管部门可以授权设区的市级公务员主管部门组织。招录国家公务员一般按以下程序进行。

（1）招录机关发布招考公告，说明招考的职位、名额、报考资格条件、报考需要提交的申请材料及其他报考须知事项。

（2）招录机关根据报考资格与条件对报考人员的报考申请和资格进行审查。

（3）对审查合格者公开组织笔试。考试内容根据公务员应当具备的基本能力和不同职位类别分别设置，主要有《行政职业能力测试》和《申论》两个科目。

（4）招录机关对考试合格者进行面试。

（5）招录机关根据笔试、面试的考试成绩确定考察人选，并对其进行报考资格复审、考察和体检。

（6）招录机关根据考试成绩、考察情况和体检结果，提出拟录用人员名单，并予以公示。

（7）公示期满，中央一级招录机关将拟录用人员名单报中央公务员主管部门备案；地方各级招录机关将拟录用人员名单报省级或者设区的市级公务员主管部门审批。

（8）省（市、区）和学校毕业生就业主管部门依毕业生与招录机关单位签订的就业协议书编制就业方案，按有关规定办理毕业生派遣手续。

按照法律规定，录用特殊职位的公务员，经省级以上公务员主管部门批准，可以简化程序或者采用其他测评办法。同时，对于新录用的公务员实行一年的试用期。试用期满合格的予以任职，不合格的将取消录用。

（三）事业单位招聘毕业生的主要程序

事业单位，一般是国家在政府机构之外设置的带有一定公益性质的机构，以增进社会福利，满足社会文化、教育、科学、卫生等方面需要，提供各种社会服务为直接目的的社会组织。事业单位是国家机构的分支，是相对于企业单位而言的，不以盈利为直接目的，通常包括教育、科研、文化艺术、广播电视新闻、医疗卫生、体育、农林水利、综合技术服务和社会福利等单位。事业单位大多是以脑力劳动为主体的知识密集型组织，其主要职能是利用科技文化知识为社会各方面提供服务，因此专业技术人员是事业单位的主要构成人员，此外还有部分管理人员和工勤人员。

1. 事业单位的招聘办法　按照人事部制定的《事业单位公开招聘人员暂行规定》的有关要求，除了参照公务员制度进行管理和转为企业的事业单位外，事业单位招聘专业技术人员、管理人员和工勤人员，主要采取公开招聘的方式，由招聘单位根据招聘岗位的任职条件及要求，采取考试、考核的方法进行。考试内容主要是招聘岗位所必需的专业知识、业务能力和工作技能。考试科目与方式根据具体的行业、专业及岗位特点来确定。考试可采取笔试、面试等多种方式。对于应聘工勤岗位的人员，还可根据需要重点进行实际操作能力测试。

2. 事业单位的招聘程序

（1）制定招聘计划。

（2）发布招聘信息。

（3）受理应聘人员的申请，对资格条件进行审查。

（4）考试、考核。

（5）身体检查。

（6）根据考试、考核结果，确定拟聘人员。

（7）公示招聘结果。

（8）签订聘用合同，办理聘用手续。

（四）部队单位招聘毕业生的主要程序

1. 部队单位的招聘办法　部队单位既包括中国人民解放军的陆军、海军、空军、火箭军和其他技术兵种，也包括为其提供支援、服务的相关单位，还包括武警、消防、边防等多种类别的人民警察部队。部队单位作为一种比较特殊的招聘单位，由于其担负着维护国家主权与领土完整、维护世界和平、保卫国家安全、保障社会正常生产与生活秩序的重要职责，因而对应聘者的政治素质要求较高，其招聘毕业生的方式除了通过制定定向招生计划、招收定向到部队就业的国防生之外，主要是通过校园招聘和政府主管部门组织的招聘活动。

2. 部队单位的招聘程序

（1）确定选拔计划，公布选拔人数与条件。

（2）接受毕业生报名和学校推荐。

（3）确定初选名单并开展考查，包括查阅档案、听取有关人员的介绍、政审等。

（4）确定录用名单，填写"入伍资格审查表"，安排入伍军检。

（5）与考查合格学生签订《全国普通高等学校毕业生就业协议书》，并报总政治部。

（6）总政治部下达接收毕业生计划，确定其工作岗位。

（五）招聘单位招聘高校毕业生的新形式

1. 网上招聘　一些大型企事业单位都开通了自己的招聘网站或在公共网站上开通了校园招聘的专用"通道"，以方便大学生在线投递电子简历，并在网上进行初步筛选。这种方式经济、快捷和方便，大大提高了工作效率，深受供需双方的青睐和欢迎。目前，有些单位只在网上进行简历收集而不接受其他方式的简历投递，因此，毕业生一定要经常关注招聘单位的网上

NOTE

招聘动向，及时获取相关信息。

2. 专场招聘　近几年，越来越多的单位开始选择单独到学校组织招聘活动，选聘毕业生。这种方式对专业的需求相对集中，针对性强，毕业生可以对意向中地区或行业的单位直接进行面试，因此签约率较高。

3. 校企合作　很多招聘单位通过多种方式加强与学校的合作。比如，有的单位在高校设立奖、助学金，参与或支持高校的学生活动；有的单位积极参与学校的人才培养过程，反馈人才培养的意见和建议，开展"订单式"培养；还有的与学校开展全面合作，主动为学校提供学生实习与实践机会，招聘实习生，开展面向低年级的提前招聘，组织就业实践、夏令营等活动。毕业生可以充分利用学校与单位之间的这些合作平台，加强与单位的接触和了解，为自己未来的就业做好准备。

4. 代理招聘　即单位只提出招聘计划与有关要求，具体的招聘过程与操作环节完全委托专业的服务机构实施与处理，有些单位甚至只需中介机构为其派遣符合一定条件的工作人员，具体的招聘过程和人事关系接收都是由中介机构解决。

（六）招聘单位进入校园招聘的新变化

1. 进校招聘时间提前　随着人才竞争的日益激烈，有的单位进校招聘的时间有所提前，一些单位在八九月份就已经开始与学校联系，有些单位也会在此期间自行组织招聘。所以，学生的择业就业准备应尽早完成，以免错过很多稍纵即逝的就业良机。

2. 反复开展校园招聘　近几年来，部分单位为更好地选择人才，往往采取在一年内多次进入校园开展招聘的做法，特别是在研究生入学考试成绩公布之后，落榜的同学又开始找工作，这样就可以有更多的人才选择机会。

3. 考核程序更复杂　主要是考核时间长、步骤多，而且考核的内容涉及面广，常常是既要了解学生的学习状况、社会工作经历、实践锻炼等基本情况，还要检验学生对专业知识的掌握程度、外语的应用能力和综合能力与素质，还有很多单位对学生的个性心理特征和情商等也要进行测评。招聘单位的选拔过程越来越规范、系统。

🖱 课堂练习

了解就业程序对毕业生求职的意义

1. 以小组为单位，分组讨论：毕业就业有哪些步骤？在就业过程中如何寻求学校的帮助与支持？

2. 讨论后在班级内分享。

第二节　准备求职材料

🖱 困惑与迷思

　　小李是某中医药大学应届毕业生，在校期间学习成绩优异，积极参加学校组织的各项活动，均取得了很好的成绩。临近毕业，其他学生都在认真制作个人简历，小李感觉自己各方面都不错，简历对求职只不过是个形式，所以没有认真制作。然而，在应聘中他发现自己的面试机会不如同学多，这时他才发现了问题。

关键问题：个人简历在应聘中具有"首映效应"，许多应聘者由于个人简历的问题，首轮即被淘汰，失去面试机会。

理论与讲解

在应聘求职的过程中，简历起到了至关重要的作用，它是招聘单位评价毕业生的第一步，简历中明确写出了毕业生在校的整体表现与学习成绩，这些内容都是招聘单位评价毕业生的重要信息，所以毕业生应该重视求职简历的制作，突出自身的优势，结合自身的特色认真设计自己的求职简历，给招聘单位留下良好的第一印象。

一、求职简历

求职简历又称个人简历、个人履历等，是应聘者将自己与所申请职位紧密相关的个人信息经过分析整理并清晰简要地表述出来的书面求职资料，是一种应用写作文体。在这里应聘者用真实准确的事实向招聘者明示自己的经历、经验、技能、成果等内容。求职简历是招聘者在阅读应聘者求职申请后对其产生兴趣进而进一步决定是否给予面试机会的极重要的依据性材料。

（一）求职简历的内容

1. 个人资料　必须有姓名、性别、联系方式（固定电话、手机、电子邮箱），而出生年月、籍贯、政治面貌、身体状况、兴趣爱好等则根据个人及应聘的岗位情况相立填写。

2. 学业有关内容　毕业学校与毕业专业等重要信息一定要在简历中一一介绍，然后是获得的学位及毕业时间、学过的专业课程（可把详细成绩单附后），以及在校期间获得的一些资格证书，与应聘工作相关的都可以附在后面。

3. 本人经历　大学以来的简单经历，主要是学习和担任社会工作的经历，对于一些实践型的学生可以列出自己在校期间参加过的社会实践活动，如实习、社会实践、志愿工作者、社团服务活动等；对于一些工作型的学生可以列出自己在校期间的工作经历，如学生会、团委、班级的任职经历，切记不要列入与自己所找的工作毫不相干的经历。

4. 荣誉和成就　主要介绍自己在大学期间获得的荣誉，包括国家级、省市校级的"优秀学生""优秀学生干部""优秀团员"及奖学金等方面所获的荣誉，还可以把自己认为较有成就的经历，如在某项活动中获得的成绩写上去。

5. 求职愿望　表明自己的求职意向、能为招聘单位做些什么，内容应简明扼要。

附件：个人获奖证明，如优秀党、团员，优秀学生干部证书的复印件，外语四、六级证书的复印件，计算机等级证书的复印件，发表论文或其他作品的复印件等。

（二）制作简历的注意事项

1. 简历的内容有两页纸即可　一般来说，简历有两页纸就足够了，不仅可以节约求职成本，还方便面试官翻阅。第一页可以描述本人的基本概况，再具体介绍自己三富的实践经验及兴趣、特长等内容，第二页附上自己的求职信。

2. 简历不宜过于花哨　很多人的简历制作得不错，但太花哨，全都是密密麻麻的粗体字、斜体字和艺术字，整体一看很粗糙，应尽量少用这些东西。当然需要特别突出的重要内容，可

NOTE

以稍微突出一下。

3. 用优质纸张打印简历　许多应聘者为了节约成本，会选择便宜而粗糙的纸张打印简历。但是，应聘者的简历到了公司后，公司一般还会再将简历进行多次复印，以供多位不同的人力资源主管或公司上层领导查看。用粗糙纸张打印出来的简历可能最初效果还不错，但经过多次复印后就会模糊不清了。所以，简历最好选用优质纸张打印。

4. 简历中写明求职意向　许多应聘者为了避免受职业限制，往往不在简历中写求职意向，这是不明智的。不含求职意向的简历，除非条件特别优秀者，一般不会予以考虑。人力资源主管工作十分繁忙，一般没有时间和精力去研究某位应聘者适合哪个岗位。所以，应聘者最好把求职意向写清楚。

5. 突出对求职有用的兴趣特长　无论行政机关还是民营企业的人力资源主管，都十分重视员工的兴趣和特长，因为兴趣和特长不仅能体现一个人的性格特点，而且在必要的时候，如单位举办的球赛、演出等活动中能起到重要作用。因此，应聘者一定要重视该项内容的填写。同时，还应该注意突出对求职有利的兴趣、特长，避免对求职不利的兴趣、特长。

6. 实践经验应具体明确　人力资源主管都非常重视应聘者的实践经验，因此，在描述实践经历时切忌含糊不清，一定要将自己的具体工作描述清楚。如果自己曾组织过某次活动，应尽可能地将整个活动持续的时间、自己具体负责的工作及对活动的贡献等写清楚。

7. 通讯方式必须填写清楚　在求职简历中，可以额外填写一个备用的联络方式，以备不时之需。同时，一定要在提交简历后确保自己所留通讯方式畅通，避免在招聘单位通知面试时，联系不到而失去来之不易的求职机会。

（三）求职简历的投递

求职简历投送的方式主要有以下三种。

1. 本人直接送达　应聘者本人送达是指按照招聘单位指定的时间将自己的简历送达给招聘者。采用此种方式能使应聘者利用与招聘者初次面谈的机会展示自己，为自己在众多应聘者中脱颖而出创造机会。

2. 快递送达　快递送达是指在按照指定时间、地点将个人简历用快递的方式寄送到招聘单位。采取此种方式要求在快递单上写清"应聘"字样和应聘职位，字迹要清楚工整。

3. 利用网络送达　利用网络投送是指通过电子邮件的形式将个人简历发送至招聘单位的邮箱。这种方式省时省力，节约招聘成本，是当今社会的主流简历投送方式。

二、求职信

（一）什么是求职信

求职信又称"自荐信"或"自荐书"，是求职人向招聘单位介绍自己情况以求录用的专用性文书。求职信一般伴随履历投递给招聘人员，其内容是向招聘人员进行简单的自我介绍，以及说明为何自己适合该职位。招聘人员通常借由求职信过滤出对该职位有兴趣且具能力的应征者。求职信的格式有一定的要求，内容要求简练、明确，切忌模糊、笼统、面面俱到。

（二）求职信的书写格式

1. 标题　求职信的标题通常只有文种名称，即在第一行中间写上"求职信"三个字。

2. 称谓　称谓是对受信人的称呼，写在第一行，要顶格写受信者单位名称或个人姓名。

单位名称后可加"负责同志"，个人姓名后可加"先生""女士""同志"等。求职信不同于一般私人书信，受信人未曾见过面，所以称谓要恰当，郑重其事。对于不甚明确的单位，可写成"人事处负责同志""尊敬的领导同志""尊敬的某公司领导"等；对于明确了招聘单位负责人的，可以写出负责人的职务、职称，如"尊敬的林教授""尊敬的蒋处长""尊敬的刘经理"等。称谓写在第一行，顶格书写，之后用冒号，另起一行，写上问候语"您好"。

3. 正文　正文要另起一行，空两格开始写求职信的内容。正文内容较多，要分段写。

第一，写求职的原因。首先简要介绍应聘者的自然情况，如姓名、年龄、性别等。接着要直截了当地说明从何渠道得到有关信息及写此信的目的。如："我是某中医药大学 2017 届某专业的一名本科毕业生。大鹏展翅、骏马飞驰都需要有自己的天地。通过我对贵院科学的管理体制和明达的择人理念的了解，并结合所学的专业知识，使我坚信到贵院工作是我的明智选择。因此冒昧地向您递上了这封求职信，并真诚希望能成为贵院的一员，获得一个发展自我、完善自我的机会。"这段是正文的开端，也是求职的开始，介绍有关情况要简明扼要，对所求的职务，态度要明朗，而且要吸引受信者有兴趣将信读下去，因此开头要有吸引力。

第二，写明对所谋求职务的看法及对自己的能力做出客观公允的评价，这是求职的关键。要着重介绍自己应聘的有利条件，要特别突出自己的优势和"闪光点"，以使对方信服。如："我在大学期间就意识到医生的天职就是救死扶伤、恪尽职守、一生济事，既然选择了医疗事业，选择了医学院校，立志救死扶伤的信念便铭刻于心。所以在校期间，在专业知识方面，我十分重视专业课、基础课的学习，认真对待每一次课堂学习、社会实践等。我掌握了较牢固的针灸推拿专业知识，积累了一定的实际操作经验，为以后的工作奠定了一定的基础。同时，我并未满足于现有的知识水平，利用课余时间阅读各种和专业有关的古典医籍来提升自己的专业技能。与此同时，我还积极参加社会实践活动，做兼职、促销，曾参加过学校组织的寒假社区医院实习。对每一项工作我都投入了 100% 的热情和努力，从而得到同学与老师们的一致肯定。由此，我的组织能力、沟通能力、表达能力都得到了充分的锻炼。"写这段内容，语言要中肯，恰到好处；态度要谦虚诚恳，不卑不亢，达到见字如见其人的效果。要给受信者留下深刻印象，进而相信应聘者有能力胜任此项工作。这段文字要有说服力。

第三，向受信者提出希望和要求。如"希望您能为我安排一个与您见面的机会"或"盼望您的答复"或"敬候佳音"之类的语言。这段属于信的收尾阶段，要适可而止，不要啰唆，不要苛求对方。如："在农村长大的我从小就学会了自立，生活的历练使我具备了肯吃苦耐劳的精神。我积极乐观，敢于面对自身的不足，挑战生活的挫折。如能有幸被贵院录用，我将尽力在短期内熟悉医院的工作环境和工作内容，理解医院文化，尽早融入医院大家庭中，为医院救死扶伤事业的发展贡献自己的智慧和力量。"

4. 结尾　另起一行，空两格，写表示敬祝的话。如"此致"之类的词，然后换行顶格写"敬礼"，或祝"工作顺利""事业发达"等相应词语。这两行均不点标点符号，不必过多寒暄，以免"画蛇添足"。

5. 署名和日期　写信人的姓名和成文日期写在信的右下方。姓名写在上面，成文日期写在姓名下面。姓名前面不必加任何谦称的限定语，以免有阿谀之感，或让对方看轻你的能力。成文日期要年、月、日俱全。

6. 附件　有说服力的附件是对应聘者鉴定的凭证。所以求职信的附件是不可忽视的组成

NOTE

部分。附件可在信的结尾处注明。如"附件 1. ××××××；附件 2. ××××××；附件 3. ××××××"等。

附件不需太多，但必须有分量，足以证明自己的才华和能力，然后将附件的复印件单独订在一起随信寄出。

（三）求职信书写要避免的问题

1. 过于关注工作职责　求职信最普遍的错误就是将其变成了一份枯燥乏味的对工作职责的复述。求职信的作用是要让别人相信你胜任某个职位，招聘单位会因你的表现而得到回报。所以，重点要说明以下问题：你是如何认识应聘岗位要求的？为什么你能更好地完成工作？你或你的团体所面临的是怎样的挑战？你将怎样克服困难？你努力的结果会是怎样？

2. 目标叙述过于华丽　许多应聘者在求职信开始部分的目标叙述就让人兴趣寡然。最糟糕的目标叙述一般是这样开始的："一个具挑战性的职位不仅让我有机会为公司做贡献而且也给我以成长和进步的机会。"这样的叙述早已用滥了，而且太过平常，浪费了宝贵的求职信篇幅。求职信应更多地说明工作经历或专长，以说明为什么能胜任职位目标。

3. 篇幅过短和过长　很多人会把求职信写成好几页纸的"漫谈"或者冗长的个人经历回顾。这样的求职信很难让人耐心读完，也很容易会让人觉得无聊。所以，当写求职信时，应该试着问自己："这些陈述会让我得到面试的机会吗？"然后，仅保留那些会回答"是"的信息。反之，求职信寥寥数语也不符合要求，会让人觉得不够诚恳，同时也会忽略能给人留下深刻印象的内容。

三、建立个人应聘档案

毕业生在求职与择业的过程中应充分准备求职的各种材料，建立个人的求职档案。

（一）准备阶段

1. 了解国家和省、市有关毕业生就业政策。

2. 全面搜集、掌握需求信息，对招聘单位的行业发展和单位状况全面了解，确定择业目标。

3. 客观地认识，理智地进行自我分析，包括对个人的性格、气质、兴趣、爱好、特长、能力水平、专业知识、职业理想及职业价值观等有准确的认识。

4. 确定择业目标。准确定位，确定合理的就业期望值，选择切实可行的择业目标。

5. 准备自荐材料。自荐材料一般包括学校推荐表、个人简历、求职信及相关的辅助证明材料等。

6. 做好面试准备。

（二）求职阶段

通过有选择地参加招聘活动，与招聘单位双向选择，或以各种求职方式将自己的推荐材料提供给招聘单位筛选，招聘单位经过初选后，会向通过者发出通知，然后进入下一个考核阶段。每次通知参加面试的情况和材料、对招聘单位的调研材料，以及参加面试的情况，包括参加面试的体会等都应该加以记录，归入求职档案，以积累经验、提高应聘成功率。

（三）定岗阶段

求职成功后，要与招聘单位签订由教育部统一制定的《全国普通高校毕业生就业协议书》

（一式四份）。该协议书明确规定了学校、招聘单位及毕业生本人三方面的责任、权利与义务，是最重要的求职文件，必须妥善保存，最好能复印一份，以免遗失带来麻烦。

课堂练习

修改简历和求职信

授课教师提供不完善的一份简历和一份求职信供学生讨论，要求通过讨论找出不完善之处并提出修改意见。

第三节　寻求就业信息

困惑与迷思

小王是某中医药大学五年级学生，临近毕业工作没有着落，连面试的机会也不多。她很着急，每天在网上搜寻招聘信息，并按相关信息寄送个人简历，但几乎全部石沉大海。

关键问题： 小王目前的状况主要根源在她缺乏主动收集就业信息的方法。

理论与讲解

在就业过程中收集就业信息是非常重要的一个环节，只有掌握就业信息才能更好地寻找工作。获取就业信息一般分为主动获取与被动获取两个方面。应届毕业生应该通过多种渠道和途径主动地收集就业信息，为实现成功就业奠定基础。

一、就业信息的搜集

（一）信息搜集的内容

1. 国家的政策法规 随着毕业生数量的逐年递增，国家对大学毕业生的就业方针、原则和政策也在逐年的改变。毕业生了解国家就业方针、原则和政策及相关的就业法律法规，如《中华人民共和国劳动法》《劳动合同法》《反不正当竞争法》《国家公务员法》等，是非常必要的。此外，国家采取措施鼓励和引导毕业生到边远地区、艰苦行业和国家急需人才的地方去工作的相关政策，以及近几年国家提出一系列政策规范住院医师规范化培训，建立医师规范化培训制度等方面的信息，也必须注意了解。

2. 地方的用人政策 了解各个省的就业政策与就业形势，搜集各个地级市及各乡镇的招聘政策、人事代理政策、落户政策等。各地举办"双选"活动的信息。如各省市卫生系统举办的"双选会"、人才服务机构举办的"双选会"、医药类高校和第三方举办的"双选"活动等，必须时时关注。

3. 招聘单位需求信息 通过不同渠道了解招聘单位的招聘信息，搜索岗位信息与招聘单位的招聘意向，整合资源、分析整理，确定求职目标。在寻求招聘单位招聘信息的同时，也要对相关招聘单位的情况进行充分了解，如招聘单位的社会地位、薪金水平、企业文化、有无进修机会、工作环境、周围的交通环境等。

NOTE

（二）信息搜集的途径

就业信息的搜集是毕业生准备就业的主要工作，也是一个相对来说漫长的过程。对于一般院校的毕业生来说，搜集就业信息的时间一般是从毕业前一年的暑假开始，时间可能会一直持续到毕业以后。从某种意义上来说，哪位毕业生掌握了更多、更准确的就业招聘信息，就能赢得选择招聘单位的主动权。毕业生寻找自己感兴趣、心仪的求职职位的渠道有很多种，主要有以下 6 个方面。

1. 高校的就业主管部门　学校的就业主管部门是收集就业信息的主渠道。它既与毕业生就业工作所涉及的各级主管部门之间保持着密切联系，同时也是招聘单位选录毕业生所依赖的一个主要窗口。这一特定的位置，使他们对就业信息占有量大于任何一个部门，同时其所掌握信息的准确性、权威性也没有任何一个部门可以相提并论。就政策而言，全国的、行业的、地方的，在该部门都有完整的收集；就需求信息而言，该部门接触到的所有信息都是招聘单位对学校所设置专业毕业生的需求，针对性强；同时该部门所接触的各部门、各单位就是毕业生就业工作所涉及的就业机构，因此是毕业生就业所依赖的主要部门。目前各高校毕业生就业工作的职能部门大都转变了观念，以市场为导向，以服务为宗旨，在制定文件、公布信息、提供咨询、就业指导及为招聘单位举办各种就业招聘会方面做了大量的工作，也取得了显著的成效。

2. 毕业就业主管部门和就业指导机构　这些机构是教育部门在各省、自治区、直辖市的主管毕业生就业指导机构，每年都要根据不同省、自治区、直辖市的情况，制定关于毕业生就业的有关方针、政策，同时还要开展信息共享、信息发布、信息交流和咨询、问题解答、反馈服务等工作。毕业生通过这一重要渠道会获取大量相关的有效就业信息。

3. 各种类型的大学毕业生就业市场　毕业生就业市场是毕业生与招聘单位供需双方进行双向选择，实现求职和招聘的重要机构。毕业生就业市场需要通过收集和整理各种就业信息，并通过适当的方式对所有毕业生公开，供毕业生了解和选择。这些就业信息既包括国家宏观的政治、经济形势，也包括有关的就业政策、规定，还包括各招聘单位的基本情况和具体的用人需求，是各种与毕业生就业有关信息的集合。同时，就业市场也要向招聘单位提供各个高校的专业介绍和生源情况，提供具体应聘者的应聘信息，方便招聘单位进行招聘。市场信息能否实现共享，交流是否充分，直接决定了市场作用能否有效发挥，人才配置能否合理。

4. 社会实践、毕业实习或业余兼职　在校大学生可以通过课余时间、假期与社会的接触加强与有关招聘单位的联系和沟通，互相增进彼此的了解，这样做有利于毕业生直接掌握第一手就业信息。与此同时，学生应积极参加学校组织的各项社会实践及临床实践活动，在活动中了解职业信息、积累工作经验、收集就业信息。如果在毕业前双方互有好感，很有可能签约成功，直接解决就业问题。

5. 登门拜访、主动投递简历　应届毕业生应该相信自身的能力，对自己有信心，要有一种"毛遂自荐"的精神，通过电话、登门拜访等形式与有意向的招聘单位直接接触。在就业过程中，应该变被动为主动，了解就业信息，大胆推荐自己，在就业过程中占得先机，更有效地寻找就业机会，更高效地实现高质量就业。但是，这种形式有利有弊，虽主动性强，但有盲目性，毕业生应量力而行。

6. 网络资源、微信客户端 APP 应用　网络的发展为当代大学生就业开创了一片无比广阔的天空，通过网络获取就业信息是毕业生在信息时代搜集就业信息的一种便利途径。毕业生可以从各式各样的就业服务网站得到诸多有益信息，如国家的中国就业网（www. chinajob. gov. cn）及各个省的就业网站等。随着高校就业工作信息化建设的推进，微信平台成为开展就业服务指导工作的新途径。但是，利用网络收集就业信息也有局限性，一是过时的信息比较多，二是有价值的信息多会被别人抢先利用；就业指导服务微信平台也存在一些问题，如全程性、有效性等问题，影响实际的效用。

二、就业信息的整理

（一）信息鉴别

毕业生在求职择业过程中会获取大量的就业信息，然而从各种不同渠道、以不同方式获得的信息，从形式到内容、从信息的真实程度再到信息存在的有效性都有很大差距，这就要求毕业生根据自身的实际情况、真实需要对搜集到的信息甄别处理，取其精华，去其糟粕。这样才能提高就业信息的有效性和针对性，以便更好地为自己的求职择业服务。总体来说，甄别就业信息时，应注意以下问题。

1. 就业信息的真伪分析　就业信息最大的价值在于其真实性，因此，分析就业信息首先要确定真实性和有效性。一般来说，高校就业指导服务中心及各高校就业网站为毕业生提供的就业信息可信度都是比较高的。一方面，有很多招聘单位都是连续多年与学校合作，双方建立了较高的互信基础，形成各个高校相对固定的就业市场。另一方面，在各高校就业部门发布相关招聘单位就业信息前，都会对就业信息进行仔细审查，保证为学生提供的就业信息都是真实有效的。对于其他途径获取的就业信息，都应该进一步加以甄别。不要嫌甄别就业信息的过程麻烦，通过一切可能的途径，从不同的角度去证实和甄别疑点，全面掌握就业信息内容，是应聘成功的前提。

2. 就业信息的可用性分析　获取就业信息后也要对信息进行效度分析，来判断就业信息能否为自己所用。比如，就业信息是否具有时效性？是否符合政策？自己是否符合就业信息所要求的生源状况要求？该职位对应聘者有哪些要求？自己是否满足了这些要求？对收集的就业信息进行全方面综合性的分析与比较，选择真正适合自己的职业与岗位需求，是毕业生需要做好的"功课"。

3. 就业信息的内涵分析　信息的内涵包括招聘单位的性质、规模、地理位置；职业的性质，职业素质的要求，职位的学历要求、经验要求，以及一些特殊的限定条件，如年龄、性别等。针对就业信息内涵的分析，毕业生要通过咨询与决策，了解职业和岗位的未来发展前景，以及公司的现状与待遇，综合以上信息，理性选择。

（二）信息分类

就业信息不仅代表招聘单位的需求信息，还涉及更广的范围。无论是毕业生收集的就业信息，还是招聘单位发布的就业信息都有很多不同，也存在着诸多相同点。利用科学的方法分门别类，可以使纷杂的就业信息简单明了。

1. 按国家、地方就业、招聘政策分类　每年国家、各省市都会出台符合当年毕业生就业形势的相关政策，各省市的一些相关单位就会根据相关政策进行人员的招聘、录用。这类的招聘单位一般多为公务员、事业单位、大学生村官、大西北计划等，而且同一省、各市此类招聘

NOTE

信息的发布时间、考试时间均在同一时期内，比较固定，利于各高校毕业生收集整理求职信息、复习备考。

2. 按信息发布的时间分类　大到全国各地、小到地方的县乡，不同招聘单位会在不同时间发布用人招聘信息，这就需要毕业生能够根据自身的专业特点、个人水平能力、知识技能储备、兴趣爱好等在诸多招聘信息中按招聘时间不同、考核时间有差异区分标注，便于在同一时间准备参加多家招聘单位的招聘考试、面试等，达到事半功倍的效果。

3. 按招聘地点分类　进入就业季，毕业生会全身心寻求职业岗位，可能会通过各种不同渠道获得不同城市、不同招聘单位的招聘信息。把同一城市或者附近城市的招聘信息整理分类，有助于毕业生分析同一区域的求职竞争、某个城市的环境特点、同一行业的上升空间等，也可在同一时间段前往同一城市或附近城市区域参加面试，节约资源、省时省力。

4. 按职位需求不同分类　招聘单位发布的就业信息会有岗位的应聘要求，毕业生可以根据不同的入职要求整理分类。比如某些职位需要硕士研究生学历、某些职位需要应聘者是中共党员、某些职位有通过英语六级水平的要求等。

（三）信息对比

在毕业生参加招聘会或在网上获得招聘信息时，往往会因为招聘信息数量过于庞大、招聘单位众多、招聘职位五花八门、薪金福利待遇等问题，使毕业生们感到无从下手、难以应对。因此，要对职位信息进行必要的比对。

1. 不同招聘单位的相同招聘岗位对比　在搜集、甄别就业信息后，要把不同招聘单位的相同岗位单独列举出来，把不同招聘单位的福利待遇、薪金水平、工作环境、企业文化、有无继续学习的机会（研修经历）等逐条对比整理，得出每个招聘单位的优缺点，有利于毕业生根据自身条件，对工作条件、工作环境等需求，理性地选择出最适合自己发展的岗位。

2. 相同招聘单位的不同招聘岗位对比　有时候毕业生会发现，在同一家招聘单位会出现好几个适合自己的不同岗位，选择了某一职位后，其后的事业发展走向往往也会出现很大的不同。这就需要毕业生把相同招聘单位的不用岗位需求对比列出，分析各个职位目前的社会需求情况、未来发展情况、同行业竞争情况等实际问题，再结合对职业的兴趣、个人的特点综合考虑后，做出理性的选择。

三、就业信息的利用

信息收集与整理的目的是为了利用，只有充分利用好就业信息，才能高效地寻找到适合自己的岗位，实现高质量的成功就业。

1. 掌握重点　将收集到的所有就业信息进行比较，经过初步筛选之后，选出重点信息，标明并注意留存，一般信息则仅做参考。毕业生在筛选过程中，一定要把握重要信息，尤其是与自身能力匹配的重要岗位信息。

2. 适合自己　由于每个人的自身情况不同，个人能力存在差距，毕业生在选择工作时，应选择适合自己的信息，这样才能够在适合自己的岗位上更好地发展。毕业生一定要根据自身的能力，选择真正适合自己的就业岗位，切莫好高骛远。

3. 注意时效　搜集到就业信息后，应适时使用，以免过期。一般单位的招聘信息都是有时限的，毕业生应把握就业过程中的黄金时期，主动出击，占领先机，在求职过程中切记不要观望，学会及时利用有效信息。

小组讨论

有哪些途径可以获取更多的求职信息

以小组为单位开展讨论，选择较好的小组进行课堂分享。

课 后 练 习

请按要求制作一份个人简历，书写一封求职信。

课 后 思 考

1. 高校毕业生的就业程序主要有哪些？

2. 在求职过程中应该如何有效地收集就业信息？

NOTE

第三章　求职方法与应聘技巧

● 本章要点

通过本章的学习，掌握就业学生自荐、应聘的途径和方法，了解笔试、面试的基本类型和要素。通过课堂练习和课外实践，熟悉并应用求职面试技巧。通过学习专业与职业的辩证关系，了解职业发展趋势等基本知识，在个人应聘决策中能够合理定位、科学选择。

我国每年有几百万大学毕业生进入就业的行列，在就业形势严峻的情况下，一个有吸引力的招聘单位和职业岗位，会吸引很多竞争者。因此，一个应聘者要在竞争中获得一份满意的工作，不仅仅要靠自己的实力，更需要有效地"推销"自己。大学生掌握求职技巧，提高"推销"自己的本领，将有助于找到一份合适的工作。

第一节　自荐方式与技巧

◉ 困惑与迷思

小林是某中医药大学五年级针灸推拿学专业学生，来自农村的他成绩平平、外表平平，在校期间各方面表现也一般。1月份实习结束回校，按照辅导员的要求，他做了一份简历上交，等着辅导员给他推荐就业岗位。看着班里其他同学忙进忙出地参加笔试、面试，自己却只参加过两次辅导员推荐的校园面试，结果还不得而知。小林有点着急，不知道其他同学是怎么获得这些面试机会的，也不知道自己怎样才能获得更多的就业机会。既着急又迷茫的小林在同学的建议下来到学校就业指导中心咨询。

关键问题：像小林这样的"普通学生"在大学校园里不少见，如果你是他的同学和老师，该如何帮助他呢？帮助他正确地自我定位，确立合理目标，掌握并使用实用的求职择业方法，这是当前最有效的帮助。

◉ 理论与讲解

自荐即自我推荐，是毕业生就业的基本环节。大学生在求职择业过程中，要让招聘单位认识自己、了解自己、选择自己，就必须通过多种途径和方法宣传自己、展示自己、推荐自己。只有成功地自荐，才能获得面试的机会。

一、自荐的方式

自荐有直接自荐和间接自荐两种。直接自荐是指由本人向招聘单位做自我介绍、自我评价、自我推销。间接自荐是指借助中介人、中介机构或者是相关材料推荐自己，即不亲自出马，只需将自己的想法和条件告诉第三方，或形成材料就能达到推荐自己的目的。综合起来，自荐的方式主要包括以下几种。

（一）现场自荐

这种自荐方式，要求应聘者必须亲临招聘单位或招聘现场。其优点是直接面对招聘单位，便于展示自己的风采，容易给人留下深刻的印象，如果表现出色可能会被当场录用。其缺点是涉及面有限，有时受时间、精力和地域的限制。一般来说，招聘单位在和毕业生签约之前都会通过各种方式和毕业生见面，所以说，无论以何种方式自荐，都有必要学习和掌握现场自荐的技巧。现场自荐可细分为以下三种方式。

1. 登门自荐　　即带上自荐材料亲自到招聘单位推荐自己。

2. 参加人才招聘会自荐　　即带上自荐材料到人才招聘会的现场推荐自己。

3. 在实习或社会实践过程中自荐　　即通过各种实习和社会实践的机会推荐自己。

（二）书面自荐

书面自荐即通过邮寄或递送自荐材料的方式推销自己。此种方式覆盖面宽，可以扩大自荐范围，不受时空限制，不受"临场发挥"和"仪表效应"的影响，也是毕业生求职择业过程中常用的自荐方式。

（三）电话自荐

电话自荐即通过电话推荐自己的一种求职方式。在求职过程中，电话自荐起着"敲门砖"的作用。充分利用电话接通后短暂的时间，用最简洁明了的语言展示自己，尽可能给对方留下一个清晰、深刻、良好的印象，为面试打下良好的基础。

（四）广告自荐

广告自荐主要是借助有关毕业生就业的人才杂志、报纸、广播或电视等媒体向社会推荐自己。这种方式覆盖面宽，受众广泛，易达到"广种薄收"的效果。部分长线专业、非通用专业或有特殊专长的毕业生采取这种方式往往会收到意想不到的效果。

（五）网络自荐

网络自荐是近年来借助信息化工具新兴的一种途径。毕业生可将自荐材料甚至照片上传至专门的毕业生就业信息网站或人才招聘网站，也可以直接给招聘单位的人事部门发送电子邮件，有毕业生采取更为直接的方法在网上推介自己——建立个人主页，它能充分发挥个人能力，展现张扬的个性。这种方式受众广泛而且层次较高，供需双方可在网上及时交流、沟通，且成本相对较低。随着信息技术的飞速发展，这种自荐方式今后会被越来越多的毕业生和企业招聘人员所接受。

（六）间接自荐

1. 学校推荐　　这种方式的特点是学校向毕业生推荐的单位往往是主动向学校提供明确的用人需求，或是与学校有密切关系、相互信任的招聘单位。因此，就业信息可靠，招聘单位的情况明确，值得信赖。同时在招聘单位看来，学校对毕业生的情况是比较了解的，学校对毕业生的推荐可信度高，有权威性，因此，经过学校的推荐，应聘者和招聘单位往往容易相互认可，成功率较高。

NOTE

2. 他人推荐   即利用老师、父母、亲友推荐从而达到自我推荐目的的一种自荐方式。有的教师与一些对口招聘单位的领导或业务骨干有较为密切的联系，或已在某个行业、学科中具有较高的学术声望，因此，他们的推荐容易引起招聘单位的重视和信任。当然，父母、亲友的推荐可帮助毕业生扩大自荐的范围，对自己的成功择业也会助一臂之力。

3. 中介机构推荐   即把自己的择业信息发送到社会就业中介机构，由他们向招聘单位推荐的方式。这种方式最大的好处是就业中介机构对外联系广泛，择业面广。但是中介机构只能作为一个客观的中间环节，对于供需双方缺乏深入的了解，而且一些中介机构受利益驱动，可能会收取一定的中介费用，所以在目前情况下，利用中介机构推荐只能当成扩大就业面的一种选择。

二、自荐的技巧

大学毕业生要想找到理想的职业，除靠知识、技能等"硬实力"外，在自我推荐过程中，还必须重视"软包装"，重视非智力因素的表现，依靠灵活的方法和技巧取胜。

1. 自荐只是手段而不是目的   大学毕业生自我推荐，首先需要认识清楚自荐仅仅是一种说服手段，即让对方认可自己的人格、知识、技能和理想，从而获得成功的机会，而不是以推荐自己为目的，不管结果。

2. 自荐要有自信性、主动性和勇气   自信是现代人所必须具备的心理素质。大学毕业生自我推荐，首先必须相信自己，清醒地知道自己具备达到目标所需的能力，并完全依靠自己的能力去竞争，这是应聘者成功自荐的奥秘之一。

自荐是应聘者的主动行为，任何消极等待的态度都是不可取的。成功的自荐还必须具有足够的勇气，不怕失败。有的大学毕业生去招聘单位之前，脑子里已准备好了对各种问题的回答，甚至语调、礼貌用语、动作都想好，可是真到了现场的时候，竟全忘光了，结果给人一种缩手缩脚、没有魄力、无所作为或作为不大的印象。还有一些大学毕业生在洽谈会上，由家长和老师陪着东转西看，出谋划策，给招聘单位留下"没长大"的印象。

3. 自荐要诚恳、谦虚、有礼貌   诚恳、谦虚、有礼貌是为人处世的基本要素，是赢得招聘单位好感的应有态度。大学毕业生自荐应以诚信为本，在介绍自己时，要讲真话，有诚意，不吹牛撒谎，不虚情假意，要给对方以信任感。比如，自己对某问题不明白时，可告诉招聘人："对不起，我现在还无法回答这个问题。"这恰恰可以反映直率诚实的性格。

4. 自荐应注意对方的需要和感受   自我推荐应注重对方的需要和感受，并根据其需要和感受说服对方，让对方接受，使自己所述正好是对方所要的，自己所问正好是对方想要告诉的。要做到这点，首先要有所准备，想一想招聘单位需要什么，会提出什么问题，对什么感兴趣；其次，临场要"察言观色"，把握对方心理，随机应变。

5. 自荐要善于展示自己   "热门"的招聘单位往往门庭若市，要想在高手如林的竞争中引人注意，脱颖而出，就必须会介绍自己、会提问题、会回答问题、会发挥优势，能展示自己的特色。自荐必须从引起别人注意开始，如果别人不在意你的存在，那就谈不上推荐自己。引起别人注意的关键是要扬长避短，有自己的特色，使对方对自己产生兴趣，即"展示适时，展示适度"。

6. 自荐要学会使用自荐材料   再好的自荐材料，也要会使用。例如，在招聘会上，求职人员很多，很难与招聘单位的招聘人员进行深入交谈，可先把自荐材料提供给招聘单位，为自己争取到面试的机会。自荐材料最好亲自呈递，这样会加深招聘单位对自己的印象。同时，在呈递材料时，最好多准备几份，这样既表示对每个人的尊重，又无疑为他们在共同商议是否录用时提供方便。如果无法亲自呈递，也可采取邮寄的方式，可将自荐材料直接寄给招聘主管人，使其感觉到自己很在乎该单位，从而留下一个深刻的印象。

7. 自荐要善于"包装"自己 适当的包装能弥补个人不足，提高个人影响力，发挥"促销"作用。包装分为外包装和内包装。外包装是通过一些非语言媒介对自荐发挥作用，如衣着、发式、动作、行为举止、体态、气质等要得体、适度，给人以大方、潇洒、端庄、有知识、有涵养、有信心、符合大学生身份的感觉。研究结果表明，外表有吸引力者，一般会被招聘人理解为聪明精干、办事认真可靠。当然，内包装也很重要，这需要平时多修炼和积累。

8. 自荐要注意控制情绪 实践证明，心情紧张时，说话容易节奏过快，使听者费力而厌烦。因此，在自荐过程中，要善于控制情绪，说话节奏适中，充分表露出自己的才华、学识、能力和社会阅历，增加对方对自己的了解。为了控制亢奋的情绪，美国心理学家尤利斯提出了有趣的忠告："低声，慢语，挺胸。"

三、申请表和感谢信

在人才市场或集中招聘的活动中，招聘单位一般都要求应聘者填写统一印制的申请表格，填写申请表是应聘的起始，也可以看成是"自荐"的一种形式。感谢信则一般是在应聘面试后写给招聘单位的，一方面感谢对方给自己应聘的机会，另一方面则是再次"提示"招聘单位关注自己，其实在客观上也起到了"自荐"的目的。申请表和感谢信对求职起着重要作用，大学毕业生对此不能轻视和草率。

（一）申请表

申请表一般要求填写个人资料、家庭背景、教育背景及工作与实践等，回答一些有关个人素质的简短问题。

与简历不同，申请表所涉及内容更接近招聘单位的要求，因此，要注意针对不同单位、不同职位对填表的不同要求填写。

要填好申请表，需注意以下要点。

1. 回答有关个人素质的问题时要扼要中肯 有关个人素质的问题，一般都集中在以下几个方面：①对待人生、对待事业的态度；②处理事情的方法；③个人职业目标；④选择该单位的原因；⑤胜任该岗位的能力等。在回答这些问题的时候，一般应简洁清晰地答出要点，注意回答的层次和深度。其中有些问题在面试的时候还可能要问到，当前好好填答，也是为将来面试做准备。

2. 职位选择要慎重 在申请表上，一般单位都可能向应聘者提供多个岗位，让应聘者选择并按优先顺序排列。从实际录用的情况来看，第一偏好的岗位起着关键性作用。因此在选择填表的时候，要充分考虑自己的实际爱好及该岗位的竞争程度。如果首选岗位名额太少而竞争者太多的话，在初审的时候就有可能被剔除。

3. 填写时具体注意事项

1. 表中的内容一般都要求用钢笔填写或现场用打字机、计算机打印。

2. 字迹要清晰整洁，要求填写的各项内容应尽数填答，不要遗漏。

3. 所填写的表格应该复印（打印）存留，以便日后（如参加该招聘单位面试的时候）再度使用。

（二）感谢信

在接受招聘单位的初次面试之后，应聘成功与否还是未知数，但这个时候如果能礼貌地给单位写一封应聘后感谢信，则会增加单位对自己的印象，更能凸显修养与礼节。一般来说感谢信包括三个层面的意思。

1. 感谢单位给予面试的机会，谈谈这次面试自己的收获。

2. 表明自己对待这次面试的态度，能被录用将如何表现，若未被录用持什么心态。

3. 诚恳表达感激之情，对面试单位和面试面试官予以真诚祝福。

感谢信的作用一方面是礼节性的，更重要的是引起招聘单位对自己的关注，有时候会起到意想不到的作用。有的单位会因为措辞和表现会额外根据情况增设相应岗位，有的人事招聘主管会因为被诚意打动，推荐自己到其他单位的合适岗位。每个应聘者都应该重视感谢信这个环节。

课堂情境模拟："陌拜"

释义：陌拜，是一个营销词汇，指不经过预约直接对陌生人进行登门拜访，是业务人员常用的寻找潜在客户的方式，也称为"扫街"或者"扫楼"。近年来被移植到大学毕业生的求职中，毕业生对心仪的招聘单位直接登门造访，以期获得实习或工作职位，或者获取一些急需的就业信息，是一种新型的求职方式。

练习参考：教师在课前指定 1～2 位学生，请他们准备好个人求职简历，在课堂扮演陌拜者，准备去某医院寻求面试机会；请另一位学生或教师本人扮演医院院长（或人事主管）。陌拜者进行现场自荐，"院长"在接待过程中设置"困难"的情境，让学生练习应对方法。要求班级其他学生观察陌拜者从登门到完成陌拜的全过程，对陌拜者的表现进行点评，也可请扮演者自己谈体会。教师在总结点评时引导学生要用多种方式去自我推荐，鼓励学生积极采用陌拜的方式，主动获取就业机会。扮演者在练习过程中呈现的交流技巧等问题，教师应进行点评，为面试技巧单元的讲解做铺垫。

第二节　笔试方法与技巧

困惑与迷思

小刘是医学院校生物科学专业学生，她认为大学里的主要任务就是把专业科目学好，平时大部分精力都花在专业课的学习上，比较少关注专业以外的资讯。临近毕业，学校推荐了很多求职岗位，但小刘在参加了三场笔试后，自信心受到了极大的打击，因为她没有一次笔试后得到进一步的面试机会。她带着困惑找到了辅导员，辅导员了解后得知，笔试中除了专业测试外，还有很多内容是非专业性的测试，她觉得专业知识测试没有问题，而对于其他一些问题的解答感到很困难。

关键问题：类似小刘这样专业成绩较好而忽视其他方面知识积累的学生在求职时是很容易碰到挫折的，招聘单位在招聘员工时不单关注专业知识和能力，更关注应聘者的综合知识和技能。辅导员应该指导小刘多关注政治、生活常识等信息，多进行案例分析、综合测试等练习，才能在以后的笔试中表现得更好。

理论与讲解

笔试是招聘单位对应聘人员的一种考核方法，形式多为书面考试，是考核应聘者学识水平的重要方法。这种方法可以有效测量应聘者的基本知识、专业知识、管理知识、特定知识、综合分析和文字表达等素质及能力的差异。一些专业技术要求很强，对录用人员素质要求很高的单位，如企业的涉外部门、产品研发部门，技术要求很高的专业公司及国家机关选聘公务员、事业单位选聘工作人员等通常需要进行笔试。

一、常见的笔试类型

（一）专业类笔试

专业类笔试是主要针对研发型和技术类职位的考试，主要目的是检验应聘者担任某一职位是否能达到所要求的专业知识水平、是否具有相关的实际能力。

这类考试对于应聘者相关专业知识的掌握要求比较高，题目主要涉及工作需要的技术性问题，专业性、针对性和实用性比较强。比如招聘临床医生或护士，一般会测试应聘者的医学专业基础知识、疾病诊断、病案书写等内容。这类考试和大学阶段专业课的学习密不可分，要成功应对这类考试需要扎实的专业基础。

（二）非专业类笔试

非专业类笔试更为常见，对于应聘者专业背景一般没有特别的要求。非专业类笔试的考查内容相当广泛，除了常见的英文阅读和写作能力、逻辑思维能力、数理分析能力外，通常还会涉及时事政治、生活常识、情景演绎，甚至智商测试等。非专业类笔试主要有以下类型。

1. 智商测试　智商测试主要为一些跨国公司所采用。他们对大学毕业生所学的专业一般没有特殊的要求，但对毕业生的素质要求较高。在他们看来，有没有专业背景无关要紧，但是否具有不断接收新知识的能力是至关重要的。智商测试并不神秘，一类是图形识别，比如有四种图形，让应聘者指出相似点和不同点；另一类是算术题，主要测试应聘者对数字的敏感程度及基本计算能力。

2. 心理测试　心理测试是要求应聘者完成事先编制好的标准化量表或问卷，根据完成的数量和质量来判定其心理水平或个性差异的方法。此测试多为辅助性笔试。

3. 综合能力测试　综合能力测试兼有智商测试的要求，但程度更高。比如，应聘者要在规定时间内对一组数据、一组资料进行分析，找出其合理的地方和存在的问题，并设计出解决问题的方案。这是对应聘者的阅读理解能力，发现问题、分析问题和解决问题的能力，知识面等素质的全方位测试。有时问答采用英文，相对来说难度更大一些。英语语言能力笔试也是一类常见的非专业类笔试，其考查的重点是阅读理解能力和写作能力。目前，

NOTE

各级公务员资格考试和部分事业单位招聘考试的《行政职业能力测验》就是一种综合能力测试。

二、笔试的应对

1. 储备知识 根据招聘考试的要求或给定的范围，查阅有关报刊、图书、网络资料，对于相关专业知识开展学习，对原有专业知识进行复习巩固，积极储备专业知识，这是应对笔试的重要环节，也是前提。如国家机关公务员选拔考试，笔试包括《行政职业能力测验》《申论》和《基础知识测试》，一般都有较为完备的复习资料、模拟试题供参考，事业单位招聘考试也可参照这些资料。

2. 增强信心 笔试怯场大多是缺乏信心所致，要客观冷静地对自己进行正确评估，同时要想到自己面临的难题也许是所有考生共同面临的难题，要尽力答题，克服自卑心理，增强信心。临考前，一要适当减轻思想负担，二要保证充足的睡眠，三要适当参加一些文体活动，从而使高度紧张的大脑得到放松，以充沛的精力去参加考试。

3. 考前准备 提前熟悉考场环境有利于消除应聘时的紧张心理。应仔细阅读考场注意事项，尽量按照要求去做。除携带必备的证件外，考试必备的文具和手表等也要预备齐全。进入考场后遵守考场规则，服从监考人员的管理。

4. 科学答卷 拿到试卷后，首先应通览一遍，了解题目的多少和难度的大小，以便把握答题的速度。然后根据先易后难的原则排出答题的顺序，先答相对简单的题，后答难题，这样就不会因为答难题而浪费太多时间，以至于没有时间做易答的题。碰到较大的综合题或论述题，则应先列出提纲，再逐条论述。

在答题完成后要进行一次全面复查，确保不漏题、不跑题，仔细查看是否有错别字、语法不通、词不达意等错误，同时要做到卷面整洁、字迹端正。因为招聘者往往会从卷面联想到应聘者的思想、品质、作风，对于字迹潦草、卷面不整的应聘者，会给招聘者留下糟糕的第一印象；而那些字迹端正、答题一丝不苟的人，招聘者会认为其态度认真、作风细致，应聘的成功率更高。

课 堂 分 享

1. 邀请 1～2 位成功参加笔试并被录用的学长分享笔试的经验和心得。

2. 教师在课堂展示学校就业指导中心或学院就业辅导员搜集整理的该专业学生参加招聘单位笔试的材料并进行分析，引导学生根据自身情况做相应准备。

第三节 面试方法与技巧

困惑与迷思

一次某知名医药外企到学校招聘文秘人员，由于待遇优厚，故应聘者众多。公共事业管理专业毕业的沈同学前往面试，她的背景材料很不错：大学期间在各类刊物发表文章，参与过多家公司周年庆典，英语口语流利，能歌善舞，而且她还是学校里小有名气的美女。参加面试时，小沈身穿迷你裙，露出大腿，上身着露脐装，涂着鲜红的唇膏，拎着小包轻盈地走到面试官面前，不请自坐，随后跷起二郎腿，笑眯眯地看着面试官等着问话。谁知，三位面试官相互交换了下眼色，主面试官说："沈小姐，今天没有时间详谈，请回去等通知吧。"

关键问题：显然，沈同学等不到录用通知了。虽然她各方面优秀，但在面试中表现却很差，尤其是面试礼仪，无论从衣着、面容、坐姿、走路及面部表情，都不符合职场礼仪规范。而这些规范恰恰是学生在大学期间需要学习和训练的。

理论与讲解

面试是检测和评价应聘者能力素质的一种考试活动，是组织者精心设计，在特定场景下，以面试官对考生的面对面交谈和观察为主要手段，由表及里测评应聘者的知识、能力、经验等有关素质的一种活动。面试包括"问""听""察""析""判"，是对口头语言、非口头语言行为的综合分析、推理与判断。在求职的几个环节中，面试是最关键的环节，同时也是难度最大的。尤其是对于那些初入职场的应届毕业生来说，因为缺乏经验，面试常常成为一道难过的坎，很多毕业生顺利通过了简历关、笔试关，最后却在面试中铩羽而归。

一、面试的类型

（一）按面试性质分类

1. 操作面试 操作面试是面试官给予应聘者特定的工作任务，让应聘者在一定时间内完成，考察应聘者行为反应及专业操作能力的一种方法。医学专业毕业生临床技能操作、师范专业毕业生试讲都属于这种类型的面试。

2. 言谈面试 言谈面试是面试官与应聘者通过口头交流沟通，考察应聘者基本素养、基础知识、综合能力等的一种面试类型。根据面试现场的组织形式可分为个人面试和集体面试。

（1）个人面试 个人面试可分为一对一面试和一对多面试两种方式。

①一对一面试：多用于较小规模的组织或招聘较低职位员工时，有时也用于人员初选。另外，当医院院长或企业高管对人员进行最后录用决策时，也常采用这种方式。

②一对多面试：由 2~5 名面试官组成主试团，分别对每个应聘者进行面试。采取这种方式时，主试团成员间常常进行角色分配，面试中相互配合。如医疗机构主试团由 5 人或更多人数组成，一般包括当地人事、卫生部门工作人员，医院主要领导，人事部门负责人，业务科室负责人，同级纪委监察部门工作人员。主试团对应聘者求职的动机、工资要求、人际关系、责

任心、应变能力、领导才能、相关专业知识和过去的工作成绩从不同维度进行考察。一对多面试容易对应聘者构成较大心理压力。

（2）**集体面试**　集体面试可分为一般小组面试和无领导小组讨论面试。

①一般小组面试：当一个职位的应聘者较多时，为了节省时间，让多个应聘者组成一组，由数个面试面试官轮流提问，着重考察应聘者个性和协调性。在小组面试中，常在某位应聘者回答问题后，主试突然向其他应聘者发问："对于某先生刚才的回答，其他人有什么看法？"这时要求应聘者举手回答，能反映一个人的机敏性和主动性。

②无领导小组讨论面试：一般面试官会将应聘者分成数组，每组5～8人，由面试官提出讨论问题，在无人组织的情况下，就该问题进行无领导（无主持人）自由讨论，应聘者各自提出自己的见解。面试官根据应聘者的讨论，对其组织能力、协调能力、人际交往、仪表举止、语言表达、阐述问题的逻辑性及准确性、团队意识、处理突发事件的能力等方面进行评定。现在国家机关和事业单位及大型国企在招录中较多采用此方法。

（二）按面试操作方式分类

1. 问题式面试　面试官按照事先拟定的提纲对应聘者进行发问，其目的在于观察应聘者在特殊环境中的表现，考察其判断、解决问题的能力。

2. 压力式面试　面试官有意识地对应聘者施加压力，就某一问题或某一事件做一连串的发问，详细具体且刨根问底，直至令应聘者无以对答。此方式主要考察应聘者在特殊压力下的反应速度、思维敏捷程度及应变能力。

3. 自由式面试　面试官与应聘者海阔天空、漫无边际地进行交谈，气氛轻松活跃，甚至可以在进餐中进行，无拘无束，面试官与应聘者自由发表言论，各抒己见。目的是在闲聊中观察应聘者的谈吐、举止、知识、能力、气质和风度，对其做全方位的综合素质考察。

4. 案例式面试　由面试官事先设定一个情景或给定一个案例，提出一个问题或一项设计，要求应聘者进入角色模拟加以完成。其目的在于考核其分析问题、解决问题的能力。

5. 综合式面试　面试官通过多种方式考察应聘者的综合能力和素质，如利用外语与其交谈，要求即时作文，或即席演讲，甚至操作计算机及其他设备等，以考察其外语水平、书面及口头表达等各方面的能力。

6. 电话面试　很多企业从简历中筛选出合适的应聘者后，在正式面对面的面试之前，通常采用打电话的方式进行首轮面试，从而事先了解应聘者的实际情况。电话面试的时间一般控制在10～15分钟，其主要目的是核实应聘者的相关背景、语言表达能力。一般通过常规问题的询问，或者让应聘者做自我介绍，并根据简历对应聘者的教育及工作经历进行核实，从而判断应聘者是否符合招聘职位所要求的素质能力，并根据电话面试的结果判断是否给予进一步面试的机会。

此外，按面试阶段分类，还有淘汰型面试、选拔型面试、集训型面试、决定型面试等形式，一般录用的层次愈高，面试的次数也愈多。一般人员的录用常由人事部门和业务部门面试后直接决定，而中层干部、专业技术人才等的录用，一般由单位负责人直接参与面试才能决定。

二、面试的内容

（一）观察形象

1. 观察面试者的仪表风度　这是指对应聘者的体形、外貌、气质、衣着举止、精神状态等进行观察。如国家公务员、教师、公关、营销、企业经理等职位，对仪表风度的要求较高。研究表明，仪表端正、衣着整洁、举止文明的人做事有规律，注意自我约束，且具有较强的责任心。

2. 考察应聘者的口头表达能力　利用面试手段来考察应聘者是否能够将自己的思维、观点、意见或建议顺畅地用语言表达出来。考察的具体内容包括表达的逻辑性、准确性、感染力、音质、音色、音调、音量等。

（二）考察智商

1. 考核应聘者的专业知识　了解应聘者掌握专业知识的深度和广度，其专业知识是否符合所要录用职位的要求。作为专业知识笔试的补充，面试对专业知识的考核更具灵活性和针对性，所提问题也更接近岗位对专业知识的需求。

2. 考察应聘者的综合分析能力　面试中，观察应聘者是否能对主面试官提出的问题通过分析抓住本质，并且说理透彻、分析全面、条理清晰。

（三）考察情商

1. 检验应聘者的反应能力与应变能力　主要看应聘者对主面试官所提问题的理解是否准确贴切，回答的及时性、准确性等，对于突发问题的反应是否机智敏捷、回答得当，对于意外情景的处理是否妥当等。

2. 了解应聘者的工作态度　一是了解应聘者对过去学习、工作的态度；二是了解其对报考职位的态度。

3. 询问应聘者的求职动机　了解应聘者为何希望来本单位工作，对哪类工作最感兴趣，在工作中追求什么，判断本单位所能提供的职位或工作条件等能否满足其工作要求和期望。

4. 了解应聘者的自我控制能力和情绪稳定性　自我控制能力对于公务员和企事业单位工作人员显得尤为重要。一方面，在遇到上级批评指责、工作有压力或是个人利益受到冲击时，能否克制、容忍、理智地对待，不致因情绪波动而影响工作；另一方面，对待工作是否有耐心和毅力。

5. 了解应聘者的人际交往能力　在面试中，通过询问应聘者经常参与哪些社会活动，喜欢同哪种类型的人打交道，在各种社交场合扮演的角色，了解应聘者的人际交往倾向和与人相处的技巧。

6. 了解应聘者的上进心、进取心　上进心、进取心强烈的人，一般都有事业上的奋斗目标，并为之积极努力。表现为努力把现有工作做好，且不安于现状，工作中常有创新。上进心不强的人，一般都是安于现状，无所事事，不求有功，但求无过，对什么事都不太关心。

（四）了解业务能力

有些特定的行业或工作岗位需要通过操作面试了解应聘者的业务能力，特别是实践能力和实际操作能力。比如应聘教师岗位一般需要试讲，应聘营销岗位需要现场展示推销技能，艺术类学生应聘相关岗位一般也需要现场展示才艺等。

（五）了解职业生涯规划

面试中要了解应聘者职业生涯是否有规划，人生是否有规划，规划是否切合实际，是否符合单位的要求。职业生涯规划远比各类证书更重要，对于招聘单位来讲，一个对自己了解透彻的应聘者要比拿着一堆证书而胸无定数的人可靠得多。这种规划将会给单位带来更快更直接的收益，依据如下：其一，了解自己的人往往思维缜密、头脑清醒，所谓自知者明；其二，这样的人自我发展意识和自我约束力很强；其三，这样的应聘者还可以尽快和企业完成磨合，发挥作用创造效益。

三、面试的准备

面试的准备是面试能否成功的一个前提条件，包括应聘者个人资料的准备、对招聘单位的了解、个人的修饰打扮、自我心理调节、对面试问题的准备等多个方面。可以说，面试准备充分不一定求职就能成功，但面试准备不充分，求职便很难成功。

（一）个人资料的准备

个人资料包括求职信、个人简历、推荐信、学习成绩材料、专业资格任职证书、获奖证书及其他能证明自己具有某些方面素质或能力的材料。面试时，应把这些资料整理、随身携带，以便主面试官随时查看，也可将复印件汇编成册提供给招聘单位。准备一个公文包，除了放置上述个人资料外，还可以放一些有关工作或有助于谈话的资料，说不定这些资料会对面试有所启发。

（二）招聘单位相关资料的收集

面试之前，一定要广泛收集关于招聘单位各方面的资料与信息，有了充分准备，更能做到有的放矢，即使"临场发挥"也可以相当精彩和出色。

1. 收集招聘单位和目标岗位的资料　要了解清楚招聘单位的背景、性质、规模、特色、组织结构、发展前景等情况。同时要了解所应聘的职位是干些什么的？主要职责是什么？该职位需要什么类型的人员，对人员素质有什么样的需求？这个职位核心的专业知识和专业技能是什么？若事先对这些情况一无所知或知之甚少，则在面试时易处于被动境地，也易使招聘单位形成"不关心本单位""对应聘的岗位不了解"的印象，从而影响面试结果。如果再深入一些考虑的话，还可以对照职位的要求，突出自己的优势。由此可见，资料的收集不仅对于面试应答会有帮助，而且有利于应聘者提前反思自己的情况，为日后更好地适应工作做好心理上的准备。

2. 收集主面试官的有关情况　应聘者要尽可能了解面试主考人员的情况，如教育背景、社会关系、工作作风及兴趣爱好等，只有对主面试官的情况有一定的了解，才能在面试时易守易攻，自始至终立于不败之地。从另一方面来说，主面试官可能就是未来的领导，增进对他们的了解，对于日后更好、更快地适应新的工作环境也是大有裨益的。

3. 了解面试的流程及类型　如果能在面试前了解面试的基本流程、类型，对于自信心的树立和面试过程的掌控都是非常有益的。一般可以事先了解这些信息：面试一共有几轮，每轮的形式与内容是什么；面试方式是一对一、多对一还是一对多；面试的类型是小组面试还是其他；面试的语言是中文、英文还是其他。

（三）模拟面试

适当进行模拟面试练习，对于提高面试技巧、提升面试自信心有非常大的好处。如果条件允许，可以邀请做过面试官的专业人士帮助进行模拟面试训练；如果没有这样的条件，可以请老师或同学帮助进行模拟面试。

模拟面试可以针对要面试的职位可能出现的面试场景进行，从敲门进去到离开，模拟整个过程。整个过程完成后，由模拟面试官对存在的问题提出反馈，然后结合反馈给予改进，再进行第二次模拟。通常经过几次模拟后，应聘者就能对整个面试过程做到心中有数。

四、面试的技巧

（一）倾听的技巧

善于倾听是一种美德，也是一种重要的信息交流技巧。面试的实质是面试官们和应聘者之间通过信息交流并对对方做出全面评价的过程，双方的交流与互动主要通过"说"和"听"来实现。应聘者注意倾听，不仅显示对面试官的尊重，而且能敏锐地捕捉关键信息，抓住面试官问题的实质。若不仔细听或不善于倾听，很可能会不得要领，答题自然不得要害。

（二）语言表达的技巧

语言表达是面试过程中最关键的一个环节，纵使有过硬的素质、全面的知识，若是不会用语言做出恰当准确的表述，则很难在言谈面试中打动主试者。应聘者在面试中进行语言表达时要注意准确、率直、坦诚等。

（三）观察的技巧

面试中要注意察言观色，要能细心、敏锐地从面试官的言行、表情和眼神中捕捉到有价值的信息，并进行合理的解读与"破译"。主要是应当注意面试官，特别是主试者的面部表情和眼神。观察自己的回答是否令对方满意，或是引起了对方的反感，以便在面试过程中把握尺度，做到收放自如。

（四）问答的技巧

问答的技巧包括应答和提问两个方面的技巧，面试中应聘者主要以回答招聘方的提问来接受测评与考核。同时，也可以适时地主动提出一些问题，一方面进一步了解应聘的单位与岗位，一方面以此来显示应聘者良好的精神风貌和整体素质。

1. 应答的技巧

（1）应答要准确　在面试中招聘单位主要是考察应聘者的知识和能力，准确可靠是应聘者答问的第一要点。为了准确回答，应聘者首先要听清主面试官的问题，要很好地思考和琢磨，做出准确的判断，不要急于回答。应迅速考虑怎样准确回答，用哪些知识回答。如果一个问题可以用很多知识回答，应聘者应该用较熟悉的知识回答。一般来说，专业知识是考察的重点，应聘者应熟练掌握专业知识。如果答非所问，含糊其词，肯定不会有理想的面试结果。

（2）应答善应变　面对面的应试，犹如一场紧张的攻防战，招聘者时时发起进攻，应聘者随机应变。求职面试中，有时会出现一些难题和怪题，这不是招聘方"不怀好意"，是一种战术，令人不明其意；招聘方甚至有时故意提出不礼貌或令人难堪的问题，其意在于施压应聘者，考察应聘者的"适应性"和"应变性"。应聘者听了问题之后灰心、生气、羞愧就"中招"了。应聘者若反唇相讥，恶语相对，就大错特错了。这时一定要沉着冷静，巧妙应对。

（3）应答讲策略　俗话说："水无常形，话无定格。"不同的求职面试，由于具体情况不同，言谈没有一套固定的办法。这就要求应聘者在面试中的答问要从实际情况出发，讲究策略。哪些内容先说，什么情况不该说，哪些地方需简略，何时应直言或委婉等，应根据面试时的具体情况而定。

（4）应答要积极　面试是招聘单位选拔人才的关键环节，应聘者如果想有一个理想的结

NOTE

果，就应该抓住机会，在有限的时间内，通过良好的表现，充分展示其各方面的才能。如扎实的专业基础知识、熟练的工作技能、较强的处理问题能力和应变能力；善于组织、协调、攻关和追求团队统一的能力；为人诚实、冷静机智、自信而不狂妄、文明礼貌、谈吐不俗的人格魅力等。

2. 提问的技巧

（1）注意把握提问的时机　面试即将结束时，一般面试官通常会问应聘者有没有问题，这不是一般的客套，大多数招聘者希望应聘者提出问题，发表一下自己的见解，借此进一步了解应聘者的水平和诚意。当遇到这种情况，应聘者一般不要说："我什么问题也没有了。"而应该抓住时机，问一些还未弄清的问题，重点放在围绕岗位职责、工作任务方面。如：职位的工作范围、涉及的责任、面临的挑战及在这一职位上应该取得什么样的成果等。对方没有要求应聘者提问的情况下，一般不要随意提问或插话。

（2）要注意提问的方式、语气　有些问题可以直截了当地提出来，如该单位人员结构、岗位设置等。有些问题则不可直截了当地提出，而要婉转、含蓄一点。如了解求职单位收入情况和自己入职后收入多少等问题，不可直接问，而应婉转地询问"贵单位有什么奖惩条例、规定""贵单位实行什么样的分配制度"等。另外，在询问时一定要注意语气，要给人一种诚挚、谦逊的感觉。

（3）提问的忌讳　忌问招聘人数，不要问："你们会录用几个？"对招聘单位来讲，招1个是招，招10个也是招。问题不在于招几个，而是有没有独一无二的实力和竞争力。忌急问待遇，如"你们的待遇怎样""你们管吃住吗""电话费、车费报不报销"等，有些应聘者一见面就急着问这些，不但让对方反感，而且会让对方产生"工作还没干就先提条件"的感觉。谈论报酬待遇是应聘者的权力，这无可厚非，关键要看准时机。一般要在双方已有初步聘用意向时，再委婉提出来。

五、面试的礼仪

（一）基本礼节

1. 准时赴约　提前15分钟到达面试地点效果最佳。若临时发生不可抗拒的意外情况，不能按时赴约或不能参加，一定要及时告诉招聘单位并表示歉意，这样可以得到招聘单位的谅解。

2. 礼貌候场　进入招聘单位，遵从单位的安排到指定区域落座等候。候场时可以看看随身携带的资料，不要来回走动，也不要大声聊天、喧哗，手机可以调至振动状态。如果没有人通知，即便前面一个人已经面试结束，也不要擅自走进面试房间。轮到面试进入房间之前，应先敲门，得到允许后再进去。敲门时，敲两下是较为标准的，且用力适中，太轻或太重都不合适；当获准进入房间后，应转身去正对着门，用手轻轻将门关上，切勿进门后从背后随手将门关上。

3. 正确称呼　进入面试房间后，首先面临的是如何与面试官打招呼的问题。打招呼离不开对方称呼，如果主试者有职务，一定要采用姓加职务称呼的形式，如"刘经理""李处长"等；如果职务较低，可以"老师"相称；如果对方职务是副职，从目前社会上流行的称呼习惯和社会心理来看，就高不就低，最好略去"副"字。

4. 热情握手　握手是一种礼貌，同时也是一种常见的社交礼仪，应聘必然少不了握手。握手看似简单，却有讲究。

第一，握手的姿态要正确。握手要先伸右手，伸出的手要使掌心向着一侧。平等而自然的握手姿势是两人的手掌都处于垂直状态，轻握对方的手指，两足立正，距离受礼者约一步，身体略微前倾，面带笑容，目光要正视对方，显得亲切、热情大方。

第二，要注意伸手的顺序。社交场合的一般规则是由主人、年长者、职务高者、女性先伸手，客人、年轻者、职务低者、男性要待对方伸出手后再伸手，切不可先伸手求握。求职面试时，不论主试者是何种身份、性别、年龄，应聘者属于客方，不宜先伸手求握，等对方先有握手的表示后再伸手相握。在众多人相互握手时，应按顺序进行，不要抢先握手。

第三，握手力度要适当。以紧而不捏痛为宜，握得太紧或太松，握不住对方的手，只是几个手指头和对方的手指头接触一下，都是失礼的行为。

5. 谈吐文明，举止端庄　面试过程中要注意自身的谈吐形象。说话要和蔼可亲，不要随意打断对方的话，必要时先说声"对不起"再讲话。语言要彬彬有礼，不要轻易反驳，要不时地点头表示赞同。如果主试者有意专门提一些无理的问题试探应聘者的反应，可以谨慎对待，采取适当的言语予以回答。谈话时眼睛要注视对方，不要东张西望，显得漫不经心，也不要向下看，显得缺乏自信。如果面试官有两位以上时，回答谁的问题，目光就要移向谁，并应适时环顾其他面试官以表示对他们的尊重。

（二）服饰礼仪

常言道："人靠衣装，马靠鞍。""三分容貌，七分打扮。"在求职面试活动中，恰当的服饰会给人留下良好的印象，有助于求职。

面试是正式场合，穿着应符合这一场合的气氛。面试的主要目标是争取得到面试官对自己的认可。一般来说，招聘单位的面试官往往有一定的工作经验，工作时间较长，社会阅历丰富，办事严谨，讲话逻辑性强，对传统的价值观念认同较多。他们往往不愿录用有反传统观念的人，而愿意录用较符合自己观念的人，特别是机关、事业单位和大型企业。因此，为"保险"起见，毕业生应穿式样较正统、符合大众潮流的服装。同时，要注重和突出服饰的职业特点，使着装打扮与应聘的职业相称，给人一种鲜明的职业形象的感觉。如应聘的职业是教师、工程师、公务员等岗位，打扮就不能过分华丽、过分时髦，而应该选择庄重、素雅、大方的着装，以显示出稳重、文雅、严谨的职业形象；如应聘的职业是导游、公关、销售等岗位，就可以选择华美、时髦的着装，以表现活泼、热情的职业特点。

（三）妆容礼仪

1. 化妆　化妆对于女生来讲是必不可少的，但应该以淡妆为主。淡到与人的肤色相接近即可，浓妆易给人以"妖艳"感，眼线、口红都不可太深，否则让人看了很不自在。对男生来讲，化妆可有可无，但是胡须必须刮净，鼻毛不能长到鼻孔外面来。无论男生、女生，对香水的使用，要与自身的气质相配，香味宜淡，闻上去要给人以舒畅的感觉。

2. 须发　面试发型忌标新立异，只要保持头发整齐、干净、自然，能够显露出整个脸庞即可。对男生来说，准备面试一般不需要刻意改变发型，头发不宜过长，不可过多的擦摩丝、啫喱，避免烫发或将头发染成其他颜色。对于女生来说，披肩发不可放任自流，应稍微卷束一下；发型也可以专门设计，但应大众化，切忌太多的头饰和过分的装束。

NOTE

3. 鼻毛、指甲　鼻毛、指甲要及时修剪，过长或指甲缝中留有污垢，都会让人有不舒服的感觉。女生若涂指甲油，以透明、肉色或淡色为宜，过于艳丽或引人注意的颜色都不可取。

（四）姿态礼仪

姿态礼仪是通过体态语言来表现的。所谓体态语言，是一种用表情、动作、体态等来传情达意、传递信息的形式。

1. 目光的运用　"眼睛是心灵的窗户。"求职面试时，应聘者与面试官的关系往往有两种：一种是"一对一"的关系；二是"一对多"的关系。在这两种情况下，应聘者目光的运用是不一样的。

在"一对一"的情况下，应聘者的目光要注视对方，目光要自然、和蔼、亲切、真诚，但不能目不转睛地盯着对方的眼睛或是面部及身体的其他部分，这样会使对方不自在，甚至使对方感到莫名其妙。不要东张西望，左顾右盼，显得心不在焉；不要高高昂起头，两眼望天，显得傲气凌人；不要两眼向下，显得胆小怯弱。在谈话过程中难免会双方目光相遇，这时不要慌忙移开，顺其自然地对视几秒钟，再缓慢移开，这样显得心里坦荡，容易取得对方的信任。否则，一遇到对方目光就慌忙移开的人，会引起对方的猜疑。

在"一对多"的情况下，应聘者的目光不能只注视其中一位主试者，而要兼顾在场的所有面试官，让每个人都感到在注视他。即使在回答某位面试官的问题时也是如此，在回答问题时以正视提问者为主，并适时地把视线从左到右地移动，达到与所有面试官同时交流，但注视的次数不宜过多，这样能获得一致好评。

2. 微笑的运用　面试时要运用微笑。首先微笑必须真诚、自然。只有真诚、自然的微笑，才能使对方感到友好、亲切和融洽。其次，微笑要适度、得体。适度就是笑得有分寸、不出声，含而不露，笑而不狂，既不要哈哈大笑，也不宜捧腹大笑，更不能皮笑肉不笑；得体就是要恰到好处，当笑则笑，不当笑则不笑。否则，会适得其反，给对方留下不好的印象。

3. 体姿的运用

（1）坐姿　面试的坐姿，要求上身正直，微向前倾，目光注视面试官的眼部和脸部以示尊重，双手放在扶手上或交叉于腹前，双腿自然弯曲并拢，双脚平落地面。若是软绵绵的沙发靠椅，也应尽量控制自己，不要陷下去，要挺腰坐直，全神贯注面对面试官。特别要注意，两脚不能交叉，更不能"跷二郎腿"。双手不宜做小动作，不要抓耳挠腮。如果面前有准备好的桌子，双手也可自然地放在桌面上，不能趴在桌子上。在面试过程中，如果工作人员向发放资料或索要资料，一定要起身接受或递送，并说声"谢谢"。

（2）站姿　站姿的要求是正直，具体做法是挺胸、收腹、略微收臀、平肩、直颈、两眼平视、精神饱满、面带微笑，这样会给人一种自信的感觉。站立时，两手自然分开在身体两侧，不要两手掐腰，也不能双手插入口袋或者把双手握在背后，这会给对方一种轻慢之感。交谈时站立的方向应正面对着面试官，以表示尊重。

（3）行姿　行姿的要求是轻而稳，胸要挺，头抬起，两眼平视，步频和步幅要适度、符合标准。如果是与主试者或者工作人员同行时，要注意不能超前，只能平行或略微靠后，以示礼貌。

（4）手势　手势在面试中应用不多，如果运用要注意以下几点：一要适合。所谓适合，一方面说的意思要与手势所表现的意思相符合，另一方面手势的多少要适合。二要简练。每做一个手势，都应力求简单、精练、清楚、明了。三要自然。手势贵在自然，动作舒展、大方，令人赏心悦目，切忌呆板、僵硬、做作。四要协调。手势和声音、姿态、表情等密切配合进行。若对手势把握不准，面试中宁可不用，只有协调的动作才是优雅和谐的。

六、面试后的追踪

（一）总结经验，以利"再战"

面试结束后，应聘者要仔细回忆和分析面试场景，或向同去的同学询问，或向有经验师长请教，在面试中给对方留下的印象如何？自我介绍是否全面准确、重点突出？回答问题时存在什么问题？有些重要的情况是否遗漏了或未说清楚？总结经验教训，是为了找出弥补的办法，争取下次面试主动。

（二）保持联系，建立感情

面试结束后，应聘者不能只是静待结果，一定要积极主动地与招聘单位保持联系，建立情感。即便这次不能被录用，下次可能还有机会。联系的方式很多，可以发邮件、寄感谢信、打电话或者登门表示感谢，询问情况，加深印象。"礼多人不怪"，在招聘单位难以取舍之际，这些工作是有作用的。要尽量同面试官、人事部主管等关键人物建立个人感情，询问、请教、闲谈，把在面试时遗漏的信息和招聘单位的期盼态度，婉转地加以表明，用开朗、热情来打动面试官。也可以委托对该单位有影响的人帮忙询问、联系，强调有利的信息。

（三）实地考察，争取试用

要利用多种渠道，想办法参观现场，调查研究，参加岗位实习。实习不仅是了解招聘单位、熟悉工作岗位的有利机会，而且有利于招聘单位特别是拟聘岗位业务领导进一步了解应聘者。通过良好的实习表现赢得工作机会的案例非常多，因此，实习期间要尊重领导、师傅、同事，为人真诚、礼貌、虚心请教；要遵守单位的各项制度，工作上要踏踏实实、任劳任怨、联系实际、学以致用、充分显示自己的专业能力。以此获得对方人事部门和业务部门领导和同事的信任，争取试用以致录用的机会。

总之，在参加完第一次面试后，不论成败，要立即积极争取第二次面试的机会，一次面试定乾坤的情况很少。经过自我总结并不断改进，下次面试一定会更加胸有成竹，令人刮目相看。

🖱 面试录像分析

请学校就业指导中心或学院在征得招聘单位和应聘者同意的情况下，摄录几组招聘单位到学校招聘学生的面试场景在课堂播放。通过观看面试过程中面试官的提问，应聘者的回答，以及在面试过程中面试官和应聘者的动作表情，分析面试环节中各个细节，引导学生总结梳理面试所需要做的各项准备。

🖱 模拟面试

教师提前设置好面试情境，模拟一家单位开展的不同岗位人员面试。选择 3 ~ 5 位学生作为面试官（有条件的可以邀请企业人员或其他专业老师担任面试官），其余学生分批扮演应聘者。模拟演练入场、自我介绍、回答问题、退场面试的全过程，让每个学生都有亲身体验。请学生和面试官评价面试扮演人员在模拟过程中各方面的表现，面试人员自我进行评价，教师对

NOTE

模拟面试中反映出的问题进行总结。

第四节　应聘的抉择

🔍 困惑与迷思

小敏是家里的独女，就读省城某中医药大学中医学专业，在校期间学习成绩优异，工作能力出色，她自己很喜欢所在的这座城市，希望能有机会在省城工作。临近毕业，她获悉省城的一家社区医院要招聘几名本科毕业生，便参加了笔试和面试，被录用的概率很大。当她把这一消息告诉父母时，父母却提出了不同想法，希望她毕业后回当地医院工作，理由是在省城工作太辛苦，希望她生活压力不要太大。另一个原因是，父母年纪都大了，希望女儿能够留在身边。面对父母的希望，小敏为难了。

关键问题：在就业季，像小敏这样面临选择难题的毕业生不在少数，解决这类问题的核心是要了解职业发展趋势，理清个人生涯决策中的关键因素，从而帮助自己做出应聘决策。

🔍 理论与讲解

在大学生取得了一些就业机会的时候，都会遇到怎样选择并确定个人今后的职业和工作岗位的问题。要解决这个问题，必须尽可能地事先了解职业的发展趋势，掌握职业选择的具体方法，从而帮助自己理性抉择。

一、职业发展趋势

随着科技的进一步发展、社会生产力的不断提高，人类对自然界改造的深度和广度将进一步加强，新的工作岗位不断涌现，给人们带来了更多的就业机会。专家预测，今后每10年将发生一次全面的"职业大革命"，其中，重大变化每两年就会有一次。把握21世纪职业变革的趋势，成功地开拓自己未来的职业生涯，是21世纪人们必须关注的现实话题。

1. 全球化趋势　全球化指的是物质和精神产品的流动冲破区域和国界的束缚，影响地球上每个角落的生活。约翰·奈斯比特在《2000年大趋势》一书中写道："我们所处的时代，变化速度之快，前所未有，其中最惊人的变化也许是全世界正迅速成为一个统一的经济体。"一则网络新闻很好地诠释了全球化的概念："一个英国王妃和她的埃及男友在法国的隧道里发生撞车事故，被撞的车子是荷兰工程师设计的德国轿车，司机是比利时人，事故原因是他喝了苏格兰出产的威士忌，整个车祸经过被意大利的自由摄影师跟踪拍下，该摄影师当时骑的是辆日本摩托车，伤亡者经一个美国医生进行了急救，使用的是巴西生产的药物。后来一个中国人使用比尔·盖茨的产品把这条消息告诉了我，我正好在一台IBM电脑上读了这条消息，那台电脑是孟加拉的工人在新加坡的工厂里组装出来的，然后由一个印度司机开车送出工厂的，卖给了西西里岛人，又被墨西哥的不法商贩倒卖，最后我从一个以色列人那里买到了这台电脑。"未来的世界是全球化的世界，择业与创业呈现出全球化的趋势。

21世纪中国发展的新机遇和挑战，经济全球化和科学技术的进步，都会使职业发生调整和变化。新职业，正是这个大背景下应时而生的。如知识经济主管：知识经济受到重视而产生的新职业，其职业要求是有经济管理经验，能跟踪国内外行业科技发展状况，为企业经济发展把握方向；如博士后联络员：联络员充分发挥联络作用，将一些博士后及其他科技人才所在单位的先进科技成果引进企业，并发挥其网络优势，为引进高层次人才发挥中介作用。职业全球化发展趋势必然带动职业流动的全球化趋势，这对未来从业者的职业素质提出了新的挑战。

2. 信息化趋势　信息化是指由计算机和互联网生产工具的变革所引起的工业经济转向信息经济的一种过程。它包括信息技术的产业化、传统产业的信息化、基础设施的信息化、生产方式的信息化、生活方式的信息化等几个方面。信息化是一个相对概念，它对应的是社会整体及各个领域的信息获取、处理、传递、存储、利用的能力和水平。进入 21 世纪后，信息化对全球经济社会发展的影响愈加深刻，信息化与经济全球化相互交织，推动着全球产业分工深化的经济结构调整，重塑全球经济竞争格局。信息化工作是《国家中长期科学和技术发展规划纲要》中制造业科技发展的重点方向和任务，也是《2006—2020 年国家信息化发展战略》的重要任务。持续推进国民经济信息化是应对经济全球化、提高国际竞争力的迫切需要，信息化在政治、经济、文化教育和国防建设中有着极其重要的作用。信息化给我国的经济发展尤其是职业发展带来了诸多机遇。它对工业化、城镇化、市场化和国际化的作用是显而易见的，想走向其他"四化"都离不开信息化的支撑。在全球知识经济和信息化高速发展的今天，信息化是决定"职场"成败的关键因素，也是实现跨地区、跨行业、跨所有制，特别是跨国际经营的重要前提。

3. 高科技产业化趋势　高科技是一种人才密集、知识密集、技术密集、资金密集、风险密集、信息密集、产业密集、竞争性和渗透性强，以及对人类社会的发展进步具有重大影响的前沿科学技术。按联合国有关组织的分类，"高科技"主要包括以下种类：空间科学技术、海洋科学技术、有益于环境的高新技术、计算机智能技术和管理科学技术（又称软科学技术）。高科技的"高"，是相对于常规传统技术说的，因此并不是一成不变的概念，而是带有一种历史的、发展的、动态的性质。在新经济时代，高科技的生物工程作为一种新生力量，直接导致农业、医药卫生、食品工业和化学工业革命，推动着新经济的进步；高科技的信息材料作为新经济的里程碑，将重构新经济的材料基础；高科技的新能源将使人们不再为资源的短缺而忧愁，作为新经济的火车头，它将带来人类社会的可持续发展；航天技术使人们从地球的怀抱中飞向太空，新经济也随着航天技术的发展而腾飞；海洋技术将于拓人类经济社会生活新空间；软科学技术使人们的管理效率更高，决策更正确，分析更透彻，一切经验性的东西都变成了可操作的东西。高科技是无国界的，人类共同的命运问题需要全球高科技产业联合应对。

4. 文化创业产业化趋势　2006 年 12 月、2007 年 11 月举办的两届中国北京国际文化创意产业博览会，引起了人们对文化创意产业的极大关注，文化创意产业也如雨后春笋般出现，成为一种职业发展趋势。文化创意产业本质上是以创意和知识为核心的产业，核心价值是其产品具有精神内涵，是一种文化资源与其他生产要素紧密结合，文化、科技与经济互相渗透、互相交融、互为条件、优化发展的经济模式。它虽然也要求高度发展的高新技术，但又不完全依赖高新技术。它强调人的主体地位和主导作用，强调的是以文化发展经济的理念，依靠的是文化资源优势，既可以在发达国家发展，也可以在发展中国家发展，甚至在经济欠发达地区也可以

NOTE

通过发展文化创意产业，使人文资源和文化优势成为新的经济增长点。近年来，随着文化产业的兴起，创意产业成为创业领域的关注热点。

5. 自由职业化趋势　自由职业化是指未来终身依附一个组织的固定职业不断削弱，独立的、不依赖于任何组织的自由职业不断产生。这是因为在日新月异的高科技信息时代，固定职业的模式不能保证有效地完成各种任务，因为最有效率的生产方式已经发生了改变。事实上，许多成功的组织在实现其目标的过程中，对固定职业的依赖性已经大大减少。这就是为什么今天传统的固定职业中有相当一部分正在被临时性工作、项目分包、专家咨询、交叉领域的合作团队或者自我管理的自由职业者所代替。根据《韦氏大词典》解释，自由职业者是指：独立工作，不隶属于任何组织的人；不向任何雇主做长期承诺而从事某种职业的人。具体讲，他们自己制订工作计划，灵活安排时间，与客户之间不是雇佣关系而是合作和服务关系，也有的称其为"SOHO 一族"，SOHO 是英文 Small Office Home Office 的头一个字母的拼写，指在家办公的自由职业者。例如写作、编辑和出版类工作的"技术撰稿人、自由职业编辑、编剧、自传撰稿人、宣传小册子撰写人、自由职业的新闻工作者"；生活管理类工作的"色彩顾问、礼品经营者、形象顾问、家庭护理员、理疗师、医疗助理、宠物饲养服务员、个人购物服务员、私人侦探、自尊教练、旅行顾问、包办伙食服务员、化妆艺术家、摄影师、花草养护员、维修服务员、个人培训员、团聚联谊策划者、瑜伽功教练、打扫房间者、整理物品者、采购礼品者、食品采购者、安排婚礼人员、洗衣服人员、遛狗人员、做饭人员、备车人员"；咨询服务类工作的"零售业咨询内容包括店址特色、租约谈判、店貌策划、信用建立、广告与营销策划、形象设计、商业利益指导者"；市场开发和推销类工作的"T 恤衫、桑拿设备、狗食、餐具刀叉销售人员"等。自由职业化趋势还包括人们从事第一职业的同时，可能兼职做第二、第三份工作。除了有的行业和组织不允许兼职之外，多数组织对工作人员业余时间的兼职采取宽容的态度。

全球化、信息化、高科技化、文化创意化、自由职业化互为依托，将共同繁荣新时代职业的发展。李克强总理 2017 年政府工作报告中有许多强烈的信号释放："加快培育壮大新兴产业，全面实施战略性新兴产业发展规划，加快新材料、人工智能、集成电路、生物制药、第五代移动通信等技术研发和转化，做大做强产业集群。大力改造提升传统产业。深入实施《中国制造 2025》，加快大数据、云计算、物联网应用，以新技术、新业态、新模式，推动传统产业生产、管理和营销模式变革……持续推进大众创业、万众创新。"未来中国职业发展趋势的方向已经跃然纸上。

二、职业生涯决策

（一）生涯决策的影响因素

职业生涯决策是指对生涯事件的选择和决定的过程，其理念是由美国经济学家凯恩斯提出的，他认为个体在面临选择时，往往会选择使个体获得最高报酬，并将损失降低到最低的选择项。对于每一个面对应聘抉择的大学毕业生来说，选择何种行业、选择行业中的哪一种工作、选择何种策略以获得某一特定的工作、如何从数个工作机会中选择其一、如何选择工作地点、如何选择工作的取向即个人的工作作风、如何选择生涯目标或者系列的升迁目标等，这些都是职业生涯决策的重点内容。

　　能够影响一个人做出生涯决策的因素是多方面的，包括个体的教育程度、个人条件（健康、个性特征、兴趣爱好、性别、年龄等）、家庭因素、社会环境、机遇及朋友、同龄群体等因素。

　　在做生涯决策时，决策者往往无法毫无顾虑、轻轻松松地依己之见做出独立判断，许多因素制约着决策者的选择，例如：家人及族群的期待；家庭条件窘迫，希望能早日就业、挣钱养家等。下面列举的是常见的因素及问题，对这些因素或问题的意识和觉察，能帮助决策者采取必要的行动，促进决策成功。

　　1. 身心健康状况　要做出有效的决策，决策者的身心健康状况非常重要。就像在田径比赛中一样，需要处在最佳状态并且做好准备，才能发挥出最高水平，使比赛的获胜最大化。要做出有效的生涯决策，就必须保证决策者在做出决策时身体、情绪和竞赛状况都处在极佳状态。决策者疲惫不堪、紧张焦虑，或者无法集中精力于决策事件本身，都不能保证做出很好的决策。

　　2. 家庭因素　家庭成员及与重要他人的关系，都会影响有效决策的生成。干扰可能来自于家长、情侣、配偶或者孩子。有研究表明：与家庭其他成员高度融合或密切相连的人，往往在决策中很难保持自己情绪和心理上的独立。例如，如果一个人不能区分出"他们认为我应该选择什么专业"和"我认为我应该选择什么专业"，那么这个人就有问题了。家庭成员之间无法就义务、经济、责任、内疚感、价值观等达成共识，就会使个体做决策时出现问题。特别是在我们的一些文化传统中，人们会认为年长的家庭成员积极地参与年幼成员的决策是恰当和必需的。

　　3. 社会环境因素　从宏观上看，社会的、政治的、经济的、历史的和文化的力量都能够干扰个人有效决策的生成。如社会、经济的结构，风俗、文化的拘束，政治体制及法律的限制等都属于社会环境因素。人们都会面临国家经济状况（如经济体制的变革、经济衰退）、性别和年龄歧视或职业评价等问题，从而使决策变得更加复杂。

　　了解这些影响因素，在做决策时要学会识别哪些有助于个体做出正确决策、哪些会阻碍个体做出正确决策。

（二）生涯决策原则和系统框架

　　生涯决策是对生涯事件决定和选择的过程。对一项生涯事件的选择和决定绝不是简单地拍板，必须要系统地思考。

　　1. 生涯决策的基本原则　生涯决策依据以下原则进行。

　　（1）择己所爱　对生涯事件的决定和选择首先要遵从个体的兴趣和价值观。

　　（2）择己所能　生涯决策还要考虑自己的能力、性格特质等的匹配，看其是否合适。

　　（3）择世所需　生涯抉择必须遵循社会的发展规律，不可逆社会规律而行。人的价值最终要体现在对社会所做的贡献上。

　　（4）择己所利　决策也是利益选择的过程，两利相较取其大，两害相较取其小。决策是一个优选的过程，也要遵循效益原则。

　　2. 生涯决策系统框架　根据生涯决策基本原则，生涯必须立足于系统思考，重点考察价值观、个性倾向性、能力等、个体资源、助力、社会环境与机会，从而做出信息整合，选择可能和可行的策略。生涯决策系统框架如图 3-1 所示。

```
┌─────────────────┐   ┌─────────────────┐   ┌─────────────────┐
│ 我想要什么?       │   │ 我能够做什么?     │   │ 我可以做什么?     │
│ 个人价值和社会价值 │   │ 我的能力、特长、不 │   │ 技术、经济、政治、 │
│                 │   │ 足、学历、人格物质等│   │ 社会职业要求等     │
└─────────────────┘   └─────────────────┘   └─────────────────┘
        │                     │                     │
        ▼                     ▼                     ▼
┌─────────────────┐   ┌─────────────────┐   ┌─────────────────┐
│ 人生追求与价值观   │   │ 我的能力,与他人不同的│  │ 机会与挑战         │
│ ——职业理想       │   │ 才能——职业能力    │  │ 职业生涯发展的影响  │
│                 │   │                 │   │ 因素——职业环境    │
└─────────────────┘   └─────────────────┘   └─────────────────┘
        │                     │                     │
        └──────────────┐      ▼      ┌──────────────┘
                  ┌─────────────────────┐
                  │ 整合怎么做?在哪里做?  │
                  └─────────────────────┘
                            │
                            ▼
                  ┌─────────────────────┐
                  │ 可能的职业发展策略     │
                  └─────────────────────┘
                            │
                            ▼
                  ┌─────────────────────┐
                  │ 整合                 │
                  └─────────────────────┘
```

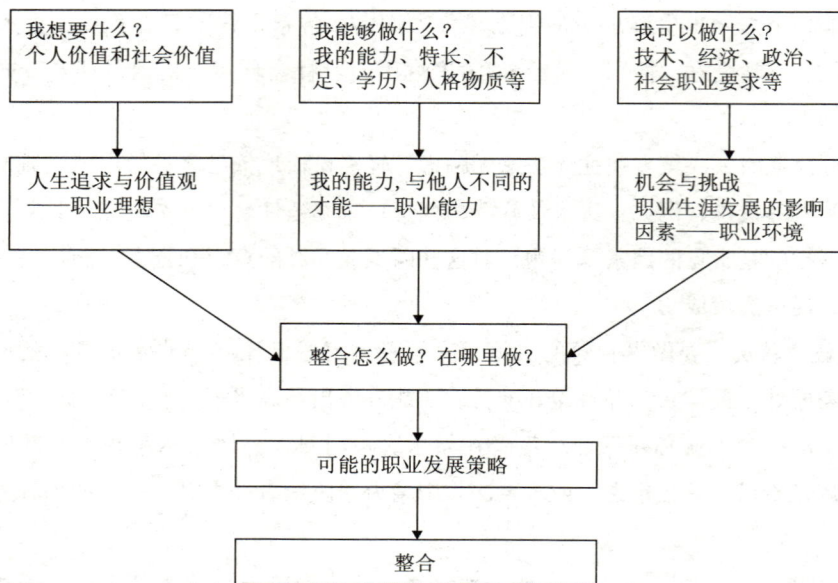

图 3-1　生涯决策系统思考图

三、应聘抉择的方法

（一）SWOT 分析法

SWOT 分析法是英文单词 Strengths（优势）、Weaknesses（劣势）、Opportunities（机会）、Threats（威胁）的缩写，最早是由哈佛商学院的 K. J. 安德鲁斯教授于 1971 年在其《公司战略概念》一书中提出的。安德鲁斯把面临竞争的企业所处的环境分为内部环境和外部环境，其中内部环境分析包括企业的优势分析和劣势分析，而外部环境分析则包括企业面临的机会分析和威胁分析。这种综合分析企业的内外环境，从而为企业中长期发展制定战略的方法即 SWOT 分析法。

1. 个体生涯决策中的 SWOT 矩阵模型（表 3-1）　近年来 SWOT 分析法常被个体作为生涯规划决策分析方法使用，用以检查个体的技能、能力、喜好和职业，分析个体的优点和弱点，评估出自己所感兴趣的不同职业道路的机会和威胁所在。

从这个矩阵模型中，可以清楚地看到自己的竞争力和发展机会，从而能够制定出恰当的生涯目标，同时还能清晰地认识到自己的不足和外在的威胁，从而为提升自己提供良好的现实依据。

在进行 SWOT 分析时，可以采取多种方法来确定自身的优势与劣势、机会与威胁。目前最常使用的是关键提问法，即连续不断地向自己提问，从答案中进一步了解自己。例如，个体可以通过向自己提一系列问题来逐步确定自己所面对的外在环境和机会：我最有希望的前景在哪里？我专业领域中目前最先进的知识技术是什么？我是否尽了一切努力来让自己朝它靠近？什么样的培训和再教育能够让我增加更多的机会？MBA 或其他学历是否能够增加我的优势？在目前工作里我多久能够得到提升？技术和市场的变化、政府政策的改动及社会形态、人口状况、人们生活方式的变化是否会给我带来机会？

NOTE

表 3-1 个体生涯决策 SWOT 矩阵模型

内部因素	**优势**：指个体可控并可利用的内在积极因素 （1）工作经验 （2）教育背景 （3）丰富的专业知识和技能 （4）特定的可转移技巧（如沟通、团队合作、领导能力等） （5）人格特质（如职业道德、自我约束、承受工作压力的能力、创造性、乐观等） （6）广泛的个人关系网络 （7）在专业组织中的影响力	**劣势**：指个体可控并努力改善的内在消极因素 （1）缺乏工作经验 （2）学习成绩差，专业不对口 （3）缺乏目标，且对自我的认识和对工作的认识都十分不足 （4）缺乏专业知识 （5）较差的领导能力、人际交往能力、沟通能力和团队合作能力 （6）较差的寻找工作能力 （7）负面的人格特征（如职业道德败坏、缺乏自律、缺少工作动机、害羞、情绪化等）
外部因素	**机会**：指个体不可控但可以利用的外部积极因素 （1）就业机会增加 （2）再教育的机会 （3）专业领域技术人才 （4）由于提高自我认识、设置更多具体的工作目标带来的机遇 （5）专业晋升的机会 （6）专业发展带来的机会 （7）职业道路选择带来的独特机会 （8）地理位置的优势 （9）强大的关系网络	**威胁**：指个体不可控但可以使其弱化的外部消极因素 （1）就业机会减少 （2）由同专业的大学毕业生带来的竞争 （3）具有丰富技能、经验、知识的竞争者 （4）拥有较好的寻找工作技巧的竞争者 （5）名校毕业的竞争者 （6）缺少培训、再学习造成的职业发展障碍 （7）工作晋升机会十分有限或者竞争激烈 （8）专业领域发展有限 （9）公司不再招聘与你同等学力或专业的员工

2. 个体运用 SWOT 分析的实例 例如，一名医学院校大学毕业的男性研究生，心理学专业，在校期间专业成绩优秀，曾多次获取奖学金，发表论文若干，且一直担任学生干部工作，成绩斐然。但是他性格急躁，容易冲动，而且没有直接的工作经历，唯一的工作经历是大学二年级时在一家大型电子公司的人力资源部门实习了半年。现在他想谋取一份人力资源管理工作。根据 SWOT 分析法，我们首先可以对此个案进行自身优势、劣势分析，以及周围职业环境的机会、威胁分析（表 3-2），然后在这些分析结果的基础上制订出各种相关策略，整合后最终进行生涯决策。

表 3-2 个体生涯决策 SWOT 应用实例

外部环境分析	**机会：** （1）人力资源管理部门逐渐受到企业的重视 （2）外资企业的进入导致人力资源管理人才需求量的增大 （3）心理学在人力资源管理中的重要性逐渐凸显出来		**威胁：** （1）人力资源管理方向的毕业生 （2）MBA 的兴起 （3）人力资源管理在很多企业中仍然处于刚起步阶段，其运作很不规范 （4）比起学历，许多企业更看重工作经验
内部环境分析	**优势：** （1）硕士学历，成绩优秀 （2）学生干部管理经历 （3）大型公司半年实习经历 （4）具有心理学的知识背景	**优势机会策略（S. O.）：** （1）学习心理学知识，将心理学知识运动到人力资源管理中 （2）发挥担任学生干部的管理特长	**优势威胁策略（S. T.）：** （1）强调自身心理学背景优势 （2）强调大型公司半年的实习经验 （3）强调较强的学习能力和适应能力

NOTE

续表

| 内部环境分析 | 劣势：
（1）医学院校毕业
（2）没有丰富的工作阅历
（3）专业不对口
（4）性格急躁，容易冲动 | 劣势机会策略（W. O.）：
（1）利用较强的学习能力，自学人力资源管理课程，加强英语的学习
（2）继续加强自己在大学中所培养的口语交流、文字书写等优势 | 列示威胁策略（W. T.）：
（1）训练克制自己的冲动个性
（2）结合两个不同的专业，培养宽阔的视野和创新能力
（3）积极寻找重视员工潜能的企业 |

分析后的结论：职业发展目标可以定位在大中型的外资企业人力资源管理部门。

（二）生涯决策平衡单

生涯决策平衡单是将重大事件的决策思考方向集中到四个主题上：自我物质方面的得失；他人物质方面的得失；自我赞许与否（自我精神方面的得失）；社会赞许与否（他人精神方面的得失）。个体在进行生涯决策时根据自身的不同，可以考虑不同的具体项目加以评价，从而得出不同项目决策目标的相应分数。生涯决策平衡单（表3–3）使用步骤如下所述。

1. 列出最想做的三个工作。

2. 列出每个工作曾经考虑的条件，并考虑每个工作能符合这些条件的得失程度，从"$-5 \leftarrow 0 \rightarrow +5$"之间给予其分数。

3. 依分数累计，排出工作抉择的优先级。

表3–3　生涯决策平衡单样表

选择项目		选择一		选择二		选择三	
考虑因素		+	-	+	-	+	-
个人物质方面的得失	（1）收入						
	（2）工作的难易程度						
	（3）升迁的机会						
	（4）工作环境的安全						
	（5）休闲的时间						
	（6）生活变化						
	（7）对健康的影响						
	（8）就业机会						
	（9）其他						
他人物质方面的得失	（1）家庭经济						
	（2）家庭地位						
	（3）与家人相处的时间						
	（4）其他						
个人精神方面的得失	（1）生活方式的改变						
	（2）成就感						
	（3）自我实现的程度						
	（4）兴趣的满足						
	（5）挑战性						
	（6）社会声望的提高						
	（7）其他						

续表

选择项目		选择一		选择二		选择三	
考虑因素		+	-	+	-	+	-
他人精神方面的得失	(1) 父母						
	(2) 师长						
	(3) 配偶						
	(4) 其他						

使用说明：以下各项，根据对自己的重要程度，在"权重"栏目下按 −5 ~ +5 打分，重要程度越高分值越高。如果现在有 2 个或 2 个以上的职业选择，则对这些选择都进行得分评估，填入"打分"栏目，将打分乘以权重，得出加权得分。最后可以根据各选项加权得分合计，协助进行决策。表格中所列出的生涯细目如果不在自己的考虑范围之内，可以删掉；如果自己考虑的项目不在表格中，可以加进来。

🖱 小组练习

在教师的指导下，学生根据自己的意向职业目标，填写生涯决策平衡单。完成后，分小组分享个人决策的过程，从中体会职业选择的过程。

🖱 生涯人物访谈

生涯人物访谈是通过与一定数量的职场人士（通常是自己感兴趣的职业从业者）会谈而获取关于一个行业、职业和单位"内部"信息的一种职业探索活动。作为一种获取职业信息的有效渠道，能帮助应聘者（尤其是在校大学生）检验和印证以前通过其他渠道获得的信息，并了解与未来工作有关的特殊问题或需要，如潜在的入职标准、核心素质要求、晋升路径和工作者的内心感受，这些信息也是通过大众传媒和一般出版物得不到的。通过生涯人物访谈，在校大学生还能正确认识自己的优势和不足，从而制定更加合理的大学学习、生活和实习计划。

教师可指导学生结合自己的兴趣、技能、工作价值观、教育背景和已掌握的职业知识，在目标职业领域寻找 3 位以上的在职人士作为生涯人物。生涯人物可以是自己的亲人、老师和朋友，也可以是他们推荐的其他人，而更多的可能是借助行业协会、大型同学录或某个具体组织的网页寻找的职场人士。需要注意三点：①生涯人物的职业应是自己向往的，但不应将生涯人物访谈当成获得与招聘单位面试的机会；每个职业领域的生涯人物应结构合理，既有初入职场的人士，也有工作了一定年限的中高层人士。②正式访谈前，对生涯人物的信息掌握得越全面越好，姓名、职务和联系方式是必需的，对于可以在生涯人物的讲话、文章或者大众传媒和单位网页上获得的信息要尽可能地收集和熟悉。访谈前应列好访谈提纲，了解自己需要了解的信息。

课 后 练 习

请结合目标单位和目标职位开展模拟面试。

1. 了解和预测目标单位面试的考核内容和面试类型。

2. 了解和预测目标单位面试时可能会问的问题。

3. 邀请专业人士或老师、同学担任面试官。

NOTE

4. 完整模拟从入场到离场的面试全过程。

5. 请模拟面试官提出反馈意见，并根据反馈意见进行调整。

课 后 思 考

你的目标职业有哪些选项？如何在可能的众多选项中做生涯抉择？

第四章　多样化的就业方向

● **本章要点**

通过本章的学习，了解一般应聘入职之外的就业途径。了解报考研究生、报考公务员、申请留学、参加住院医师规范化培训、参军、参加志愿服务、大学生村官等的政策、方法和途径。

大学生走出校园，进入社会，有多种就业选择和发展方向。大学生应该积极收集和运用各种就业信息，拓宽择业视野，在政府鼓励就业的众多举措中，理性选择适合自己的就业之路，矢志为实现自己宏伟的职业理想而扬帆起航。

第一节　报考研究生

困惑与迷思

洋洋学习努力，从小就是学习上的佼佼者，成绩一直名列前茅。刚进入大学，她就立志要考研究生，悉心准备，系统复习。眼看报考的时间就要到了，但方方面面的信息却反倒使她徒增不少烦恼。比如：报考学术硕士还是专业硕士？报考什么专业？报考本校还是外校？要不要去冲击重点大学呢？

关键问题： 大学生考研已非常普遍，尤其是医学类专业的本科生很多会选择毕业后继续攻读研究生。然而，如何备考、如何选择专业等一系列问题，困扰着不少学生。

理论与讲解

硕士研究生，其培养目标是高层次学术型专门人才和高层次应用型专门人才。

一、硕士研究生考试设置

（一）硕士研究生的分类

硕士学位以大学本科教育和学士学位为基础，分为学术性硕士学位和专业（或职业）硕士学位两种类型。硕士学位是中国三级学位中的第二级学位。

根据我国的有关规定，学术学位（Academic Degree）是根据学术要求的性质和特点划分出的一种学位类型。授予学术学位的学术要求一般侧重于理论和学术研究方面。如具有进行创造性学术活动和较高水平科学研究工作的能力，在本门学科上掌握扎实广博的理论知识等。学术

NOTE

学位研究生教育以培养教学和科研人才为主，招生考试主要是全国硕士研究生统一入学考试（简称"全国统考"），被录取后，获得研究生学籍。毕业时，若课程学习和论文答辩均符合学位条例的规定，可获毕业证书和学位证书。

专业硕士是我国研究生教育的一种形式，根据国务院学位委员会的定位，专业学位（Professional Degree）亦称职业学位，是区别于学术学位的另一种类型的学位。专业学位教育的任务是根据社会特定职业或岗位的需要，培养适应这些职业或岗位实际工作需要的应用型、复合型高层次人才。专业学位的招生考试有 10 月份的"在职人员攻读硕士学位全国联考"（简称"全国联考"）和"全国硕士研究生统一入学考试"（简称"全国统考"）两种。前者主要面向具有一定工作年限和经验的在职人员，对考生的本科毕业时间和工作年限有一定限制；后者招生对象主要为国家承认学历的应届本科毕业生、本科毕业人员，以及具有与本科毕业生同等学力的人员等。两大国家级别的考试都有规定的考试科目，各专业学位的考试科目有所不同。对此，教育部和国务院学位办每年都会在发布报名信息时公布相关方案。统考以外的科目，由各招生单位自行命题、阅卷。专业硕士教育的学习方式比较灵活，但采取宽进严出的方针。

学术学位按学科设立，其以学术研究为导向，偏重理论和研究，培养大学教师和科研机构的研究人员；而专业学位以专业实践为导向，重视实践和应用，培养在专业和专门技术上受到正规的、高水平训练的高层次人才。

（二）统考设置

研究生统一考试分初试和复试两个阶段进行。

1. 初试　硕士研究生招生初试全部由教育部统一命题，一般设置四个单元考试科目，即思想政治理论、外国语、业务课一和业务课二。医学、教育学等门类初试设置三个单元考试科目，即思想政治理论、外国语、专业基础综合。初试时间为每年 12 月最后一周的周末。

一部分学生可以免除初试，通过推荐直接进入复试阶段。推荐免试是指依据国家有关政策，对部分高等学校按规定推荐的本校优秀应届本科毕业生及其他符合相关规定的考生，经确认其免初试资格，由招生单位直接进行复试考核的选拔方式。

2. 复试　复试是硕士研究生招生考试的重要组成部分，用于考察考生的创新能力、专业素养和综合素质等，是硕士研究生录取的必要环节，复试不合格者不予录取。

复试时间、地点、内容范围、方式由招生单位自定。复试办法和程序由招生单位公布。全部复试工作一般在录取当年 4 月底前完成。

二、报考条件及流程

（一）报考条件

硕士研究生招生对象主要为国家承认学历的应届本科毕业、本科毕业及具有与本科毕业同等学力的中国公民。

（二）网上预报名

考生需登录"中国研究生招生信息网"仔细阅读报考须知，按教育部、省级教育招生考试机构、报考点及报考招生单位的网上公告要求报名。考生可在 9 月底规定时间进行网上预报名。逾期不补报，也不能修改报名信息。

报名期间将对考生学历（学籍）信息进行网上校验，并在考生提交报名信息三天内反馈校验结果。考生可随时上网查看学历（学籍）校验结果。考生也可在报名前或报名期间自行登录"中国高等教育学生信息网"（http：//www.chsi.com.cn）查询本人学历（学籍）信息。未通过学历（学籍）校验的考生应及时到学籍学历权威认证机构进行认证，在现场确认时将认证报告交报考点核验。

（三）现场确认

考生应在规定时间内，到报考点指定地点进行现场核对，并确认本人网上报名信息，缴纳报考费，采集本人图像等。现场确认的时间由各省级教育招生考试机构根据本地区报考情况自行确定并公布。

确认材料：考生本人居民身份证、学历学位证书（普通高校、成人高校、普通高校举办的成人高校学历教育应届本科毕业生持学生证）、网上报名编号；在录取当年9月1日前可取得国家承认本科毕业证书的自学考试和网络教育本科生，须凭颁发毕业证书的省级自学考试机构或网络教育高校出具的相关证明方可办理网上报名现场确认手续。

（四）报考注意事项

2017年起，临床医学类专业学位与医学学术学位硕士研究生初试业务课考试科目分别设置，临床医学专业学位设"临床医学综合能力"（分中、西医两类）统考科目，医学学术学位业务课由招生单位按一级学科自主命题。同时，调剂录取阶段，报考临床医学类专业学位硕士研究生的考生可按相关政策调剂到其他专业，报考其他专业（含医学学术学位）的考生不可调剂到临床医学类专业学位。

三、考生调剂

第一志愿没有被招生单位录取的上线考生，均可参加网上调剂。

（一）调剂报名

招生单位接收所有调剂考生（既包括接收外单位调剂考生，也包括接收本单位内部调剂考生）必须通过教育部指定的"全国硕士生招生调剂服务系统"进行（各加分项目考生、享受少数民族政策考生可除外）。参加调剂的考生每人可以在网上填报两个平行调剂志愿，确定后的调剂志愿在48小时内不允许修改（两个志愿单独计时），以供招生单位下载志愿信息和决定是否通知考生参加复试。48小时后，考生可以重新填报调剂志愿。

（二）调剂条件

1. 符合调入专业的报考条件。

2. 初试成绩符合第一志愿报考专业在调入地区的全国初试成绩基本要求。

3. 调入专业与第一志愿报考专业相同或相近。

4. 初试科目与调入专业初试科目相同或相近，其中统考科目原则上应相同。

5. 第一志愿初试成绩必须达到调入地区专业所在学科门类（类别）的全国初试成绩基本要求。

6. 报考临床医学类专业学位硕士研究生的考生可按相关政策调剂到其他专业，报考其他专业（含医学学术学位）的考生不可调剂到临床医学类专业学位。

四、录取及入学

按照教育部有关招生录取政策规定及各省级教育招生考试机构的补充规定，根据本单位招生计划、复试录取办法及考生初试和复试成绩、思想政治表现、身体健康状况等择优确定拟录取名单。

被录取的新生，经考生本人申请和招生单位同意后可以保留入学资格，工作 1 ~ 2 年，再入学学习。录取为保留入学资格的考生纳入招生单位当年的招生计划。

新生应按时报到。不能按时报到者，须有正当理由和有关证明，并向招生单位请假。无故逾期 2 周不报到者，取消入学资格。应届本科毕业生入学时（当年 9 月 1 日前）未取得国家承认的本科毕业证书者，取消录取资格。

五、招生照顾政策

国家鼓励更多高素质高校学生参军入伍，教育部每年安排 5000 名"退役大学生士兵"专项计划，分别下达到全国各招生高校，并严格界定了报考条件，报考"退役大学生士兵"专项硕士研究生招生计划的考生报名，复审材料时还应提交本人《入伍批准书》和《退出现役证》原件或复印件。高校学生应征入伍服义务兵役退役，达到报考条件后，3 年内参加全国硕士研究生招生考试的考生，初试总分加 10 分，同等条件下优先录取，在部队荣立二等功及以上、符合全国硕士研究生招生考试报考条件的，可申请免试（初试）攻读硕士研究生。

参加"大学生志愿服务西部计划""三支一扶计划""农村义务教育阶段学校教师特设岗位计划""赴外汉语教师志愿者"等项目服务期满、考核合格的考生，3 年内参加全国硕士研究生招生考试的，初试总分加 10 分，同等条件下优先录取。

参加"选聘高校毕业生到村任职"项目服务期满、考核称职以上的考生，3 年内参加全国硕士研究生招生考试的，初试总分加 10 分，同等条件下优先录取；其中报考人文社科类专业研究生的，初试总分加 15 分。

课堂分享

以《我的考研梦》为题组织 5 ~ 8 名同学做考研分享。

第二节　申请出国留学

困惑与迷思

小伟是针灸推拿学专业的大五学生，临近毕业多次求职均不满意。为此他将目光投向国外，希望能够出国留学深造，提升将来的就业竞争力。但具体要怎么做，他还是"一头雾水"，无从着手，迫切希望得到专业性的指导。

关键问题：近年来，国际交流和国际活动不断增多，大学生出国深造的需求也越来越旺盛，但对于出国的目标和规划，大都不明晰。如何准备出国深造？申请的流程如何？诸如此类的问题困扰着很多有出国想法的大学生。

理论与讲解

出国留学，一般是指一个人去母国以外的国家接受各类教育，时间可以为短期或长期。出国深造的学生一般称其为"留学生"。

一、自费出国的申请程序

（一）申请流程

收集留学信息、选择学校→决定留学院校→签订委托协议书→准备入学材料，寄送到国外院校→获得国外院校入学许可文件（按协议交有关费用）→办理有关公证文（或办理因私护照）→准备签证申请文件→送交使馆签证申请文件→获得关于预签证通知书→将有关材料寄往领事馆→获得签证（按协议交有关费用）

（二）资格条件

申请个人自费留学一般不受国家规定的名额和国别限制，其出国条件比较宽松，但申请者必须具备以下基本条件。

1. 必须通过正当、合法手段获得足够的自费留学经费。

2. 通过正当途径获得海外入学通知书。

3. 具备相应的外语水平。

4. 具有相应的学业成绩和学历证明。

5. 身体健康，品行良好。

二、申请留学的关键

（一）关键步骤

1. 申请入学　大学毕业生需要准备申请资料，包括申请表、各种证书、成绩单、推荐信、经济担保书等。

2. 申请护照　由申请人持入学通知书，向户口所在地出入境管理部门提出申请。申请出国出境时，应交验户口簿、居民身份证或者其他户籍证明、《申请表》及相应的证明材料。

3. 申请签证　申请人向所留学国家驻华使馆提出申请，提供因私普通护照和出（入）境卡及签证申请证明，直接到有关驻华使馆申请签证事宜。

（二）选择学校非常关键

选择学校直接关系到整个申请过程是否顺利，学校选择失误可能会使有着很强资质的申请人申请失败。

在申请留学前，可通过书面资料或网站（如中国留学服务信息网：http://www.cscse.edu.cn）等查询有关出国留学的信息，全面了解和掌握国外学校的情况，包括学费、学制、专业、师资配备、学术地位等，特别是要对自己所选专业的未来就业前景有明确的把握。

NOTE

1. 选择学校的途径

（1）书面材料的查找　通过有关参考书目进行查找。例如，申请去美国留学的，可根据下列参考书目查找，如《美国大学与学院》《学院选择指南》《美国学院手册》《美国大学费用手册》等。

（2）从网络上查找　网上的资料更新最快，也最全面。网上查询学校，一般来说可以从各个搜索引擎上进行。

2. 筛选学校的方法　查阅了上述资料后，再根据自身的条件选择20～30所学校，根据这些学校的详细地址发函联系，要求校方寄详细资料和申请表格（注意：有些学校可通过电子邮件直接联系，但有些学校要求第一封信应为正式信函）。在写最初的联系信时，不必写得太长或太详细，内容只需包括两点即可：一是表明计划攻读的学位和专业；二是简单介绍一下自己的背景和资历，以说明为什么想攻读该专业及自己的优势。

3. 主要考虑因素

（1）TOEFL 要求　各个学校、不同专业对 TOEFL 的要求不尽相同，所以一定要对自己的实力有客观的估计。

（2）GRE（GMAT）要求　许多学校要求 GRE（文、理、工、农、医）或 GMAT（管理科学），所以应该了解申请的学校有无此项考试要求、成绩标准如何。

（3）申请费　考虑自己的经济情况，不要申请贷款较高的学校。

（4）经济资助　不同的学校、不同的专业所制定的外国留学生的奖学金政策差异较大，应慎重考虑。

第三节　报考公务员

困惑与迷思

小丰是临床医学专业本科五年级学生，学习成绩一向不错，性格外向，组织能力强，文笔也很好，多年担任学生干部，他的职业目标确定为公务员。11月底他参加了中央国家机关公务员考试，不幸落榜了。眼看全省公务员考试就要开始报名了，他不知道自己报考公务员的选择是否正确，也不知道"国考"落选的问题出在哪里。对于要不要再次参加公务员考试，他感到十分纠结。

关键问题：小丰的纠结在大学生中比较常见。报考公务员是不少大学毕业生择业的主要目标，但难度不小，关键是要下定决心，充分准备，熟悉报考公务员的相关政策，掌握应考的必备知识和复习备考的方法。

理论与讲解

公务员是纳入国家编制，依法在政府管理服务中行使国家权力、执行国家公务，由国家财政负担工资、福利的人员，有"国家公务员"和"地方公务员"之别。

一、公务员报考时间及流程

（一）报考时间

中央国家机关公务员一般在每年 10 月中下旬报名，具体报考时间可关注人力资源和社会保障部网站（http：//www. mohrss. gov. cn）公布的报考信息，同时也应关注各类新闻媒体有关招录公务员的报道信息。

地方公务员考试时间则差异很大，而且每年招考时间会有一些变动，一些省份一年进行春季、秋季两次考试。此外，政府还会组织一些选调干部到基层的考试，有些部门还会有单独招考，因此，大学生应密切关注招考公告，或登录各省人事考试网了解招考时间、人数、职位、考试类别、资格条件等详情。

（二）基本步骤

公务员考试报名主要采取网络报名的方式进行。以报考国家公务员为例，一般按以下程序进行。

1. 提交报考申请　在规定报名期限内登录考试录用专题网站，提交报考申请。报考人员只能选择一个部门（单位）中的一个职位进行报名。报名时，报考人员要仔细阅读诚信承诺书，提交的报考申请材料应当真实、准确。

2. 查询资格审查结果　报考人员于 10 月中下旬登录考试录用专题网站查询是否通过格审查。通过资格审查的，不能再报考其他职位。规定时间内报考申请未审查或未通过资格审查的，可改报其他职位。逾期不能改报。

3. 查询报名序号　通过资格审查的人员，可登录考试录用专题网站查询报名序号。报名序号是报考人员报名确认和下载打印准考证等事项的重要依据和关键资料，务必牢记。

4. 报名确认　通过资格审查的报考人员需要进行报名确认。报名确认一般采取网上确认的方式进行，同时要求上传电子证件照片及缴费。未按期参加报名确认并缴费者被视为自动放弃考试。

二、公务员考试内容及录用

公务员录用考试是职位竞争考试，报考人员通过笔试、面试、体检、考察等环节接受选拔。

（一）考试（考察）内容

公务员录用考试内容设置：行政职业能力测验 100 分，申论 100 分，面式 100 分，专业科目笔试 50 分；因工作岗位需要可对未参加专业科目笔试而进入面试的人员进行专业测试或专业面试，其成绩占面试成绩的 30%；需进行专业科目笔试、专业测试或专业面试的，招录单位会在招考职位中做出相应说明。

1. 笔试　行政职业能力测验主要测查从事公务员职业必须具备的基本素质和潜在能力，考试内容包括常识、语言理解与表达、判断推理、数据处理综合分析。申论主要测查从事公务员职业必须具备的语言表达、综合分析和解决问题的能力。

2. 面试　公务员的面试分为常规面试、情景面试与综合性面试。常规面试是指面试官和应聘者以面对面问答形式为主的面试。情景面试包括无领导小组讨论、公文处理、角色扮演、

NOTE

演讲、答辩、案例分析等方式。综合性面试兼有前两种面试的特点，内容主要集中在与工作职位相关的知识技能和其他素质上。

3. 考察 考察是招聘单位按照德才兼备的标准，根据拟录职位的要求，采取多种形式，全面了解被考察对象的政治思想、道德品质、遵纪守法、自律意识、能力素质、工作态度、学习及工作表现等，对考察对象进行资格复审。

（二）录用

1. 拟录用 公务员考试综合成绩的计算方法：公共科目笔试总成绩占50%，面试成绩和专业科目考试成绩占50%。

招录机关按规定的程序和标准，从考试成绩、考察情况和体检结果合格的人员中综合考虑，择优确定拟录用人员，并在考试录用专题网站上公示。公示内容包括拟录用人员姓名、性别、准考证号、所在工作单位或毕业院校，同时公布举报电话，接受社会监督，公示期为7天。

2. 正式录用 公示期满，将拟录人员报上一级公务员主管部门审批。经批准新录用的公务员，需要经过为期一年的培训和试用，试用期满合格的予以任职，否则取消录用。

课堂分享

邀请成功报考公务员的校友1~2名，举办公务员报考和成长的谈心会，使大学生进一步了解公务员的报考准备和职业特点。

第四节　大学生参军

困惑与迷思

小肖是某中医学院毕业班的学生，一天，地方人民武装部的同志来校做大学生应征入伍宣传。宣传片中大学生士兵的飒爽英姿，瞬间折服了从小就怀揣军旅梦的他。通过政策咨询，小肖坚定了参军入伍的决心，通过层层选拔终于成为一名光荣的海军战士。在部队，他因为表现优秀，多次受到表彰，业余时间学习也没有放松。两年后，小肖复员归来，参加了研究生考试，被某大学以"大学生士兵专项硕士研究生招生计划"录取。

关键问题：参军入伍成为越来越多大学生人生成长的一种选择，那么参军需要什么样的条件？有参军的想法又该如何去争取呢？

理论与讲解

大学毕业参军入伍成为一名士官生，既可以作为一种就业选择，又可以丰富个人阅历，助推个人成长，同时也是国家积极鼓励的，为此，国家制定了毕业生参军的许多优惠政策。

一、毕业生参军

从应届大学毕业生中招收义务兵，预征工作在每年五六月份进行，定兵征集在7~8月份，

9月1日批准入伍，9月30日征兵结束。义务兵服役时间为两年。

（一）应征条件

各级各类院校应届毕业生，年满18~24周岁，本人自愿，均可应征入伍。

基本身体条件：男性身高162cm以上，女性身高160cm以上；右眼裸眼视力不低于4.6，左眼裸眼视力不低于4.5。经准分子手术后半年以上，双眼视力均达到4.8以上，无并发症，眼底检查正常（具体体检标准参见《应征公民体检标准》）。

（二）具体流程

1. 报名 每年6月中旬前，在全国征兵网（http：//www.gfbzb.gov.cn/）首页，男生点击"兵役登记（男兵）"报名，女生点击"应征报名（女兵）"报名。应征报名信息栏中的应征入伍地可选择所在学校地区（县）人民武装部和学生户籍所在地人民武装部。

2. 体检 参加征兵办统一组织的体检，查验"两证一表一照"，即身份证、学生证、预征对象登记表和学生本人照片。

3. 政审 主要由就读学校所在地（县、市、区）公安部门负责，学校保卫部门具体承办。

4. 定兵 由人民武装部批准入伍，发出《入伍通知书》。

二、毕业生参军的优惠政策

1. 入伍后的培养 对表现优秀的大学生士兵，在学技术、选取士官、报考军校、直接提升军官等方面优先安排。取得全日制高校本科学历和学士学位的大学生入伍，参军两年后可直接提干成为军官。

2. 升学考学优惠政策 退役后三年内参加硕士研究生考试，初试总分加10分，同等条件下优先录取；荣立二等功及以上的，符合研究生报名条件的，退役后免试推荐入读硕士研究生。

3. 经济补偿 各地对应征入伍的大学毕业生都有经济方面的补偿和奖励，相对而言，部队的待遇是统一的，地方和学校的补偿和奖励是不同的。

（1）服役期间的工资补助 批准入伍的大学生，服役期间，部队每月发给500元左右的津贴费，义务兵服役满两年后，如果部队需要和本人自愿，可由义务兵转为士官。士官实行的是工资制，一级士官每月1800元以上，二级士官每月2500元以上，三级士官每月3000元以上。其家属享受军属待遇。

（2）学费补偿或助学贷款代偿 服满兵役退伍复学的学生按照国家有关规定享受退役复学后学费补偿、国家助学贷款代偿及学费资助等优待。学费补偿、贷款代偿及学费资助的标准按实际缴纳的学费计算，每人每年不超过8000元，由学校协助办理申请。若学生在享受国家退役复学的资助后，实际的学费超过缴纳学费的总额，差额部分学校酌情给予减免；在部队立功受奖的，根据立功等级可减免差额部分的30%~100%。此外，被批准入伍的学生按规定退还当学期所交的学费和住宿费。

👥 军旅生活分享

教师邀请退伍大学生、人民武装部干部到课堂开军旅生活分享会；组织学生观摩各军种征兵宣传片。

第五节　大学生志愿服务与国家就业项目

困惑与迷思

　　小云是中医药大学中药学专业大四学生，来自农村。临近毕业，她一心想回到家乡，改变家乡贫困落后的面貌，好好为辛劳的父母尽孝心。她参加了多次招聘会，但没有家乡的单位来招人。在老师的指导下，她报考了"大学生村官项目"。功夫不负有心人，她以高分被录用为她家邻近乡的村官。她运用学校学到的知识和技能，帮助村民开通了20多家网店，卖水果、花椒、茶叶、山货，成了全县有名的电商示范乡，大大增加了村民的收入，切实改善了家乡贫困落后的面貌。

　　关键问题：广大农村、基层有着广阔的发展空间，国家地方就业项目为大学生提供了大量就业创业的机会，值得毕业生选择。

理论与讲解

　　大学生志愿服务与国家就业项目是鼓励引导大学生到城乡基层工作的就业项目，主要是到广大农村、基层和城市社区从事社会管理、公共服务、公益岗位、文化科技、医疗教育等各类公益性服务岗位，并由政府提供薪酬、生活补贴、岗位补贴等。

一、大学生志愿服务西部计划

　　大学生志愿服务西部计划（简称"西部计划"），是团中央、教育部、财政部、人事部共同组织实施的，主要服务于内蒙古、广西、陕甘宁等边远地区。这项计划从2003年开始，按照公开招募、自愿报名、组织选拔、集中派遣的方式，每年招募一定数量的普通高等学校应届毕业生，到西部的乡镇从事为期1~2年的教育、卫生、农技、扶贫及青年中心建设和管理等方面的志愿服务工作。

（一）服务地区

　　西部计划的服务地主要是内蒙古、广西、重庆、四川、贵州、云南、西藏、陕西、甘肃、青海、宁夏、新疆等西部12个省（自治区、直辖市），此外还有海南省、新疆生产建设兵团及湖南湘西州、湖北恩施州、吉林延边州等部分地区贫困县的乡镇。

（二）服务内容

　　1. 支教　在西部地区贫困县的乡镇中小学校从事为期1~2年的教育和教学管理工作。

　　招募对象：应届高校毕业生、在读研究生、师范类专业毕业生优先选拔。

　　2. 支医　在西部地区贫困县的乡镇卫生院及部分县级医院、防疫站从事为期1~2年的医疗卫生工作。

　　招募对象：医学类专业应届高校毕业生、在读研究生。

　　3. 支农　在西部地区贫困县的乡镇农业（林业、水利）技术站从事为期1~2年的农业科技、扶贫工作。

招募对象：农业、林业、水利等专业的应届高校毕业生、在读研究生。

4. 区域化推进农村共青团工作 在西部地区贫困县乡镇的团委开展1～2年志愿服务，一般担任乡镇团委副书记，兼任一个区域化推进农村共青团工作联系村的团委书记。

招募对象：应届高校毕业生、在读研究生，组织能力较强，熟悉计算机基本操作；有学生工作经历者优先选拔。

5. 农村现代远程教育志愿服务行动 本专项行动由全国农村党员干部现代远程教育试点工作领导协调小组办公室、共青团中央共同组织实施。志愿者在西部地区和湖南湘西州、湖北恩施州、吉林延边州等15个地区的农村党员干部现代远程教育终端接收站点及安装现代远程教育设备的农村中小学，开展为期1年的技术指导和巡回培训工作。

招募对象：应届高校毕业生、在读研究生；本科及本科以上学历为主；政治过硬，熟悉计算机、互联网基本操作。

6. 基层检察院志愿服务行动 由最高人民检察院、共青团中央共同组织实施。志愿者主要在西部计划服务县检察院从事为期1年的志愿服务。

招募对象：法律、中文、财会、计算机等专业的应届高校毕业生和在读研究生，以本科及本科以上学历为主；政治过硬，品学兼优。

7. 基层法律援助志愿服务行动 由司法部、共青团中央共同组织实施。志愿者主要在西部计划服务县司法行政部门从事为期1年的法律援助志愿服务。

招募对象：法律专业应届高校毕业生、在读研究生；以本科及本科以上学历为主；政治过硬，品学兼优。

8. 基层人民法院志愿服务行动 由最高人民法院、共青团中央共同组织实施。志愿者主要在西部基层人民法院从事为期1～2年的志愿服务。

招募对象：法律专业应届高校毕业生、在读研究生，以本科及本科以上学历为主；政治过硬，品学兼优；通过国家统一司法考试者在同等条件下优先选拔。

9. 开发性金融志愿服务行动 由国家开发银行、共青团中央共同组织实施。志愿者主要在开发性金融协议已经覆盖的西部计划服务县开发性金融合作办公室开展为期1年的开发性金融志愿服务工作。

招募对象：应届高校毕业生、在读研究生；大学本科及本科以上学历；经济、金融、农业等相关专业优先选拔。

10. 农村平安建设志愿服务行动 由中央社会治安综合治理委员会办公室（简称综治办）、共青团中央共同组织实施。志愿者主要在西部地区的乡镇、街道综治办从事为期1～2年的农村平安建设志愿服务。

招募对象：普通高校品学兼优、大学本科及本科以上学历、有奉献精神的应届毕业生，法学、社会学、管理学和农学及相关专业优先。

（三）招募程序与奖励政策

1. 选拔流程 个人报名→考察面试→统一体检→公示→审定确认。

2. 集中派遣培训 志愿者携《确认通知书》、毕业证和本人身份证件，由各招募省项目办集中组织到服务省培训地报到并参加由服务省项目办统一组织的培训。

3. 奖励政策 服务期为1年，服务期满考核合格的，授予中国青年志愿服务铜奖奖章；服

NOTE

务期为 2～3 年，服务期满考核合格的，授予中国青年志愿服务银奖奖章；表现优秀的授予中国青年志愿服务金奖奖章。表现特别优秀的，推荐参加中国青年五四奖章、中国十大杰出青年、中国十大杰出青年志愿者、国际青少年消除贫困奖等评选。

4. 经费保障　志愿者服务期间，中央财政给予一定生活补贴。生活补贴为每人每月 1000 元。同时，志愿者所在地列入国家艰苦边远地区津贴范围的，执行所在地科员艰苦边远地区津贴标准（一类区 120 元，二类区 210 元，三类区 350 元，四类区 515 元，五类区 900 元，六类区 1490 元），按月发放。交通补贴按志愿者家庭所在地和服务地之间的实际里程发放，每年发放两次。

二、"三支一扶"计划

（一）项目概况

"三支一扶"是支教、支医、支农、扶贫的简称。2006 年起，中共中央组织部（简称中组部）、原人事部、教育部等八部门下发《关于组织开展高校毕业生到农村基层从事支教、支农、支医和扶贫工作的通知》，以公开招募、自愿报名、组织选拔、统一派遣的方式，连续 5 年，每年招募 2 万名高校毕业生，主要安排到乡镇从事支教、支农、支医和扶贫工作。服务期限一般为 2～3 年。

（二）招募对象与条件

本项目招募对象主要为全国普通高校应届毕业生，并应具备以下条件。

1. 政治素质好，热爱社会主义祖国，拥护党的基本路线和方针政策。

2. 学习成绩合格，具有相应的专业知识。

3. 具有敬业奉献精神，遵纪守法，作风正派。

4. 身体健康。

（三）工作内容

高校毕业生到农村基层从事支教、支医、支农、扶贫等阶段性的志愿服务工作，政府部门为其提供生活补助等必要的生活待遇，为其服务期满后就业、升学及创业给予相应的政策优惠。

（四）招募的基本程序

报名→资格审查→考试考查→体检→公示→聘用→培训上岗。

（五）服务期间的待遇

"三支一扶"大学生工作、生活补贴标准参照本地事业单位从高校毕业生中新聘用工作人员试用期满后工资收入水平确定。由财政支付其参加社会保险的相关费用，并给予工作、生活补贴。

（六）服务期满后的优惠政策

1. 原服务单位有职位空缺或有相对应的自然减员需补充人员时，要聘用服务期满考核合格的"三支一扶"人员。相关事业单位公开招聘工作人员，40% 以上的招录计划优先聘用具有两年以上基层工作经历的高校毕业生。

2. 对于准备自主创业的人员，可享受行政事业性收费减免、小额贷款担保和贴息等有关政策。

3. 服务期满且考核合格的"三支一扶"毕业生可以在考取研究生或公务员时享受一定的政策加分或同等条件优先录用。

4. 到西部地区和艰苦边远地区服务 2 年以上，服务期满后 3 年内报考硕士研究生初试总分加 10 分，同等条件下优先录取。

5. 服务期满考核合格的"三支一扶"毕业生，根据本人意愿可以回到原籍或到其他地区工作，凡落实接收单位的，接收单位所在地区应准予落户。

6. 进入国有企事业单位时，享受同等条件人员职务及工资标准，其服务期限计算为工龄，晋升中高级职称时，同等条件下优先评定等。

7. 高职（高专）毕业生参加"三支一扶"，服务期满考核合格的，可免试入读成人高等学历教育专科起点本科。对已落实就业岗位的毕业生，按规定落实助学贷款代偿政策、工龄计算，服务年限视同社会保险缴纳年限。

三、大学生"村官"项目

（一）项目概况

大学生"村官"项目（简称"村官"）是选拔毕业生到农村担任村委会主任助理、村党支部书记助理或团支部书记、副书记等职务的服务项目，由中组部牵头，教育部、财政部、人力资源和社会保障部共同组织实施。从 2008 年开始，全国每年选聘 2 万名毕业生，工作年限一般为 2 ~ 3 年。

（二）招募对象与条件

30 岁以下应届和往届的全日制普通高校专科以上学历的毕业生。重点是应届毕业和毕业 1 ~ 2 年本科生、研究生，原则上为中共党员（含预备党员），非中共党员的优秀团干部、优秀学生干部也可选聘。参加人力资源和社会保障部、团中央等部门组织的到农村基层服务的"三支一扶""志愿服务西部计划"等活动期满的高校毕业生，本人自愿且具备选聘条件的，经组织推荐可作为选聘对象。对于各省（自治区、直辖市）此前已经到农村就业的高校毕业生，本人自愿，通过组织考察推荐，可转为选聘对象。

（三）招募的基本程序

个人报名→资格审查→组织考察→体检→公示→决定聘用→培训上岗。

（四）服务期间的待遇

1. 项目经费由中央和地方财政共同承担。

2. 比照乡镇从高校毕业生中新录用公务员试用期满后工资水平确定工作、生活补贴，在艰苦边远地区的，按规定发放地区津贴。中央对到西部地区的毕业生每人每年补贴 1.5 万元，中部地区 1 万元，东部地区 0.5 万元，不足的由地方财政补贴。同时，中央财政按人均 2000 元的标准发放一次性安置费。

3. 参加社会养老保险。

4. 任职期间，办理医疗、人身意外伤害商业保险。

（五）服务期满后的优惠政策

选聘工作期限一般为 2 ~ 3 年。工作期间，县级组织人事部门与其签订聘任合同。工作期满后，经组织考核合格、本人自愿的，可继续聘任。不再续聘的，引导和鼓励其就业、创业等。

🔘 **课堂练习**

观看项目介绍专题片

收集并播放国家就业项目的工作新闻及专题片，了解就业项目在岗大学生的风采和成就。

第六节　从事自由职业

🔘 **困惑与迷思**

小欧是某中医药大学药物制剂专业学生。他从小学起就对计算机产生了浓厚的兴趣，在校期间参加了电脑创意社团，义务为学校制作和维护网页，并且在全国挑战杯竞赛中获得两次一等奖。毕业在即，他想利用自己的计算机特长，做"自由的"网管，但对自己的未来又感到忐忑不安。

关键问题： 大学生对自由职业的认识和理解十分有限，不清楚自由职业者今后的职业发展会如何。

🔘 **理论与讲解**

自 20 世纪 90 年代初，随着工业化进程和经济结构调整步伐加快，我国就业结构发生了巨大变化，传统行业就业机会减少，新兴行业就业机会增多，其中一部分人在价值实现、个性张扬和致富理想的驱使下，选择从事自由职业。据中国网的数据，目前我国自由职业者已经发展到 1500 万人左右。

一、自由职业与自由职业者

自由职业是指摆脱了机构、企业等工作单位的制辖，通过自我管理，以个体劳动为主的一种职业。

自由职业者是指与体制或者出资人不存在法律效力合作关系而拥有合法收入的个体。自由职业者是独立工作，不隶属于任何组织的人；是不向任何雇主做长期承诺而从事某种职业的人。在现实中，多为从文从艺人员，如自由撰稿人、美术人、音乐人、电脑精英、策划人等。未来，医生、律师等将会成为很大的自由职业者群体。

二、自由职业者分类

（一）传统的自由职业者分类

第一类是小本生意人，如个体零售店、小吃店、冲印店、装修公司老板等，大多是传统行业从业者，通过自我雇佣的形式获得经济收入。

第二类是没有底薪的推销员，如寿险顾问、地产经纪、广告中介、直销人士。

第三类是专业人士，如摄影师、专利代理人、律师、会计师、牙科医生、技术顾问、管理顾问、管道工、电工、理发师、艺术家等。而专业人才工作具有很强的独立性，自由地按照自己的方式做事，他们在某个领域中被尊称为专家，其社会价值往往高于经济收入。

（二）新兴的自由职业者

1. SOHO 族　SOHO 族（small office/home office）是指在家办公的自由职业者，如新生代的威客（Witkey，指那些通过互联网把自己的智慧、知识、能力、经验转换成实际收益的人），他们在互联网上通过解决科学、技术、工作、生活、学习中的问题，从而让知识、智慧、经验、技能体现经济价值。

SOHO 族起源于美国 20 世纪 80 年代中后期，随着网络时代、物质文明、精神文明的快速发展而出现。到 80 年代末已风靡各发达国家和地区。SOHO 族自 20 世纪 90 年代初期登陆中国后，便迅速在上海、北京、广州等大城市掀起一股旋风。世界上目前仅德国就有 360 万人以 SOHO 方式工作。德国 IBM 公司有 25% 的员工在家里为公司工作。在美国现在已有 3000 万人拥有了家居办公室。SOHO 族的出现标志着新型自由职业者的兴起。

2. MORE 族　诞生于 20 世纪 90 年代末美国硅谷地区的 MORE（mobile office residential edifice）社区，也就是互动商务居住区，是从 SOHO 演变而成的全新社区概念。MORE 是 SOHO 族基于人性化的延伸，因此也被称之为"后 SOHO 时代"，更体现人文精神。

"家"的发展到此为止已经经历了三代。第一代的家是传统的家，它是与工作完全脱离的，是为家人提供依靠的港湾，给人以温馨和安全感。第二代的家是 SOHO 式及 LOFT 式，以家为工作间的模式，是完全开放的没有隐私的家，便于客户来访、交流。第三代的家是与工作既脱离又关联的 MORE 社区。户主及家人不但拥有工作间，而且各自拥有一片完全属于自己的天空，更加人性化，更多地渗入了温情，更多地关注人的需要，更多地与社会融合。这种更新的 1 + 1 居住模式将会在不远的将来取代 SOHO。

3. MO 族　是 mobile–office（移动办公）的英文缩写，是现代白领一种全新的工作方式。他们的装备豪华，居无定所，四海为家，随时随地都可以利用手中的手提电脑、移动电话等工具展开工作。他们的大部分时间都是在飞机、火车、旅途中度过。他们是真正的"飘一族"，工作起来机动灵活，收入丰厚，充分地享受现代高科技带来的种种便利。作为新型的时尚群体，他们的浪漫，他们的飘忽，他们的匆忙，他们的成就，使其成为时下风光的一个工作群体。他们比 SOHO 族更占据时代优势，具有更广阔的发展前景。

三、自由职业者的社会保障

国家为发展社会事业，建立社会保险制度，设立社会保险基金，使劳动者在年老、患病、工伤、失业、生育等情况下获得帮助和补偿。自由职业者可以充分享受这些社会保障。

（一）社会保险

自由职业者应该按照相关法律法规缴纳各项社会保险费用，以便享受国家普惠的各项社会保障。自由职业者缴纳社会保险费，缴费基数在人力资源和社会保障部门每年公布的上、下限标准内确定。

（二）养老保险

自由职业者按规定缴纳养老保险费后，社保机构根据本人缴纳的基数按比例为其建立个人养老保险账户，记入缴费年限，并核发《养老保险缴费手册》。

NOTE

（三）退休条件

目前，自由职业者养老金领取条件为：男性年满 60 周岁，女性年满 55 周岁，缴费年限满 15 年，其中实际按月缴费年限满 5 年。

🔍 **分组讨论**

国家实施《中医药法》之后，未来从事中医自由职业的可能性及发展前景。

课 后 思 考

多样化的就业方向为你的职业发展提供了哪些启示？

第五章　大学生创业探索

● **本章要点**

　　通过本章的学习，理解创业的概念及创业的意义，了解现阶段关于创业的扶植政策与措施，熟悉企业家精神及其内涵特征，积极培养创业意识。通过学习，掌握创业环境的各种分析方法，对创业机会进行评估和识别，掌握创业计划书制定的原则，了解创业项目的组织实施过程。

　　人生价值实现的途径是多种多样的，许多人致力于创业，把个人价值的实现同社会的物质进步、人类的精神文明发展联系起来。现阶段，经济多元化、资源市场化的大背景，不仅为大学生就业提供了良好的机遇，同时也为大学生创业提供了现实的可能性。大学生不仅要努力追求理想就业，也要树立创新创业意识，顺应"大众创业、万众创新"的历史潮流，积极开展创业探索。

第一节　大学生创业概述

● **困惑与迷思**

　　又到了一年一度的毕业季，在同学们纷纷向公司投递自己的简历之际，某中医药大学针灸推拿学专业毕业生小王，想凭借自己大学五年来所学习的专业知识，自主创业开一家推拿按摩店。在大学期间做过多种兼职的他，认为自己已经积累了一定的市场经验和创业能力，于是便心潮澎湃地捣鼓起了他的"生意经"，但在实施创业计划的过程中，小王遇到了想象不到的困难，一度决定放弃自己的计划。

　　关键问题：在高校，像小王那样想要将自己创业的梦想付诸实践的人不在少数，可创业到底是什么呢？创业的模式有哪些呢？大学生创业的途径又有哪些呢？这些都需要大学生事先认真学习和把握，否则创业就可能变成一种一时的冲动和盲目的行动。

● **理论与讲解**

　　创业是就业的延伸和扩展，是把握机遇、迎接挑战的理智选择，这是新时代对人们谋求就业提出的新观念和新要求。

　　大学生往往具有较高的文化素质和技能水平，有较强的自主意识，蕴含着巨大的创业潜力，是社会上最具有活力和创造力的一个群体，最有可能成为创业型人才。因此，创业有利于大学生寻求更加广阔的就业途径。

一、创业的定义

创业是指创设、创造、创新职业或企业。它是创业者个人的行为，是创业者按照国家的有关法规和政策，结合自身的条件和意愿，通过对市场前景的综合性分析，做出的就业选择。

创业有广义和狭义之分。广义的创业统指开创事业，包括在各种不同领域中通过努力做出一番事业。狭义的创业主要是指在经济领域中，创业者通过发现和识别商业机会，利用各种资源，为社会提供产品或服务，创造财富实现自身价值及社会价值的过程。大学生创业主要指狭义的创业。

"创业"包括两个环节：一是"创"，二是"立"。"创"是指一个企业从无到有或从旧到新的过程，并未涉及企业的长远生存和发展；"立"是指新建立起来的企业经历的一个由小到大、从弱到强的过程。

《周易》中"生生之谓易""富有之谓大业"，就是说要通过生生不息的变革达到富有，达到为社会、为个人创造财富，这就是大业，就是创业。创业是择业的一种特殊选择形式，也是就业的一种特殊形式。创业者和一般的就业者相比，承担的责任和风险更大。

二、创业的基本模式

1. 自主创业　指从创业的决策、申办、资金准备到经营和管理等方面均由个人负责，自己一手包办。

2. 合伙创办　指或出资或以自己的某项技术或知识成果或某项专利作为资产或资本，与他人合伙创办企业的模式。在这种模式下，承担的是无限连带责任。

3. 连锁加盟　指有偿利用他人的知名品牌进行品牌经营，以实现自主经营的创业模式。这种创业模式需要明确该连锁品牌的价值或股份及连锁经营的管理模式等。

4. 产品代理　通过代理的形式，推广和买卖产品，是产品的一种交易和流通方式。一般认为，只要是通过第三方进行产品的交易和服务都可以称之为产品代理。

5. 收购　指一个公司通过产权交易取得其他公司一定程度的控制权，以实现一定经济目标的经济行为。收购是企业资本经营的一种形式，既有经济意义，又有法律意义。

三、大学生创业的途径

1. 曲线创业　先就业、再创业是时下很多学生的选择。毕业后，由于自己各方面阅历和经验都不够，需要到实体单位锻炼几年，积累了一定的知识和经验再创业。

2. 创业实践　间接的创业实践主要可借助学校举办的某些课程的角色性、情景性模拟参与来完成。直接的创业实践主要可通过课余、假期在外的兼职打工、试办公司等来完成；也可通过举办创意项目活动、创建电子商务网站、谋划书刊出版事宜等多种方式进行实践。

3. 校园代理　大学生由于经验、能力、资本等方面都存在不足，直接创业存在很大困难，成功率较低。而校园代理对经验、资金等方面一般没有太高要求，可以利用课余时间代理校园畅销产品，积累市场经验、锻炼创业能力。做校园代理一般风险较小，对于大学生来说多多益善。如果做得较好，还可以积累一定的资金。

四、创业的意义

创业主要是指利用自己所具备的知识、才能和技术，通过自筹资金、技术入股、寻求合作等方式创立新的就业岗位，或者说毕业生退出现有就业岗位的竞争，转而自谋职业，为社会创造更多的就业机会。毕业生与社会力量合作，与他人合作，创造属于自己的产业已成为一种可能，时下国家特别重视并鼓励大学生创业。

（一）创业是社会发展的需要

1. 有利于推动社会生产力的发展　一些科技型创新企业的建立，往往伴随着技术或应用工艺的创新与发展，能够有力促进我国科技实力的整体提高。创新企业的成功可以为社会经济发展注入新鲜的活力，有利于社会生产力的发展。

2. 有利于知识向资本转化　创新企业往往都是由具有较高知识水平的创业者创办的知识密集型企业。这些企业为社会带来相对较高的附加值，同时创造了较多的社会财富。

3. 有利于缓解大学生就业压力　大学生创业有利于解决大学生就业问题。一个创业能力很强的大学生，不但不会成为社会的就业压力，相反还能通过自主创业来增加就业岗位，以缓解社会的就业压力。

（二）创业是个人成长的内在要求

1. 可以提高实践能力　企业招聘大学生，既要看毕业学校，还要看大学生实践经验。大学生可以通过自主创业这一平台提高实践能力，积累更多实践经验及社会经验，为择业打好基础。

2. 可以实现自我价值　大学毕业生通过自主创业，可以把自己的兴趣与职业紧密结合，做自己最感兴趣、最愿意做和自己认为最值得做的事情。在五彩缤纷的社会舞台中大显身手，最大限度地发挥自己的才能，并获得合理的报酬。

3. 可以培养创新精神　近年来，就业压力越来越大，只有具有创新意识和创新思想才能在激烈的竞争中脱颖而出。在创业过程中，学会逻辑分析，全方位思考，面对问题不断改进，不断创新，可以提高创新能力。

课堂练习

辩论赛

1. 活动目标：深入思考大学生创业的利弊

2. 活动要求：①活动形式：辩论；②参加者：班级同学，创业校友；③活动准备：辩题准备——大学生创业利大于弊，还是弊大于利？

3. 活动过程：①班级分组，先展开辩论；②选出较好小组在班级辩论展示。

4. 讨论与分享：①怎样正确看待大学生创业？②请创业校友谈谈自己的看法。

第二节　大学生创业的扶持政策

困惑与迷思

　　小王通过向创业指导教师咨询，同时通过图书馆和网上查询了大量关于创业的相关内容。他从中医药大学毕业生的整体趋势及往届学生成功创业的案例中，搜集到了很多对自己有帮助的信息，尤其是当看到党的十八大明确提出，要加大创新创业人才培养支持力度。习近平总书记又多次做出重要指示，要求加快教育体制改革，注重培养学生创新精神，造就规模宏大、富有创新精神、敢于承担风险的创新创业人才队伍。小王对自己毕业以后进行创业有了更多的憧憬。但是，对于如何准备创业，他依然是一片茫然。

　　关键问题： 对于那些怀揣创业梦想的大学生来说，创业该怎么开始？首先第一步，应该了解国家为大学生创业提供了哪些优惠政策和扶持政策。

理论与讲解

　　政策保障是大学生创业环境的重要组成部分。为了鼓励大学生创业，我国政府及相关部门出台了一系列措施，扶持大学生创业，以创业促进就业，形成了良好的大学生创业政策法律环境。

一、国家扶持政策

　　近年来，中央政府和各地方政府出台了一系列扶持大学生创业的优惠政策。无疑，国家政策的驱动仍是大学生创业环境不断改善的重要原因之一。

（一）简化程序

　　凡高校毕业生（毕业后两年内，下同）申请从事个体经营或申办私营企业的，可通过各级工商部门注册大厅"绿色通道"优先登记注册。其经营范围除国家明令禁止的行业和商品外，一律放开核准经营。对限制性、专项性经营项目，允许其边申请边补办专项审批手续。对在科技园区、高新技术园区、经济技术开发区等经济特区申请设立个私企业的，特事特办，除了涉及必须前置审批的项目外，试行"承诺登记制"。申请人提交登记申请书、验资报告等主要登记材料，可先予颁发营业执照，让其在3个月内按规定补齐相关材料。凡申请设立有限责任公司，以高校毕业生的人力资本、智力成果、工业产权、非专利技术等无形资产作为投资的，允许抵充40%的注册资本。

（二）资金支持

　　鼓励大学生自主创业作为国家的一项政策，寄托了国家和社会的期待与关怀，为保证这一政策的顺利实施，不少地方政府设立了用于支持大学生创业的专项基金。

（三）税收优惠

　　国家对大学生创业税收的扶持措施主要有以下几方面。

　　1.凡高校毕业生从事个体经营的，自当地工商部门批准其经营之日起1年内免交税。

NOTE

2. 新成立的城镇劳动就业服务企业（国家限制的行业除外），当年安置待业人员（含已办理失业登记的高校毕业生，下同）超过企业从业人员总数 60% 的，经相关主管税务机关批准，可免缴所得税 3 年。劳动就业服务企业免税期满后，当年新安置待业人员占企业原从业人员总数 30% 以上的，经相关主管税务机关批准，可减半缴纳所得税 2 年。除此之外，具体不同的行业还有不同的税务优惠。

3. 大学毕业生创业新办咨询业、信息业、技术服务业的企业或经营单位，提交申请经税务部门批准后，可免征企业所得税 2 年。

4. 大学毕业生创业新办从事交通运输、邮电通讯的企业或经营单位，提交申请经税务部门批准后，第一年免征企业所得税，第二年减半征收企业所得税。

5. 大学毕业生创业新办从事公用事业、商业、物资业、对外贸易业、旅游业、物流业、仓储业、居民服务业、饮食业、教育文化事业、卫生事业的企业或经营单位，提交申请经税务部门批准后，可免征企业所得税 1 年。

（四）创业服务

扶持措施主要有以下几方面。

1. 员工聘请和培训享受减免费优惠。对大学毕业生自主创办的企业，自当地工商部门批准其经营之日起 1 年内，可以在政府人事、劳动保障行政部门所属的人才中介服务机构和公共职业介绍机构的网站免费查询人才、劳动力供求信息，免费发布招聘广告等。

2. 参加政府人事、劳动保障行政部门所属的人才中介服务机构和公共职业介绍机构举办的人才集市或人才、劳务交流活动时可给予适当减免交费；政府人事部门所属的人才中介服务机构免费为创办企业的毕业生、优惠为创办企业的员工提供一次培训、测评服务。此外，大学毕业生自主创业在档案保存和社会保障办理方面也有对应的优惠，即政府人事行政部门所属的人才中介服务机构，免费为自主创业毕业生保管人事档案（包括代办社保、职称、档案工资等有关手续）2 年。

二、高校扶持措施

党的十八大明确提出，要加大创新创业人才培养支持力度。教育部 2017 年 2 月 4 日公布新修订的《普通高等学校学生管理规定》，其中对高校支持大学生创业做出明确规定。

目前，高校对大学生创业的扶持措施主要有以下几方面。

1. 培养创新人才 许多高校实施"卓越计划"、科教结合协同育人行动计划等，同时建立跨学科专业开设的交叉课程、创新创业教育实验班，探索建立跨院系、跨学科、跨专业交叉培养创新创业人才的新机制。

2. 开设创新创业教育课程 各高校充分挖掘创新创业教育资源，开发资源共享的慕课、视频公开课等在线开放课程；许多高校实行了在线开放课程学习认证和学分认定制度；不少高校开办了创业学院，招收有创业意向的学生进行专门的培训。

3. 强化创新创业实践 许多学校面向学生开放大学科技园、创业园、创业孵化基地、教育部工程研究中心、各类实验室、教学仪器设备等科技创新资源和实验教学平台；组织参加大学生创新创业大赛、高职院校技能大赛，以及各类科技创新、创意设计、创业计划等专题竞赛；成立创新创业协会、创业俱乐部等社团，提升创新创业实践能力。

NOTE

4. 改革教学管理 建立大学生创新创业学分累计与转换制度，大学生开展创新实验、发表论文、获得专利和自主创业等情况可折算为学分；为有意愿、有潜质的学生制定创新创业能力培养计划，客观记录并量化评价学生开展创新创业活动情况，优先支持参与创业的学生转入相关专业学习。

5. 完善学籍管理 有自主创业意愿的大学生，可享受高校实施的弹性学制，放宽学生修业年限，允许调整学业进程、保留学籍休学；对休学创业的学生单独规定最长学习年限，并简化休学批准程序。

三、地方扶持政策

各地政府为了扶持当地大学生创业，也出台了相关的政策和措施，而且更有针对性，更加细化，更贴近实际。相关政策涉及面广，辐射性强，其中包括贷款、税收、工商注册、人事等多个方面。

黑龙江： 大学生可以优先转入相关专业学习，允许保留学籍休学创业创新，和毕业生一样享受国家的自主创业扶持政策，到 2020 年，将有 1/10 的应届高校毕业生参加创业培训。哈尔滨市对大学生创业项目给予补贴。凡大学生在该市创业的、在城镇创业的对其创业项目给予2000 元的一次性创业项目补贴；为鼓励大学生返乡创新创业，对返乡到农村（乡镇及以下）创业的大学生给予 3000 元的一次性创业项目补贴。对科技含量高、市场潜力大、能在短时间内形成经济增长点的优秀和重点科技创业项目，经评审给予 20 万～30 万元经费资助；开展大学生创业大赛与大学生创业典型评选活动，大力扶持网络创业。

江西： 高校学生休学创业最多可保留 7 年学籍，财政每年注入 1000 万元资金充实青年创业就业基金，每年重点支持 1000 名大学生返乡创业。

天津： 对高校毕业生、留学回国人员注册资本 50 万元以下的公司可零首付注册，开辟"绿色通道"支持自主创业。

浙江杭州： 大学生创业项目申请无偿资助金额的额度从原来的最高 10 万元提高到 20 万元；"实行房租补贴机制"——大学生创业园所在城区政府为入园企业提供两年 50 平方米的免费用房，对在创业园外租房用于创业的，由纳税地财政在两年内按标准给予房租补贴，补贴标准为第一年补贴 1 元/（平方米·天）、第二年补贴 0.5 元/（平方米·天）；房租补贴超过实际租房费用的，按实际租房费用补贴。

重庆： 半年以上未就业有固定户口的大学毕业生可在其户口所在地居委会登记，申请3000～4000 元人民币的银行抵押和担保贷款；自谋职业的毕业生，根据本人意愿，可将户口和人事档案暂存就读学校 2 年或由市大中专毕业生就业指导中心存管 2 年，存管期间免收档案管理费。

福建： 2014～2017 年，引领 3 万名大学生实现创业，在全省各地和高校扶持建设 50 个创业孵化基地（创业园）。每年为 1000 名创业大学生提供孵化服务，评选资助一批优质大学生创业项目。

山西： 对在当地公共就业服务机构登记企业的自主创业高校毕业生，自筹资金不足的，可申请不超过 5 万元的小额担保贷款；对合伙经营的，可按规定适当扩大贷款规模。劳动密集型小企业招用登记失业高校毕业生等城镇登记失业人员达到规定比例的，可按规定享受最高为

200 万元的小额担保贷款扶持。

山东：扩大省级大学生创业孵化基地、创业园区支持范围，通过财政奖补支持，鼓励政府、高校和企业建设一批孵化条件好、承载能力强、融创业指导服务为一体的创业孵化基地和创业园区，为大学生提供优良的创业平台。

新疆乌鲁木齐：在天山区建立创业孵化基地，既为创业者提供场地、给予政策帮扶，还让在校大学生进行创业实习，为他们今后的创业积累经验。

以上仅仅是举例说明一些地方对大学生创业的特殊政策。目前，全国各地都积极支持大学生创新创业，具体相关扶持政策可以从各地人力资源和社会保障部门或大学生创业网（http：//www. studentboss. com/）查询了解。

🔘 课堂练习

创业政策解读

1. 活动目标：了解和把握创业政策。

2. 活动要求：①活动场地：室内；②参加者：班级同学；③活动准备：多媒体设备、创业政策解读相关视频。

3. 活动过程：①观看视频；②分组讨论。

4. 讨论与分享：①观看视频后的感受是什么？②如果准备创业，应该如何利用国家政策？

第三节　创业意识及其培养

🔘 困惑与迷思

自从有了自己的创业想法，小王对周边居民进行了走访调查，发现中医特色的推拿康复理疗市场需求很大，服务对象不仅局限于中老年人，年轻人对养生的需求也很积极。他有了创业开一家推拿康复理疗店的想法，并告知其女朋友小李，希望得到支持。

关键问题：创业者应该具有较强的创业意识，创业意识规定了创业者的态度和行为方向，起着决定性作用。

🔘 理论与讲解

创业的成功是思想上长期准备的结果，如果没有强烈的创业意识，就不容易克服创业道路上的艰难险阻。事业的成功总是属于在思想上有所准备的人，创业成功也属于有创业意识的人。

一、大学生创业意识

创业意识指在创业实践活动中对人起动力作用的个体倾向，包括需要、动机、兴趣、思想、信念、人生观、价值观和世界观等心理成分。

NOTE

创业意识支配着创业者对创业活动的态度和行为，规定着创业者的态度和行为的方向和力度，具有较强的选择性和能动性，是创业基本素质的重要组成部分。

（一）自主意识

任何一个创业者，必须有自主观念，都应该坚信不是命运主宰自己，而是自己主宰命运，都能够选择自己的道路，对自己的行为负责。

创业者首先要走出依附于他人的生活圈子，走上独立的生活道路。没有独立性就免谈创业。只有在学习和实践中逐渐走出模仿他人的圈子，形成自己独有的思维模式，才有可能形成自己独立的特色，成为自主的人、具有创造性的人。

自主意识主要体现在：①自主抉择，即在选择创业目标时有自己的见解和主张；②自主行为，即在行动上很少受他人影响和支配，能按自己的主张将决策贯彻到底；③行为独创，即能够开拓创新，不因循守旧。

（二）创新意识

创业的基础和核心是创新。创新能为企业带来活力。创业之初，项目要有特色，才能使企业在激烈的竞争中站住脚；创业成功之后，要根据自己的经验和实力，敢于引进创新型的新项目。

观念的创新是基础，思想观念的创新应渗透于工作、学习、生活和一切社会事务中，使创新成为我们的自觉行动和永恒主题；方法的创新是关键，明确了目标，找准了方向，就要下大力不折不扣地一以贯之。因此要全力推行求真务实、注重实效的工作方法，要大力提倡工作方式、工作手段的创新；制度创新是灵魂。发展创新文化、培育创新精神，需要观念的支撑、方法的执行，更呼唤制度的保障。

（三）合作意识

合作意识是指个体对共同行动及其行为规则的认知与情感，是合作行为产生的一个基本前提和重要基础。它指的是能设身处地地为他人着想，善于理解对方，体谅对方，善于与他人合作共事的心理品质。善于合作，不仅能从工作中找到乐趣，而且也能从生活中找到乐趣。

在创业过程中，合作包含两个方面：一是与外部单位的合作，创业者需要与客户打交道，与媒体打交道，与销售商打交道，这要求创业者在创业活动中要有长远打算；二是与内部员工的合作，创业者在利益分配上要公平、合理，学会与员工及合作伙伴交流，这些交往、沟通可以排除创业过程中的障碍，化解矛盾，增加信任感，加强团体内部情感上的沟通，有助于创业的成功。

成功的创业者大多数是善于与各种人打交道的社会活动家，他们积极主动地与人交流、合作，通过合作取长补短，通过交流获得信息。合作意识是随人整个心理和行为活动能力的增强而逐渐发展的，但并不一定随着年龄的增长而提高。

（四）竞争意识

创业诞生于竞争之中，没有竞争，也就没有创业的活力。创业者只有具备竞争意识，才能在现代社会的竞争中捷足先登。

竞争包括外在竞争和内在竞争两方面。外在竞争即同他人竞争，内在竞争即同自己竞争。超越他人首先须超越自己，战胜自我才是真正意义上的竞争意识。

（五）风险意识

所谓风险就是指由于投资和生产经营者掌握的信息往往不够充分，或存在着不确定因素的影响，致使其投资和生产经营的收益具有不确定性。在市场经济大潮中，机会与风险共存。只要从事创业活动，就必然会有某种风险伴随，且事业的范围和规模越大，伴随的风险也越大，需要承受风险的心理负担也就越大。高风险主要来自三个方面：技术风险、市场风险与管理风险。但在许多情况下，风险中也蕴藏着潜在机会和利润。

成功的创业者总是事先对成功的可能性和失败的风险性进行分析比较，选择那些成功可能性大而失败可能性小的目标而采取行动。因此，作为创业者，在创业过程中必须有风险意识和防范风险的意识。

（六）信誉意识

信誉是指信用和名声。创业者的信誉意识直接体现为其企业的信誉意识。企业的信誉意识主要是由创业者主导。所谓信誉意识是指企业在其活动中认真争取和维护公众信任的自觉信念。

在市场经济竞争十分激烈的今天，创业者不仅在商品品种、质量、价格等方面有竞争力，而且还要在信誉方面体现竞争力。从某种意义上说，信誉是经营者的商标，是经营者的生命。忽视了信誉，事业将很难有较大的拓展。

（七）法律意识

法律意识表现为人们对法律规范和法律行为的把握、评价和态度。市场经济本身也是法治经济。其正常运转需要一整套科学并能严格执行的法律法规。创业者增强法律意识可使自己的企业依据市场经济规律合法经营，减少不必要的权益纠纷，同时可以运用法律意识及相关法律知识，使自己企业的合法权益得到法律保护。

（八）敬业意识

中华民族历来有"敬业乐群""忠于职守"的传统，敬业是中国人民的传统美德。敬业精神是人们基于对一件事情、一种职业的热爱而产生的一种全身心投入的精神，是社会对人们工作态度的一种道德要求。它的核心是无私奉献意识。低层次的即功利目的的敬业，由外在压力产生；高层次的即发自内心的敬业，把职业当作事业来对待。

敬业精神需要创业者有巩固的专业思想，热爱本职工作，忠于职守，持之以恒；有强烈的事业心，尽职尽责，全心全意为人民服务；有勤勉的工作态度，脚踏实地，无怨无悔；有旺盛的进取意识，不断创新，精益求精；有无私的奉献精神，公而忘私，忘我工作。

二、创业意识培养

培养创业意识，需要个人、学校、社会三方共同努力。

1. 个人方面　大学生必须要有崇高的理想和志向，在学习过程中不怕困难、挫折，严于律己，同时积极参加各种实践活动，在确立目的、制定计划、选择方法、执行决定和开始行动的整个实践活动中，实现意志、目的，锻炼意志、品质，通过在创业过程中的竞争和锻炼，增长才能，以求得综合能力的提高。

2. 学校方面　构建合理的创业教育体系，将创业教育与大学生思想品德教育有效结合起来，使学生不断建立科学实际的创业理念。具体来说，就是充分利用各种实践科目，锻炼和提高学生的实践能力，开展模拟活动，优化创业教育环境，提供实践平台，培养学生的组织能力与协作能力，丰富创业经历，理论联系实际，引导大学生找到适合自己的创业道路。

3. 社会方面　以围绕素质教育和创新人才培养为着力点，积极支持和帮助高校开展创业教育，提供大学生到企业学习实践的平台和机会，帮助大学生掌握更多的创业技能，形成以地方资源推进学校创新创业教育的良性互动。

◉ 课堂练习

挖掘创业机会

1. 活动过程：①班级同学分组，每组五六人，指定组长。②每个组讨论出一个方案，主题是"如果创业，你们团队选择什么项目"，写清楚项目的具体地理位置、经营项目及为什么、具备哪些条件、消费群体是什么等内容。

2. 讨论与分享：每组把自己的方案分享给同学们，并和同学们讨论可能性，怎么改进方案，有没有商机可以挖掘？

第四节　创业环境与条件分析

◉ 困惑与迷思

小王想开推拿康复理疗店的想法得到支持。但冷静下来细想，问题不少。首先，现阶段自身的技能储备不足以满足顾客需要，有必要系统培训提高自己的专业技能；其次，对顾客有什么需求及开展什么服务项目，还缺乏详细的市场调查；另外，企业经营管理经验与创业资金条件也暂时不具备。综合分析，小王认为，现在还不是创业的最佳时机，他决定创造必要条件后再考虑创业。

关键问题：小王从一开始自信满满想创业，上升到了会理性分析各方情况和条件，这是成功创业的必要前提。要创业就要对环境与条件进行全方位多角度的分析，否则，只能竹篮打水一场空。

◉ 理论与讲解

创业应具备的条件可以分为外部条件与内部条件。外部条件则指与社会、文化、环境、政府等外部因素相关的创业条件，又可分为宏观条件与微观条件；内部条件是指创立一个企业自身应具备的基本条件。

一、创业的宏观环境

无论从事个体经营，还是创办私营企业，都必然处于国家的一个大环境中经营。因此，创业主体必须对社会宏观环境因素有一个整体的把握，包括政法环境、经济环境、文化环境、自然环境、技术环境等。

（一）政法环境

政法环境是由影响和制约企业营销活动的政治和法律因素所构成，通常包括党和政府制定的有关方针、政策、法律、法令、条例及社会政治局势。

1. 政治环境因素　主要指国家的政治形势、管理体制的变化因素，它对创业活动往往产生巨大影响。政局稳定会促进经济繁荣，反之则阻碍经济发展。政策研究是政治环境的重要内容。党和国家在不同的历史时期制定了不同的经济政策，这些经济政策常常直接对企业的经济行为发挥作用，产生市场机会和导向。而宏观调控政策、资金紧缩政策等也可能给创业者带来一定风险，所以对于与创业有关的国家政策要给予足够的重视。

2. 法律环境因素　即国家有关经济、环保、广告、消费者保护、食品卫生、产品质量、商标、专利、劳动保障等法律保障因素。世界各国都通过颁布法令法规来制约企业的经营活动，从而形成法律环境。国家的有关法律、法令、法规、条例，特别是经济法规，调节着企业与社会方方面面的经济关系，保证了企业间的公平交易和平等竞争，规范了企业的市场经营活动。

（二）经济环境

经济环境，即国家或地区经济发展总体水平、收入分布状况、生活水平、人员状况、经济结构、产业结构、利率、汇率、原料供应和能源供应状况等因素。

例如，随着国民经济的发展、人们购买力水平的不断提高，从 20 世纪 80 年代末期逐步出现了从卖方市场向买方市场转化的趋向。再如，经过几十年的改革开放，我国正逐步由计划经济体制向社会主义市场经济体制过渡，各企业逐步建立现代企业制度。这些变化要求创业者必须改变经营思想和经营方式，适当调整商品生产和销售的时机、地点、价格，在信息传递、目标市场、售后服务等方面都要与经济环境相适应，否则会影响企业的发展及收益。

国家宏观经济状况和发展趋势常常是创业主体在创业过程中的重要依据。对这一因素进行认真分析可以准确地预测将来的发展趋势，以便调整创业战略。

（三）文化环境

文化环境，即社会的文化风貌，如价值观、价值标准、风俗习惯、生活方式、消费心理等因素，这些因素对创业活动会产生很大影响。

文化环境体现在社会文化教育的总水平，人们的价值观念、审美观念、风俗习惯、道德观念及精神境界等方面。文化环境影响着消费者的购买心理，潜移默化地规划着人们的社会生活方式和行为准则。因此，企业必须了解目标市场的文化环境，以便采取相应的经营策略，开发适销对路的产品或服务。

（四）自然环境

企业经营不但需要一定的社会经济条件，更重要的还要有一定的自然条件。自然环境与自然资源有着密切关系。人类长期的生产实践证明，自然资源的丰富程度和分布状况是政府制定经济发展战略的重要依据，同样，也是一个企业制定其市场经营战略的方向。

（五）技术环境

技术环境，即技术发展动态、本人的专业特长、竞争对手应用技术的情况、国家的技术投资重点和倾斜政策、专利保护、技术转移及商品化速度、技术创新带来的经济效益等因素。

科学技术是生产力。通过技术创新和技术进步来推动经济的发展已经成为一种世界性的潮流。在市场竞争日趋激烈的今天，谁能首先拥有和利用新的技术，并迅速将其转化为商品满足市场的新需求，谁就能在市场中立于不败之地。所以，作为创业者必须特别注意国内外科技发展的新变化及新趋势。

（六）社会环境

社会环境包括人口状况、社会阶层、相关群体等因素，它是企业目标市场定位的重要依据。

1. 人口状况　人口的年龄结构、分布、密度、流动性等状况，会对市场需求格局产生深刻影响。因为，市场是由那些想购买产品同时又具有购买力的人构成的。所以，创业者应当密切注意企业所处社会环境下的人口特征及其发展动向，不失时机地辨明和利用人口状况带来的市场机会，及时、果断地调整市场经营活动。

2. 社会阶层　社会阶层是指将社会成员按照收入、财产、文化水平、职业和社会名望等社会标准，划分成的若干社会等级。同一阶层通常有相同的价值观念、生活方式和相似的购买行为。将自己的目标市场准确地定位于某一社会阶层，往往是创业者的成功之道。

3. 相关群体　相关群体是指与购买者有社会联系的个人或团体。相关群体由于存在攀比、仿效等消费倾向，往往制约着某一消费者群体对产品品种、商标和使用方式的选择，引起该群体购买方式的趋同性。所以，相关群体的分析也有助于创业者扩大市场，从而增加企业的收益。

二、创业的微观环境

微观环境，即创业主体在创业活动中所面临的企业竞争环境、市场需求状况和产品价格及其生命周期的状况。

（一）竞争环境

研究竞争环境主要是为了分析竞争对手的数量、经营情况、竞争能力、企业规模、技术水平、技术装备、在市场中的口碑及其经营策略等方面。

通过对竞争对手的上述分析，创业者可以发现自己的创业机会，从而制定切实可行的创业战略。

（二）市场需求环境

随着购买力的提高，人们的需求层次将由注重食品的消费，转向注重穿、住、用等方面的消费。因此，对市场需求环境的分析，主要是研究创办企业所处的市场条件及目标消费群在需求上的特点，从现有的市场需求信息中归纳出发展趋势，以便为创业做出决策。

（三）产品价格及生命周期

任何产品从开始试制、投入市场，到被市场淘汰，都有一个产生、发展、消亡的过程，这个过程称为产品的生命周期。创业者应该注重对产品生命周期的分析，否则就跟不上时代的步伐，过时的服务或产品会迅速被市场淘汰，所以忽视这方面的分析，有时会给自主创业带来致命的打击。

（四）创业机会

创业机会分析是指要通过预测创业风险有多大及风险来自哪个方面，并根据风险性质制定出不同的实施方案，从而确定自己的目标市场并为之量身打造专门的服务或商品。自主创业是在商业机会中产生的，创业者只有具备了敏锐的观察力才能在激烈的市场竞争中发现创业机会并形成创意构想。

那么如何发现创业机会呢？根据一些大学生成功创业的经验，发掘创业机会的方法大致可以归纳为分析环境的变化、发现新知识的产生与应用、抓住消费心理及习惯的变化等。

此外，通过分析矛盾现象、产业与市场结构变迁的趋势、新知识的产生，也能够发掘创业机会。例如，在国营事业民营化与公共部门产业开放市场自由竞争的趋势中，创业者可以在交通、电信、能源产业中发掘较多的创业机会。

阻碍大学毕业生创业的因素很多，除了资金的要求外，还有创业风险大、回报周期长、可选择行业少、经营管理经验缺乏等问题。所以，大学毕业生创业一般选择与所学专业相关、风险小、投资少、创业门槛比较低的项目。

三、创业的内部条件

创办企业的内部条件包括资金条件、人员条件、物资条件及其他条件，这些内部条件相互关联、互相制约。创办一个企业实际上是在完成一项系统工程，需要设立专门的筹建班子，制定出周密的计划，有步骤、有秩序地逐步构建这项系统工程。

（一）资金条件

企业开始运作后，需要大量的流动资金维持其日常开支，否则企业正常的经营活动就会受到影响。创业者必须考虑需要多少资金，在什么时候需要这些资金。一般来讲，至少要准备公司营运3个月所需的资金，能够让公司在遭遇淡季或者大客户延迟付款时安然度过。

资金不足往往是大学毕业生创业的困难之一。筹措资金的渠道主要有三种：银行贷款、与他人合伙及寻找投资公司进行投资。对于大学毕业生来说，更提倡自己通过一段时间的打工积累资金，因为这样不但能同时获得熟悉本行业经营管理、建立人际关系网络的机会，而且也会更加慎重地考虑创业投入，防止大手大脚，白白浪费资金。创业的首要条件就是资金条件，能否筹措到足够的资金，往往是制约企业创办成功与否的重要因素。

（二）人员条件

人员条件包括对创业者个人条件的分析，也包括对创业团队条件的分析。

1. 创业者个人条件分析　个人条件主要体现在创业者的专业知识能力与创业能力及创业者的性格要素。性格可以主导人生，人也可以改变性格。调查显示，具有较强的自信心和创造精神、善于克制和忍耐、情绪稳定、有责任感和积极面对人生、喜欢挑战、勇于承担风险、公道正派的人更适合自主创业。相反，缺少职业意识、优越感过强、僵化死板、感情用事、固执己见等性格会阻碍自主创业。

2. 创业团队条件分析　人是生产力中最活跃的要素，创办任何事业，都离不开人这一生产要素。在企业创办伊始，不仅要解决人员的来源问题，还要运筹好骨干力量的配备，并且要对各类骨干人员、技术工人进行培训，以达到上岗要求。团队条件主要是指能否团结合作和优劣互补。

组建创业团队是为了在市场竞争中有效地进行技术创新与经济管理的互补，保证创业团队形成最大的合力。一旦确定创业目标，则应该根据自己的优点、劣势，寻找和自己有共同意向，同时能互补的合作伙伴。

寻找合作伙伴应注意以下几点。

NOTE

（1）家庭内的合伙并不意味着家族内的每个成员都可能成为事业上的搭档，朋友间的合伙也不是说所有的朋友都是理想的合伙人。选择合伙人，先要选定经营目标，再根据经营目标选择能跟自己互补的人作为搭档。

（2）重承诺、守信用者，志同道合者、能补己之短者，有德有才者，可以成为一个好的合伙人。

（3）只说不做的人，眼高手低的人，没远见的人，害怕挫折、知难而退的人，千万不能选做搭档，不管是亲戚还是朋友，决不能讲情面。

（三）物资条件

创办企业所需的物资主要是指企业进行生产的对象和工具，包括基本建设的土建材料、机械设备、安装机器设备的工具，以及投入生产后所需的原材料、燃料、协作件、配件等。创业能否取得成功，也在于企业所需的物资能否得到源源不断地供应。

（四）其他条件

其他条件主要指企业应该创造良好的生产环境，防止废气、废渣、废水等排泄物污染环境。如果"三废"的排放不符合规定的标准，就应该建立"三废"处理站。还要防止噪音干扰附近居民的正常生活。总之，创办的企业要合法，要争取得到社会和政府部门的支持。

课堂练习

创业项目适合自己吗

1. 活动目标：学会用 SWOT 方法对创业项目进行分析。

2. 活动过程：在班级创业项目小组确定创业后，需要从以下四个方面对创业项目进行评价。

（1）我们做这个项目的优势在哪里（和竞争对手相比，我们做这个项目有什么长处）？

（2）我们做这个项目的弱点在哪里（我们做这个项目还有哪些困难）？

（3）我们能否把握这个机会（这个项目的市场究竟有多好）？

（4）我们可能受到的威胁是什么（这个项目会经受哪些风险考验）？

3. 讨论与分享：

（1）选择项目时，应该考虑哪些问题？

（2）分析项目的过程中，学到了什么？

第五节　创业机会的识别与评估

困惑与迷思

小王一直在谋划创办自己的推拿康复理疗店，在进行市场调研时得知，某区域有一家美容店要出租转让，所附带的专业设备正好能用，小王认为创业的机会来临了。

关键问题：小王能否对市场和政策导向进行识别和把握，能否充分了解市场需求，能否合理利用社会资源，这些都是能否创业成功的重要因素。

🔍 理论与讲解

创业机会即商业机会或市场机会，是指有吸引力的、较为持久和适时的一种商务活动的空间，并最终体现在能够为顾客创造价值或增加价值的产品或服务中。好的创业机会，必然具有特定的市场定位，专注于满足顾客需求，同时能为顾客带来增值的效果。创业需要机会，机会要靠发现。创业难，发掘创业机会更难。

一、创业机会的识别

要想找到合适的创业机会，创业者应识别或把握好以下创业机会。

1. 现有市场机会和潜在市场机会　市场机会中那些明显未被满足的市场需求称为现有市场机会，那些隐藏在现有需求背后的、未被满足的市场需求称为潜在市场机会。现有市场机会表现明显，往往发现者多，进入者也多，竞争势必激烈。潜在市场机会则不易被发现，识别难度大，往往蕴藏着极大的商机。

2. 行业市场机会与边缘市场机会　行业市场机会是指某一个行业内的市场机会，而在不同行业之间的交叉结合部分出现的市场机会被称为边缘市场机会。一般而言，人们对行业市场机会比较重视，因为发现、寻找和识别的难度系数较小，但往往竞争激烈，成功的概率也低。而在行业与行业之间出现"夹缝"的真空地带，往往无人涉足或难以发现，需要有丰富的想象力和大胆的开拓精神，一旦开发，成功的概率也较高。比如，人们对于饮食需求认知的改变，创造了美食、健康食品等新兴行业。

3. 目前市场机会与未来市场机会　那些在目前环境变化中出现的市场机会称为目前市场机会，而通过市场研究和预测分析它将在未来某一时期内实现的市场机会称为未来市场机会。如果创业者提前预测到某种机会会出现，就可以在这种市场机会到来前早做准备，从而获得领先优势。

4. 全面市场机会与局部市场机会　全面市场机会是指在大范围市场出现的未满足的需求，如国际市场或全国市场出现的市场机会，着重于拓展市场的宽度和广度。而局部市场机会则是在一个局部范围或细分市场出现的未满足的需求。在大市场中寻找和发掘局部或细分市场机会，见缝插针，拾遗补阙，创业者就可以集中优势资源投入目标市场，有利于增强主动性，减少盲目性，增加成功的可能。

二、把握创业机会

创业者不仅要善于发现机会，更需要正确把握并果敢行动，将机会变成现实的结果。

1. 着眼解决问题把握机会　机会并不意味着无需代价就能获得，许多成功的企业都是从解决问题起步的。所谓问题，就是现实与理想的差距。比如，顾客需求在没有满足之前就是问题，而设法满足这一需求，就抓住了市场机会。

2. 利用环境变化把握机会　变化中常常蕴藏着无限商机，许多创业机会产生于不断变化的市场环境。环境变化将带来产业结构的调整、消费结构的升级、思想观念的转变、政府政策的变化、居民收入水平的提高等，人们透过这些变化，就会发现新的机会。例如：国家对中医药的立法，使得广大中医学子在毕业时开办个人诊所变为可能。任何变化都能激发新的创业机

NOTE

会，需要创业者凭着自己敏锐的嗅觉去发现和创造。

3. 跟踪技术创新把握机会　世界产业发展的历史告诉我们，几乎每一个新兴产业的形成和发展，都是技术创新的结果。产业的变更或产品的替代，既满足了顾客需求，同时也带来了前所未有的创业机会。比如，电脑诞生后，软件开发、电脑维修、图文制作、信息服务和网上开店等创业机会随之而来。任何产品的市场都有其生命周期，产品会不断趋于饱和达到成熟直至走向衰退，最终被新产品所替代，创业者如果能够跟踪产业发展和产品替代的步伐，通过技术创新则能够不断寻求新的发展机会。

4. 寻找客户需要把握机会　创业机会存在于为顾客创造有价值的产品或服务中，而顾客的需求是有差异的。创业者要善于找出顾客的特殊需要，盯住顾客的个性需要并认真研究其需求特征，这样就可能发现和把握商机。所以，创业者要克服从众心理和传统习惯思维的束缚，寻找市场空白点或市场缝隙，从行业或市场在矛盾发展中形成的空白地带把握机会。

5. 捕捉政策变化把握机会　中国市场受政策影响很大，新政策出台往往引发新商机，如果创业者善于研究和利用政策，就能抓住商机站在潮头。事实上，从政策中寻找商机并不仅仅表现在政策条文所规定的表面，随着社会分工的不断细化和专业化，政策变化所提供的商机还可以延伸，创业者可以从产业链在上下游的延伸中寻找商机。

6. 弥补对手缺陷把握机会　很多创业机会是缘于竞争对手的失误而"意外"获得的，如果能及时抓住竞争对手策略中的漏洞而大做文章，或者能比竞争对手更快、更可靠、更便宜地提供产品或服务，也许就找到了机会。为此，创业者应追踪、分析和评价竞争对手的产品和服务，找出现有产品存在的缺陷，有针对性地提出改进方法，形成创意，并开发具有潜力的新产品或新功能，就能够出其不意，成功创业。

三、创业机会评估

针对创业机会的市场与效益面，提出一套评估准则，并说明各准则因素的内涵，目的是为创业者是否投入创业开发时的决策参考。

（一）市场评估准则

1. 市场定位　一个好的创业机会，必然具有特定市场定位，专注于满足顾客需求，同时能为顾客带来增值的效果。因此，评估创业机会的时候，可由市场定位是否明确、顾客需求分析是否清晰、顾客接触通道是否流畅、产品是否持续衍生等，来判断创业机会可能创造的市场价值。创业带给顾客的价值越高，创业成功的机会也会越大。

2. 市场结构　针对创业机会的市场结构进行分析，包括进入障碍，供货商、顾客、经销商的谈判力量，替代性竞争产品的威胁，以及市场内部竞争的激烈程度。由市场结构分析可以得知新企业未来在市场中的地位，以及可能遭遇竞争对手反击的程度。

3. 市场规模　市场规模大小与成长速度，也是影响新企业成败的重要因素。一般而言，市场规模大者，进入障碍相对较低，市场竞争激烈程度也会略下降。如果要进入的是一个十分成熟的市场，那么纵然市场规模很大，由于已经不再成长，利润空间必然很小，因此这项新企业恐怕就不值得再投入。反之，一个正在成长中的市场，通常也会是一个充满商机的市场，所谓水涨船高，只要进入时机正确，必须会有获利的空间。

4. 市场渗透力　对于一个具有巨大市场潜力的创业机会，市场渗透力（市场机会实现的过程）评估将会是一项非常重要的影响因素。聪明的创业者知道选择最佳时机进入市场，也就是市场需求正要大幅成长之际，已经做好准备，等着接单。

5. 市场占有率　从创业机会预期可取得的市场占有率目标，可以显示新创公司未来的市场竞争力。一般而言，要成为市场的领导者，最少需要拥有20%以上的市场占有率。但如果低于5%的市场占有率，则这个新企业的市场竞争力自然不高，也会影响未来企业上市的价值。尤其是高科技产业，新企业必须拥有成为市场前几名的能力，才具有投资价值。

6. 产品的成本结构　产品的成本结构，也可以反映新企业的前景是否广阔。例如，从物料与人工成本所占比重之高低、变动成本与固定成本的比重，以及经济规模产量大小，可以判断该企业创造附加价值的幅度及未来可能的获利空间。

（二）效益评估准则

1. 合理的税后净利　一般而言，具有吸引力的创业机会，至少需要能够创造15%以上的税后净利。如果创业预期的税后净利在5%以下，那么就不是一个好的投资机会。

2. 达到损益平衡所需的时间　合理的损益平衡时间应该能在两年以内达到，但如果三年还达不到，恐怕就不是一个值得投入的创业机会。不过有的创业机会确实需要经过比较长的耕耘时间，通过这些前期投入，克服进入障碍，保证后期的持续获利。在这种情况下，可以将前期投入视为一种投资，才能容忍较长的损益平衡时间。

3. 投资回报率　考虑到创业可能面临的各项风险，合理的投资回报率应该在25%以上。一般而言，15%以下的投资回报率，是不值得考虑的创业机会。

4. 资本需求　资金需求量较低的创业机会，投资者一般会比较欢迎。事实上，许多个案显示，资本额过高其实并不利于创业成功，有时还会带来稀释投资回报率的负面效果。通常，知识越密集的创业机会，对资金的需求量越低，投资回报反而会越高。因此，在创业开始的时候，不要募集太多资金，最好通过盈余积累的方式来创造资金。而比较低的资本额，将有利于提高每股盈余，并且还可以进一步提高未来上市的价格。

5. 毛利率　毛利率高的创业机会，相对风险较低，也比较容易取得损益平衡。反之，毛利率低的创业机会，风险则较高，遇到决策失误或市场发生较大变化的时候，企业很容易遭受损失。一般而言，理想的毛利率是40%。当毛利率低于20%的时候，这个创业机会就不值得再予以考虑。软件业的毛利率通常都很高，所以只要能找到足够的业务量，从事软件创业在财务上遭受严重损失的风险相对较低。

6. 策略性价值　能否创造新企业在市场上的策略性价值，也是一项重要的评价指标。一般而言，策略性价值与产业网络规模、利益机制、竞争程度密切相关，而创业机会对于产业价值链所能创造的加值效果，也与它所采取的经营策略与经营模式密切相关。

7. 资本市场活力　当新企业处于一个具有高度活力的资本市场时，它的获利回收机会相对也比较高。不过资本市场的变化幅度极大，在市场高点时投入，资金成本较低，筹资相对容易。但在资本市场低点时，投资新企业开发的诱因则较少，好的创业机会也相对较少。不过，对投资者而言，市场低点的成本较低，有的时候反而投资回报会更高。一般而言，新创企业的活跃的资本市场比较容易创造增值效果，因此资本市场活力也是一项可以被用来评价创业机会的外部环境指标。

8. 退出机制与策略　所有投资的目的都在于回收，因此退出机制与策略就成为一项评估

NOTE

创业机会的重要指标。企业的价值一般也要由具有客观鉴价能力的交易市场来决定，而这种交易机制的完善程度也会影响新企业退出机制的弹性。由于退出的难度普遍高于进入，所以一个具有吸引力的创业机会，应该要为所有投资者考虑退出机制，以及退出的策略规划。

第六节 创业计划与实践

困惑与迷思

小王将"中医养生会馆"的店面选择到居民聚集区，又购置了相关专业设备后，所获的无息创业贷款也所剩无几，他们只好又开始自筹资金作为流动资金。好在通过工商部门"绿色通道"登记注册，顺利领取营业执照。"中医养生会馆"开始正式营运。

关键问题： 对创业项目进行清晰认知，建设创业团队，并对创业风险进行规避，这几点在创业过程中非常重要，需要做好大量的考察调研工作，不能急于求成。

理论与讲解

就大学生个人而言，创业是人生中的一件大事，存在着相当程度的风险。所以，创业不能贸然行事，在创业前应该做好创业的准备工作。

创业准备是创业者进入创业实践前所经历的物质力量和精神力量的聚集过程，它为日后的创业实践奠定了物质基础和思想基础。因此，创业准备应包括精神准备和物质准备。创业的物质准备，主要包括创业项目的选定、创业计划的策划、创业融资的解决、创业团队的组合、创业风险的规避等内容，需要指出的是，不同类型的创业项目，准备阶段也各不相同。

一、选择创业项目

大学生确定创业方向要根据自身的特点，找准落脚点。只有选择了合适的创业项目，创业才有了目标和方向，创业才有成功的可能。不同的行业对创业者知识、能力的要求不同，有的创业者可能在某一行业有出色的表现，在另一行业则难以成功。因此，创业者一定要根据自身的特点和行业的特点来合理定位。

（一）项目选择的原则

从创业项目选择来看，通常需要遵循以下原则。

1. 知己知彼原则 创业活动，从某种意义上讲好比一场惊心动魄的战斗，创业者本人不但是这场战斗的战斗员，也是指挥员。为取得战斗的胜利，必须做到知己知彼。

所谓知己，就是创业者在选择项目之前，应该首先对自己的状况有一个清楚的认识和判断。例如自己可以提供多少创业资金，有哪些从业经验和技能专长，自己的兴趣和爱好是什么，社会关系状况如何，自己在性格上有哪些优势和弱点，家庭成员是否支持等。从创业者本人的角度看，"知己"越深入，越详尽，就越容易找到适合自己的项目，越能提高创业成功率。

所谓知彼，就是要了解创业所在地的社会经济环境，当地市场的竞争强度，包括拟选择项目所在行业的竞争者数量、规模、实力水平等。同时，要认真分析当地的发展政策，包括产业结构政策、金融政策、税收政策、就业政策等；当地的消费环境，例如居民的购买力水平、购买力投向、购买习惯等。例如，若选择销售保健品作为创业项目，首先就必须分析这一行业的竞争者数量、规模和实力水平，以及消费者对保健品的消费水平、接受程度等。

深入考察创业环境能够帮助创业者开阔视野，敏锐捕捉到市场机会，增强项目选择的合理性。

2. 自有资源优先原则　创业者在研究了创业环境之后，应该从中选出重点利用和开发的资源，选择应贯彻自有资源优先原则。

所谓自有资源，就是创业者本人拥有的或自己可以直接控制的资源，包括专有技术、行业从业经验、经营管理能力、个人社会关系、私有物质资产等。俗话说："隔行如隔山。"因此创业者应尽量选择与自己的专业、学识、经验、兴趣、特长、性格相吻合的项目，选择自己的经济能力可以承受的项目。

作为医学生来说，医学专业的资源、医学健康领域的人际关系等都是较有优势的资源，若依托专业资源进入医药卫生、健康行业，将具有较大的优势。

3. 量入为出原则　财务问题是创业成功与否的重要问题，所以量入为出是创业者必须切实遵循的一个原则。其主要涉及项目启动资金量是否可以承受，后续资金投入能否跟上，还要考虑项目投入中固定资产和流动资产的合理比例，必须做到统筹协调，不能顾此失彼。

选择项目时应该根据自己的技术、经济能力选择适合发展的项目，切不可贪大求全。

4. 短平快原则　由于大学生创业先天条件不足，创业者在创业之前普遍缺乏资金、客户等资源，因此，为尽快脱离创业"初始危险期"，使项目进入良性循环，在同等条件下，应优先考虑那些"短平快"项目。这样，一方面可以迅速收回投资，降低投资风险；另一方面，即便项目后期成长性不好，创业者也可以选择维持经营或后期主动退出，利用挖掘到的"第一桶金"另寻出路。

对于医学生来说，依托所拥有的技术等进行创业，比如进行医疗器械、药品等的经营和销售，相对较"短"、较"快"。

此外，创业者应详细了解所选项目的发展前景，要考察所选项目是否适合市场，是否有发展前景，切不可盲目行事。虽说创业市场商机无限，各种创业信息随处可见，但创业者在选择创业项目的时候，切不可不做深入考察就盲目投资。选准项目后最好在合适的时机介入，不可在行业已经达到饱和状态时再介入。

（二）创业项目来源

对于医学生来说，可分为医学类创业项目来源和其他创业项目来源。

1. 医学类创业项目来源　创业市场商机无限，但对资金、能力、经验都有限的大学生创业者来说，在创业项目的选择上，相对来说具有一定的困难。在这种情况下，大学生创业只有根据自身特点，找准"切入口"，才能闯出一片真正适合自己的新天地。根据创业项目选择原则，医学类大学生可以从以下几个方面考虑创业项目来源。

（1）通过医学类实验及研究成果选择创业项目　实验及研究成果是指高校或各大研究机构自主研究开发的成果。医学生可以跟学校或者所属成果的老师洽谈合作，选择这些成果作为创业项目，这样在一定程度上将大大推进研究、教学和企业生产的衔接，加快实验及研究成果的转化进程，同时，减少了对于研究阶段的投入及其风险，只需投入生产，即可盈利。

NOTE

（2）通过大学生创业构思及创业计划大赛成果选择创业项目　大学生的创业构思是创业项目的重要来源。现阶段许多机构都在举行大学生创业计划大赛，医学院校也积极地参与其中，也有很多医学类大学生参与大赛。这不但有利于激发大学生们的创业意识，培养他们的创新能力，而且促进了一些创业项目的诞生，有利于大学生创业计划的实施。在大学生创业计划大赛中获奖的项目，从某种程度上来说，是通过专家认真评审和筛选的，更具有可行性。同时，更容易获得风险投资等机构的支持。当前，有一些医学类大学生创业公司其前身便是大学生创业计划大赛的获奖项目。

（3）通过各种医学发明和专利选择创业项目　发明和专利也是创业项目的重要来源。发明和专利都是具有创新的设想：发明创造一般是针对特有问题而提出的创新性解决方案和措施，在一定程度上给人们的生产、生活带来方便的思维成果；专利是受法律规范保护的发明创造。现国家为了激励发明创造，制定了《专利法》来保护发明者，取得较好的成效。发明创造成果如果被开发出来进行产业化生产，将会带来巨大的社会财富。个人发明专利的产业转化一般有两个途径：一个是等待企业来对专利项目进行考察，然后对专利使用权进行购买，从而利用新技术进行生产；另外一种就是专利持有人利用专利技术自己投资创业。因此，利用现有的发明专利进行创业是一个较为理想的选择。

（4）通过所学专业选择创业项目　医学类学生，尤其是医药类学生可以根据自身专业优势，结合医疗卫生保健市场需求，进行医学类专业创业活动。随着新医改的推进和人们预防保健意识的不断增强，医学类毕业生创业领域还是比较广阔的。

①医学方面：可以开设保健咨询类网络服务、中医门诊部，甚至创立民营医院、健康咨询公司等。

②护理学方面：可以开设老年护理院、护理专业培训机构和进行护理相关产品的开发等。

③针灸推拿学方面：可以开设各类康复机构、保健推拿按摩院、足疗养生馆和进行产后保健服务等。

④医疗美容专业方面：可以开设养生会所、美容店、化妆服务公司及进行美容化妆产品和护肤产品的开发服务等。

⑤药学方面：可以创立药品代理商、小药店、进行营养配餐服务、药物研发技术服务公司，甚至利用自己的技术优势建立药厂等。

2. 其他创业项目来源　除了基于专业创业外，医学类大学生同样也可以尝试其他创业项目的选择。

（1）通过个人兴趣与特长选择创业项目　一个人只有选择了他喜欢做又有能力做的事情，才会自觉地、全身心地投入到工作中去，并忘我地工作，才有可能在遇到困难和挫折时百折不挠，勇往直前，千方百计克服困难，实现创业目标。所以，选择自己感兴趣、有特长的项目是创业成功的基础。

（2）通过自身比较熟悉的行业选择创业项目　一般来说，创业者可以在自己熟悉的行业里选择创业项目，这样可以提高创业成功的把握度。大量的经验证明，许多工作需要的是熟悉，譬如校园小超市、数码小店和家教中心等，要深入地了解和熟悉行业的规律，加上勤奋和信心就能够在一定程度上取得创业的成功。

（3）选择连锁加盟企业进行创业　比如，创办一个小餐厅、校园小型超市或者数码速印

NOTE

站等。连锁加盟企业的门槛相对低些，成功的概率大些。一般来说，大学生创业者资金实力较弱，适合选择启动资金不多、人手配备要求不高的加盟项目，从小本经营开始为宜。

（4）选择在校内或周边创业　例如，开餐厅、咖啡屋、美发屋、书店等。大学生开店可以充分利用高校的学生顾客资源，且又熟悉同龄人的消费习惯，因此经营起来相对容易。

创业成功者的经验证明，创业项目选择的合适与否在很大程度上决定着创业的成败。选择创业项目，不仅要对自身的兴趣、特长、实力进行全方位的客观分析，而且要善于发现市场机会、把握未来发展趋势。选择创业项目是解决创业"干什么"的问题，通常要考虑的因素有对项目所属行业的熟悉程度、个人兴趣与特长、市场机会与把握能力、能够承担的风险、项目市场准入等政策法规等。

二、组建创业团队

创业团队，就是由少数具有技能互补的创业者组成，他们为了实现共同的创业目标和一个能使他们彼此担负责任的程序，共同为达成高品质的结果而努力的共同体。

因此，在组建创业团队时，需要具备 5 个重要的团队组成要素，称为"5P"。

1. 目标（purpose）　创业团队应该有一个既定的共同目标，为团队成员导航，知道要向何处去，没有目标这个团队就没有存在的价值。目标在创业企业的管理中以创业企业的愿景、战略的形式体现。

2. 人（people）　人是构成创业团队最核心的力量。三个及三个以上的人就形成一个群体，当群体有共同奋斗的目标就形成了团队。在一个创业团队中，人力资源是所有创业资源中最活跃、最重要的资源。应充分调动创业者的各种资源和能力，将人力资源进一步转化为人力资本。

目标是通过人员来实现的，所以人员的选择是创业团队中非常重要的一个部分。在一个团队中可能需要有人出主意，有人订计划，有人实施，有人协调不同的人一起去工作，还有人监督创业团队工作的进展、评价创业团队最终的贡献，不同的人通过分工来共同完成创业团队的目标。在人员选择方面要考虑人员的能力如何，技能是否互补，人员的经验如何。

3. 定位（place）　创业团队的定位包含两层意思：第一，团队的定位。创业团队在企业中处于什么位置，由谁选择和决定团队的成员，创业团队最终应对谁负责，创业团队采取什么方式激励下属。第二，个体（创业者）的定位。作为成员在创业团队中扮演什么角色，是制订计划还是具体实施或评估；是大家共同出资，委派某个人参与管理；还是大家共同出资，共同参与管理；或是共同出资，聘请第三方（职业经理人）管理。这体现在创业实体的组织形式上，是合伙企业或是公司制企业等。

4. 权限（power）　创业团队中领导者的权力与其团队的发展阶段和创业实体所在行业相关。一般来说，创业团队越成熟，领导者所拥有的权力相应越小，在创业团队发展的初期领导权相对比较集中，创业成熟期多数是实行民主的管理方式。

5. 计划（plan）　计划有两层含义：首先，目标最终的实现需要一系列具体的行动方案来保证，可以把计划理解成达到目标的具体工作程序。其次，按计划进行可以保证创业实施的进度。只有在计划的操作下，创业团队才会一步一步地贴近目标，从而最终实现目标。

自主创业要处理的事情面广、量大，靠一个人的力量很难有效地应对。组建创业团队则能

NOTE

实现优势互补，有时还能解决资金短缺的问题，如大学生提供技术、合伙人提供资金等。在组建创业团队时，应注意创业团队成员的性格搭配、角色分工及股权分配等问题。一个好的团队可以形成强大的合力，增强企业的市场竞争力。

三、信息收集与处理

信息收集是创业的重要环节。在明确了创业构思，确定了创业方向后，创业者就应该有目的地收集相关行业的信息。如果打算开一家网络公司，那么网络公司方面的新闻、政策或者技术发展方向就应该成为关注的目标。这些信息可以从互联网、电视或者报纸等媒体获得。需要注意的是，即使仅仅针对一个创业方向，也会有无数的信息。要想从这些海量的信息中获取有价值的信息，在信息收集过程中应该遵循以下原则。

1. 在收集信息前制定一定的标准，不可抱着"宁多勿缺"的原则，毫无标准地收集大量信息会给后期的信息整理带来许多麻烦。

2. 信息收集要有目的性，不能所有的信息都收集；收集过程中也要讲求"轻重缓急"，先收集重要的信息，有时间的话再收集其他信息。

3. 信息收集要全面、真实、可靠。

4. 收集的信息应该含量大、价值高。

5. 收集的信息要保持系统性和连续性。

信息收集后，要本着准确、及时、系统、经济、浓缩的原则对其进行处理。首先要将这些杂乱无章、处于原始状态的信息按内容、时间、目的、要求等进行分类，接着通过比较或者其他方法发现其中的规律，比如经济活动的变化趋势等，最后就是依据这些特点形成新的概念和结论，用于指导创业工作。

四、编制创业计划书

1. 创业计划书的概念　创业计划书又叫商业计划书，是对所选创业项目的调查和论证，是为说服合作伙伴、潜在投资者、风险投资公司以取得合作支持或风险投资而提供的可行性商业报告。依据市场提供的信息，创业者要详细描述所选项目存在的机会，阐述创立公司把握这一机会的进程，说明所需要的资源，揭示风险和预期回报，并提出行动建议。由于创业计划书是面向可能的投资人、供应商、合作伙伴、政策机构等，因此创业计划书的编写应该清晰易读，即便没有技术背景的人也能读懂。

2. 创业计划书的作用　创业计划书是整个创业过程的灵魂，记载了有关创业的多方面内容，包括事业描述、产品服务、市场分析、竞争分析、市场营销、风险分析、管理、投资回报与经营预测、财务分析等。应该说，创业计划书在创业过程中担当着重要的角色，起着至关重要的作用。

首先，一份好的创业计划书可以帮助创业者理清思路、准确定位。著名投资家克雷那说："如果你想踏踏实实地做一份工作的话，写一份创业计划，它能迫使你系统地思考。有些创业可能听起来很棒，但是当你把所有的细节和数据写下来的时候，你自己就崩溃了。"一个酝酿中的项目往往很模糊，通过制定创业计划书，把创业过程中可能面临的问题写下来，之后再逐条推敲，这样创业者就能对该项目有更清晰的认识。由于创业计划书涉及多个方面，创业者在编写的过程中更容易发现哪里存在问题、哪里还需要加强等。

其次，一份好的创业计划书可以更好地向投资者展示创业者的想法，以获得投资支持。编写创业计划书的目的不仅是使创业者对自己选择的创业项目有更深层次的认识，更重要的是向可能潜在的投资者或融资对象很好地展示项目的可行性与良好的预期收益，从而获得投资支持。创业计划书的好坏，往往决定了投资交易的成败。对初创的风险企业来说，创业计划书的作用尤为重要。成功的创业计划书可以把计划中的风险企业推销给风险投资家，从而筹集到创建企业所需的资金。

第三，一份好的创业计划书可以为未来的行动做指导。由于创业计划书包含多方面的内容，因此在日后的经营管理中，创业者可以以此来引导企业发展，避免走上不科学的发展途径，减少失误，增加创业成功的概率。

3. 创业计划书的编写及内容　创业计划书的编写一般按照相对标准的文本格式进行，可以在互联网上找到许多创业计划书的模板。

通常来说，创业计划书都应遵从"6C"规范。所谓"6C"规范就是concept（概念）、customers（顾客）、competitors（竞争者）、capabilities（能力）、capital（资本）、continuation（持续经营）。

concept（概念）就是要告诉别人你卖的产品、你提供的服务是什么；customers（顾客）就是要明确你的潜在顾客是哪些，是儿童还是女性或者其他，是年轻女性还是高级白领等；competitors（竞争者）就是要知道你的竞争者是哪些，你提供的产品和服务与竞争者相比存在哪些竞争优势；capabilities（能力）就是对自己的能力有清醒的认识，对选择的项目自己有没有能力经营好；capital（资本）就是对项目需要的资金有清楚的认识，通过什么途径可以更好地获得资金等；continuation（持续经营）就是项目在启动后如何更好地、持续地经营下去。

创业计划书一般包括摘要、综述、附录三部分。摘要是创业计划的概括，包括两至三页内容，附录部分主要是诸如营业执照影印本、专业术语说明、主要产品目录等一些附件。

综述部分是企业计划书的核心部分，是对项目的详细论证，主要包括事业描述、产品服务、市场分析、竞争分析、市场营销、风险分析、管理、投资回报与经营预测、财务分析等几个方面：①事业描述主要是对要进入的行业、所卖产品（或提供的服务）、目标顾客、产业的生命周期、企业的组织形式、开业时间、营业时间等进行描述。②产品服务需要描述产品和服务是什么、具有什么样的特性、与竞争者的差异、产品的生产过程等。③市场分析主要包括市场规模、市场结构与划分、目标市场设定、产品消费群体、消费方式、消费习惯及影响市场的主要因素分析、市场趋势预测、行业政策等几个方面。④竞争分析主要分析有无行业垄断、竞争者的市场份额、主要竞争对手的情况（包括公司实力和产品情况等）、潜在竞争对手的情况和市场变化分析、公司产品或服务的竞争优势等。⑤市场营销主要包括营销计划（区域、方式、渠道）、销售渠道、售后服务、销售队伍情况及销售福利分配政策、促销、市场渗透方式、产品价格方案等。⑥风险分析主要包括资源（原材料/供应商）风险、市场不确定性风险、研发风险、生产不确定性风险、成本控制风险、竞争风险、政策风险、财务风险（应收账款/坏账）、管理风险、破产风险等。⑦管理主要包括公司组织结构、管理制度及劳动合同、人事计划、薪资与福利方案等。⑧投资回报与经营预测主要包括投资回报及公司未来几年的销售数量、销售金额、毛利率、投资报酬率预估及计算依据。⑨财务分析主要包括财务分析说明、各项财务数据预测等。

NOTE

切实可行的创业计划可以减少失误，提高创业成功率。编制创业计划书是解决创业"怎么干"的问题，创业计划书是创业者的创业行动纲领，编制的过程就是把创业设想进一步系统化、条理化、理性化的过程，也是进一步分析判断项目可行性的过程。

五、创业实施

1. 筹措资金　资金是创业的首要因素。常言说："巧妇难为无米之炊。"要保障创业活动的正常开展，就必须筹集充足的创业启动资金。如果有充足的资金，自然会更有利于创业。但是对于刚刚步入社会、经济基础薄弱的大学毕业生而言，资金常常是一个比较大的问题。大学毕业生可以通过向朋友或亲戚借钱、从银行或其他金融机构借款、寻找合伙人投资、利用风险投资、租赁筹资、代理权筹资等途径筹集资金。值得一提的是，目前我国大学生创业，在一定程度上也吸引了风险投资的眼光，在创业初期，风险投资资金成为重要的创业资金来源。

对创业者来说，能否快速、高效地筹集到资金是创业成功至关重要的因素。筹集资金并非易事，很多时候，创业启动资金往往需要从多个渠道才能筹措到。选择何种融资方式，应结合投资的性质、企业的资金需求、融资的成本和财务风险，以及投资回收期、投资收益率、举债能力等综合因素。

2. 选择地点　虽然现在创业对地点的要求并不严格，甚至可以在网上开店，但是对于某些创业项目而言，地点的选择还是非常重要的。比如，开一个餐馆，地点的选择对于创业成功就起着关键作用。选择地点时要依据创办企业的要求，尽量选择适合企业发展的地段。如咖啡馆可以开在高校或者公司密集的地方，餐馆可以开在社区或者写字楼附近。

3. 注册开业

（1）登记　创业者应该依据自己创业的性质，依法办理企业法人登记或者营业登记，以取得经营权利。

依据《中华人民共和国企业法人登记管理条例》申请企业法人登记，须经企业法人登记主管机关审核，准予登记注册的，方可领取《企业法人营业执照》（简称《营业执照》），取得法人资格。未经企业法人登记主管机关核准登记注册的，不得从事经营活动。企业法人登记注册主要包括以下几项内容：企业法人名称、住所、经营场所、法定代表人、经济性质、经营范围、经营方式、注册资金、从业人数、经营期限、分支机构等。申请企业法人登记的单位应当具备下列条件：①名称、组织机构和章程。②固定的经营场所和必要的设施。③符合国家规定并与其生产经营和服务规模相适应的资金数额和从业人员。④能够独立承担民事责任。⑤符合国家法律、法规和政策规定的经营范围。

营业登记是指登记主管机关对从事经营活动又不具备法人条件的经营单位进行审查核准并颁发《营业执照》，确认其合法经营权的登记行为。办理营业登记的对象：①联营企业，不具备法人条件的联营企业，不能独立承担民事责任，因此只能申请营业登记。②企业法人所属分支机构，指企业法人设立的不能独立承担民事责任的分支机构，如分厂、分店、门市部等。③其他从事经营活动的单位。经营单位申请营业登记应具备以下条件：有符合规定的名称；有固定的经营场所和设施；有相应的管理机构和负责人；有经营活动所需的资金和从业人员；有符合规定的经营范围；有相应的财务核算制度。不具备法人条件的联营企业还应有联合签署的协议。

（2）其他法定手续　在取得经营权之后，还需要办理银行账户和税务登记等法定手续，承担国家法律规定的权利和义务。

税务登记又称纳税登记，它是税务机关对纳税人实施税收管理的首要环节和基础工作，是征纳双方法律关系成立的依据和证明，也是纳税人必须依法履行的义务。各类企业、企业在外地设立的分支机构和从事生产、经营的场所，个体工商户，从事生产、经营的事业单位，应当自领取营业执照之日起 30 日内向所在地地方税务机关申请办理税务登记。其他纳税人应当自依照税收法律、行政法规的规定成为纳税义务人之日起 30 日内向所在地地方税务机关办理税务登记。

创业项目的实施和组织，是创业活动的重点，也是创业活动的难点。创业项目的实施和组织不仅要求创业者有吃苦耐劳、不屈不挠的精神，更要求创业者讲究工作方法，合理组织调配人、财、物等资源，以实现创业目标。

课堂练习 1

创业项目的选择

1. 活动目标：创业计划的初期策划。

2. 活动过程：①班级同学分组；②根据已经给定的文字材料，各小组进行创业机会的分析与选择；③根据本小组选择创业项目特点进行创业计划的初期筹划，并列出大纲；④各小组选出代表在班级共享。

3. 讨论与分享：①面对一些商业信息，你们选择怎样的机会？②一个好的商业机会的特点是什么？

课堂练习 2

角色扮演

1. 设定创业项目组、创业团队组、筹措资金组、产品销售组。

2. 每个同学随机抽选一张扑克牌，对应四个组，抽到老 A 的同学为队长。

3. 每组根据自己的组名设定计划和实践步骤。

4. 创业项目组向同学们阐述自己的方案，通过何种方式得出最后的项目确定？

5. 创业团队组如何组建团队？需要将组内人员进行身份设定，依据是什么？

6. 筹措资金组通过表演形式展现集中融资方式。

7. 产品销售组利用实物向其他三组同学进行现场销售实验。

课 后 练 习

从以下创业项目中选择，或自己构思创业项目，完成一份创业计划书。

1. 中医门诊部或者民营医院。

2. 保健推拿按摩院。

3. 护理美容院。

4. 药品代理商。

5. 营养配餐服务。

6. 校园代理加盟。

NOTE

第六章　就业的心理调适

● 本章要点

通过本章的学习，了解择业时应具备的心理素质，正视就业过程中常见的心理问题，掌握相应的心理调适方法，能够从容客观地面对就业，并能在择业过程中做出正确的选择。

当前日益突出的就业问题已成为国家、社会广泛关注的热点和焦点。面对就业市场激烈的竞争，大学毕业生需要树立正确的择业观，保持积极的心态，客观地认识自我，认识就业形势，不断调整心态，调整求职策略，促进顺利就业。

第一节　毕业生应具备的心理素质

◎ 困惑与迷思

小李，男，针灸推拿学专业学生，家庭经济困难，上学费用靠亲友和国家助学金资助。该生性格开朗，入学后积极寻找勤工助学机会，缓解家庭经济压力。大学第二学期参加了学校专业社团"推拿协会"，积极学习推拿操作技能，凭借踏实、认真的学习态度，很快脱颖而出。从第二年暑假开始，小李将推拿技术和勤工俭学结合起来，技术进一步提高。通过职业生涯课程的学习，小李考虑到"五年制本科生到医院不容易找工作，家里还有弟弟妹妹上学"的实际情况，毕业时选择了一家养生会馆工作，凭借过硬的技术，很快得到了公司的重用。三年后，小李自己创业开办推拿保健中心，生意红火。

关键问题：从上述事例中可以看出，正确的自我定位、合理的学业与生涯规划、积极的求职心态是小李择业及事业发展成功的关键。

◎ 理论与讲解

良好的心理素质是保证大学生顺利就业的必要条件。面临竞争激烈的就业环境，大学毕业生不仅要做好知识与能力的准备，还应该具备良好的心理素质。积极的求职心态，可以使大学毕业生在面对困难与挫折时，沉着应对，不畏困难，勇敢前行，最终顺利就业。

一、积极面对，客观认知

（一）能够积极地面对就业

在就业过程中，积极、客观地面对就业现实是非常关键的。大学毕业生要学会做到既要直面现实，又能适应现实，以积极的心态面对就业竞争。要提前做好各项就业准备，如学习未来工作中需要掌握的基本技能、全面提高自己的综合素质、培养有效沟通的能力和执行力、正确地认识自我及就业形势等。同时，又要深入挖掘各种资源，广泛收集需求信息，寻找合适的职业目标，及时主动推销自己，大胆应聘，抓住机遇尽早签约。在面对困难与挫折时，能保持积极的心态，并采取积极行动，不断克服不利条件，创造有利条件，最终取得成功。

（二）能够客观地认知自我

客观地认知自我是择业中的关键环节。老子说："知人者智，自知者明。"每个人的兴趣爱好、能力水平、性格特质都不同，适合的岗位也不尽相同。因此，大学生在求职时，正确、客观地认知自我，努力使自我评价与社会对自己的评价趋于一致，达到人职匹配，确定合适的就业目标，有助于顺利就业。为了提高求职效率，大学生可以利用霍兰德职业兴趣量表、气质类型量表、人格量表等各种量表进行人职匹配测试，做到知己所长、知己所矩，知己所能、知己所不能。同时，根据自己的客观情况，及时调整择业目标，既不眼高手低做力不能及的事，也不妄自菲薄放弃可能的发展机会。

（三）能够客观地认知环境

1. 客观认知社会环境　对社会环境的正确认知，有助于主动把握社会的职业需求，并针对就业单位的不同要求，积极调整自己的知识结构，主动满足招聘单位需求。大学生可以结合当前政治、经济、文化等发展现状，分析自己即将进入的行业或者领域的发展趋势。如《中医药发展战略规划纲要（2016—2030年）》《中医药法》的颁布和大健康时代的到来，县区级中医院、基层医疗机构的用人需求量持续攀升，健康管理、保健养老、康复医院、体检中心、药膳药浴等企业的专业人才需求进一步加大，对中医院校学生的就业是一个非常利好的消息。随着社会老龄化程度的加剧，托老所、养老院、护理院、照料中心等市场需求持续走高，护理学、老年医学、康复治疗学等专业领域的学生将拥有大量的发展机会。

2. 客观认知学校环境　大学教育是按照专业门类来培养学生适应职业需要的基本素质和能力的过程。大学生不仅要学好专业知识，具有较高的专业能力，还要充分利用学校大学生就业指导平台获取必备的就业知识、技能和信息，利用大学生心理咨询平台学习情绪管理的方法和技巧，利用校友平台获取就业信息和就业帮助。此外，大学生在校期间还要积极拓宽自己的知识面，如利用学校的辅修、选修、双学位、证书考试等，拓宽自己的就业途径和范围。如护理学专业的学生在专业学习的同时，还可以辅修营养师、健康管理师等。

3. 客观认知家庭环境　家庭环境也是影响择业的重要因素。在就业过程中，大学生要综合考虑家庭成员的意见、经济收入、社会资源等情况，权衡利弊，顺利就业。特别是家庭经济困难的学生，更要考虑在就业过程中来自家庭经济方面的限制，如果家庭成员确实不能为自己提升学历层次提供经济保障，最好考虑先就业，待时机成熟，再选择是否继续深造或另选其他理想岗位。

二、拥有完善的人格

完善的人格是大学生心理健康的重要标志，人格健康决定着个体的顺利成长和成才。随着社会竞争压力的加剧和大学生自主择业模式的日益完善，大学生只有根据职业要求不断完善自己的职业特质，才能够使自己在激烈的竞争中脱颖而出。一般来说，人格健康表现为能够稳定

NOTE

地调控情绪、具有良好的人际沟通能力、能够积极地面对挫折等几个方面。

（一）能够稳定地调控情绪

情绪是人对一系列主观认知经验的通称。情绪具有组织、调节、动机和通讯的功能，是影响人们生活、学习、人际交往的重要因素。情绪常和心情、性格、脾气、目的等因素互相作用。积极的情绪可以促进认知的发展，消极的情绪则反之。情绪调节是个体管理和改变自己或他人情绪的过程。成功的情绪调节可以使个体处于良好的情绪状态，以适应社会和环境的需要。由于多种因素的影响，在择业过程中，大学生作为一个特殊的求职群体，面临着特定的压力与挑战，摆在他们面前的常常是希望与痛苦并存、失望与机遇同在。大学生在求职过程中，如果能够客观地认识遇到的压力和挫折，积极调节自己的不良情绪，以合理的方式缓解不良的心理状态、控制情绪低潮，顺利就业还是相对容易的。通过培养自己的情商等方式，还可以此不断进行自我激励、自我完善。

（二）具有良好的人际沟通能力

人际沟通能力指一个人与他人有效地沟通信息的能力，包括外在技巧和内在动因。美国著名人际关系学家卡耐基说："一个职业人士成功因素75%靠沟通，25%靠天才和能力。"在实际工作中，一个人的沟通协调能力是很重要的，良好的沟通往往会使人很快在工作中打开局面，赢得更加宽松的发展空间，并且有更高的成就感；而沟通不畅则经常会让人感到举步维艰，有较强的挫折感。大多数企业在选择毕业生时，如果学生专业能力相当，会优先选择沟通能力强的学生，甚至有的企业（如营销岗位）对毕业生专业知识要求相对不高，反而更强调人际沟通能力的重要性。良好的人际沟通也是大学生交流信息、获取知识、认识自我、完善自我的必要手段，还是大学生个性发展与社会协调进步的重要条件，对于医学类毕业生尤为重要。

（三）能够积极地面对挫折

挫折是指人们在有目的的活动中，遇到无法克服或自以为无法克服的阻碍，使其需要或动机不能得到满足的情况。就业是从学校进入社会的转折点，在此过程中遇到挫折是正常的。挫折并不可怕，以正确的心态合理地看待它，及时调整好情绪，把挫折转化为新的动力，不仅能够磨炼自己的意志，还会促进个体的飞速成长。如果用消极的心态面对挫折，就会导致意志消沉、一蹶不振等不良后果。所以大学生在求职时一旦遇到挫折，要保持冷静、理智，尽快重新树立信心，同时找出受挫原因，及时总结经验教训，认真分析存在的问题，从而找到解决问题的办法。应把挫折视为锻炼自身的宝贵机会、提高个人修养的难得磨砺，以加快自立自强的转化过程，成为新时代的开拓者。

三、拥有合理的职业价值观

职业价值观是价值观在职业选择上的体现，是人们对于职业目标、职业选择、职业价值取向的总体看法，也是一个人对职业的认识和态度及对职业目标的追求和向往。合理的职业价值观对大学生首次就业和未来职业的发展有着重要影响。合理的职业价值观可以帮助大学生确定合理的职业期望值，提高自我认知和职业认知能力，增强自主择业和竞争择业意识，树立正确的职业价值取向。同时能够帮助大学生适应择业过程中可能面临的复杂关系、各种矛盾冲突等问题，促使他们沿着正确的发展方向实现自己的人生理想，推动个人职业生涯的科学发展。

NOTE

◎ 课堂讨论

什么是完善的人格

1. 将学生随机分成若干小组，每组 10 人，设组长 1 名，记录员 1 名，每组发一张 A4 纸。
2. 请各组 10 名同学在 5 分钟内，针对"完善人格"提出自己的看法，记录员记录。
3. 由各组组长介绍本组对完善人格的认识。
4. 任课教师最后总结发言，并指出完善人格对就业的重要意义。

第二节　毕业生常见心理问题及原因

◎ 困惑与迷思

在大学毕业生就业过程中，常常会有一些不良现象：比如有的同学认为自己是人才，没有被某家单位录取，是单位不具慧眼；医学毕业生一门心思瞄准"大城市、大医院、高工资、高福利"的单位，错失了最好的择业时机；有的同学看到别人找到心仪的工作，就说风凉话、抱怨社会不公；有的同学看到社会上说骨伤科工资高、福利好，就一心只想到骨伤科工作；有的同学投了几份简历都没有被招聘单位录取，出现失眠、心慌的症状……

关键问题： 从上述种种表现可以看出，在大学毕业生就业过程中会出现嫉妒、攀比、自卑、自负等心理问题。如何帮助学生正视问题、端正心态、积极就业是非常重要的。

◎ 理论与讲解

当前就业环境下，人才竞争激烈，压力较大，大学毕业生在就业时难免会遇到各种各样的困难、挫折和冲突，从而引发一系列心理问题。对大学大学生在就业过程中严生的心理问题进行全面的分析，有助于帮助他们树立正确的择业观，排除心理的困扰，从而亢出就业的误区。

一、常见心理问题

当前大学毕业生常见的心理问题有因认知偏差导致的盲目攀比、自卑、自负、依赖等心理问题，也有因情绪调解不当导致的焦虑、嫉妒、消极等不良情绪。

（一）急功近利

急功近利心理是指大学毕业生在择业时过分看重地位、看重待遇，甚至为了眼前利益宁可放弃长远职业规划的一种表现。据调查结果显示，大学毕业生择业时优先考虑收入因素，其次才是个人价值实现、权利和社会地位、地理因素及未来发展机会等，这直观也体现了大学毕业生择业的功利性。更具体表现：对工作岗位过于挑剔，要求太理想化，既要求单位经济效益高、福利待遇好，又要求单位提供优雅的工作环境、高人一等的社会地位和广阔的发展空间。例如在报考公务员的过程中，某些满足自身利益需求的岗位，总是出现几百人竞争一个岗位的现象，而周边地区、工作环境较差、工作压力较大的岗位则无人问津。虽然这种功利思想受现实和各种社会思潮的影响，有其客观的一面，但这种择业方式忽略了职业兴趣、能力和发展前景等重要因素，容易导致人职匹配不当，不论对社会发展还是对个人发展都极为不利。长此以往，甚至会影响社会的和谐与稳定。

（二）盲目攀比

盲目攀比是指不顾自己的具体情况和条件，盲目与高标准相比。通常产生攀比心理的个体与被选作为参照的个体之间往往具有较大的相似性，导致过分夸大尊重的需要，虚荣动机增强，甚至产生极端的心理障碍和行为。部分大学毕业生求职择业过程中总会抱有不同程度的攀比心理，主要表现就是忽视自身特点，对自我缺乏客观正确的分析，不从自身实际出发，不考虑择业时的各种综合因素，而是盲目攀比，以谁去了知名度高、效益高的单位，谁去了大城市或高层次部门作为自己价值的标准，更有甚者，会出现急功近利、求大求全的想法，只看到别人的工作比自己好的方面，却忽略了这份工作是否适合自己，而白白错失宝贵的就业机会。

（三）自卑

自卑心理是一种缺乏自尊、自信的心理状态，它往往产生于暂时性挫折，其主要原因是自我认知不足。自卑的人总是用自己的劣势对比别人的优势，从而造成自尊和自信的受挫。大学毕业生初次就业时，由于就业面窄且缺乏必要的心理准备，加之承受能力也较差，一旦遇到挫折和困难，极易产生自卑心理。自卑心理的主要表现是对自我评价过低，在就业过程中缺乏展现自我、推销自我的信心，模糊或否认自己的优势，逃避就业中的竞争。部分大学毕业生还会自认为所学不是热门专业或者学习成绩不如别人而丧失勇气，特别是当屡遭挫折时，对比成功应聘的同学，更容易加重自卑的心理，从而严重影响就业。

（四）自负

自负心理与自卑心理相反，是由于自我评价过高而产生的一种心理状态。这种心理容易在一些名校或专业紧俏的大学毕业生中出现。在自负心理的驱使下，部分大学毕业生就业时好高骛远，盲目地表现出优越感，易给招聘单位留下"眼高手低"的不良印象。在就业过程中对招聘单位过分挑剔。"非大城市、大医院、大企业不留"，而否定急需人才的中小医院、偏远地区的医院或私企，给招聘单位留下狂妄、好高骛远、缺乏自知之明、难以合作的不良印象。最后导致高不成低不就的境地，甚至容易因为达不到心理预期而导致悲观失望。

（五）依赖

依赖是指外来物质进入人体引起的一种心理生理过程的依赖性。依赖性的产生往往和家庭环境、家庭教育有着密切的关系。部分大学生从小养尊处优，始终在父母和老师的指导下学习、生活，很少自己独立做决断，造成社会经验缺乏、社会竞争的意识不强、主动推销自己的信心不足，面对初次就业，会感到无所适从。他们没有为就业做充分准备的认识，却将希望完全寄托于学校、老师及亲人身上。从个人长远发展来看，这样对外部条件过于依赖的心理会令人丧失主观竞争和发展的意识与能力，长此以往，必将被社会淘汰。

（六）从众

从众心理与依赖心理类似，但也有不同，更多表现为个体受群体影响而出现的思想与行为的趋同。具有从众心理的大学生在求职过程中，易受外部干扰，从而不能冷静客观地分析自己的职业规划，习惯用大众的价值观来衡量自身，认为"大多数人钟情的一定是好的"，如盲目从众报考公务员、考取各类证书和考研。由于没有主见，他们不考虑自己做出的选择是否符合自身特点，缺乏自我探索和独立思考，导致在求职中屡被淘汰，或者即便找到工作也会在发展中受到限制和阻碍。

（七）焦虑

焦虑是一种缺乏明显客观原因的内心不安或无根据的恐惧，是人们遇到某些事情如挑战、困难或危险时出现的一种情绪反应。焦虑心理对于面临就业的大学毕业生来讲非常普遍，常见原因主要包括因等待时机引发的焦虑、与招聘单位双向选择引发的焦虑、实习与就业之间冲突引发的焦虑及社会适应能力较差引发的焦虑等。在专业冷门、性格内向、能力不高的大学毕业生中，焦虑心理表现得尤为突出，贫困生和某些特定专业女生也是焦虑心理的高发人群。通常，焦虑心理对就业后的发展影响不大，甚至适度的焦虑可以成为一种激发自身潜力、完善自我认知的良性刺激。但是一旦焦虑较重而不能及时缓解，就有可能发展成为更加严重的病态心理，导致生理上一系列负面症状，例如头晕、易怒、失眠、注意力不集中等，严重影响择业就业。

（八）嫉妒

嫉妒是由于自己某方面被他人超越或彼此距离拉近时所产生的一种负面情绪，也是在就业过程中常见的心理问题。产生这种心理的原因在于将别人的进步视为对自己的不利与威胁。嫉妒心理往往会导致大学毕业生为求一时心理平衡，采用不道德手段对别人加以诋毁与中伤。例如，在就业过程中，当其他同学获得一份优越的工作时，某些同学很容易陷入一种技不如人的痛苦中，开始的羡慕往往会转变为不满和不甘心。这时如果不能调整好情绪，可能会做出冷嘲热讽、挖苦别人等行为，更有甚者会做出造谣诋毁等破坏他人就业计划等行为。嫉妒心理不仅可能破坏同窗友谊，还会造成自身困扰，影响自我综合素质的提升。

（九）消极

消极情绪是指在某种具体行为中，由外因或内因影响而产生的不利于继续完成工作或者正常思考的情感，常见于性格内向的大学毕业生。消极情绪包括忧愁、悲伤、愤怒、紧张、焦虑、痛苦、恐惧、憎恨等。有些大学毕业生在求职中遇到挫折，没有合适的宣泄渠道，又不擅长自我排解，在连续打击之下，很容易出现情绪低落、意志消沉的现象。长此以往，会失去进取的动力，严重的还会升级为抑郁症，甚至出现轻生的念头。因此，就业过程中的消极情绪必须加以重视。

二、心理问题产生的原因

（一）社会原因

1. 供需不平衡　1999 年高校扩招致使大学毕业生人数飙升，涌入劳动力市场的大学毕业生数量激增；同时，经济体制改革促使各行各业的发展打破原有状态，产业技术更新换代加速，导致就业竞争偏向于更高层次展开，例如名校之间、重点院校与地方院校之间、学历层次之间。在这种严峻的就业形势下，大学毕业生容易产生心理问题，特别是部分心理素质较差或抗压能力较弱的学生。

2. "人才高消费"　一些招聘单位盲目追求高学历、高学位，例如大专生可胜任的工作却往往会将就业门槛设为大学本科甚至研究生学历。有的招聘单位还要求本科和研究生阶段均

NOTE

就读于"985""211"等重点院校。这样的现象会导致大量的人才浪费，并进一步加大了毕业生的就业压力，导致部分毕业生出现心理失衡，从而引发各种心理问题。

3. 就业歧视　就业歧视包括性别、户籍、身体、经验、学历等方面存在的歧视。例如，有些岗位要求相关工作经验几年以上，有的工作不接受女性应聘者或优先录取当地应聘者。正是由于歧视现象的存在，许多大学毕业生受到不公平待遇，从而增加其消极的社会认知，并导致对就业的积极性和自信心发生动摇，引发一系列的心理问题。

（二）学校原因

1. 教育教学改革相对滞后　目前，我国正处在社会经济转型期，产业结构不断调整升级，对于人才的需求呈现多样化。学校在改革过程中，由于缺乏科学预测和规划，会使得某些专业设置与课程安排不合理，教学改革与师资水平相对滞后，造成人才培养与社会需求脱节，进而影响了大学毕业生就业。

2. 心理辅导工作相对不足　大学生择业期间，基本都在实习单位生活学习。实习单位对实习生的就业心理往往关注相对不足，缺乏有效地疏导和应对。有的实习单位未设置专门的心理健康教育机构，有的虽然设置了相关机构，但各方面投入有限，师资、宣传等不到位，这些都严重影响了心理辅导工作的顺利展开。

（三）家庭原因

1. 父母期望过高　受中国传统观念影响，部分学生的父母习惯将自己的意愿强加在子女身上，并单方面为其决定未来发展方向，希望选择大城市、高报酬、条件好的招聘单位，而忽视了子女的实际情况和自身想法。这种过高的期望会加剧大学毕业生焦虑、恐惧等负面心理的产生。

2. 父母忽视子女心理状态　传统家庭教育中，子女成绩是父母最关注的指标，而子女的心理状态往往成为最易忽视的方面。当子女在就业过程中遭受挫折时，父母往往不能及时了解并疏导子女的负面情绪，容易导致其心理问题的忽视与加剧。

3. 家庭境况　家庭经济水平和家庭成员的关系是影响大学生择业的重要因素。一般而言，家庭经济困难的学生在择业时更注重物质需求，而容易忽视自我需求和自我发展。家庭关系紧张的学生则会因想逃避家庭问题而选择背井离乡。

（四）学生原因

1. 自我认知不清　大学期间，学生心理还处于成长阶段，尚不稳定，易出现情绪波动；而且很多学生缺乏客观分析和认知自我的能力，考虑问题具有很大的主观性和片面性，缺乏理论联系实际的能力。因此，在就业时易带有相对盲目性。如不清楚自己的就业目标，不明确自己的优势特长，对自己理想、兴趣、性格、价值观等方面缺乏全方位的定位和认知，不能对所学的知识和能力系统评估；同时，也不能客观地对自己和外部环境做出准确地评价和定位，导致两者不能匹配而成功就业。

2. 抗挫能力弱　大学生在校学习期间没有经历过太多挫折和磨难，心理尚不够成熟，对未来估计略显不足。面对如此激烈的就业竞争，容易产生较大的情绪波动，而且没有太多有效手段排解。另外，传统家庭对子女的溺爱也会导致部分大学毕业生缺乏独立性，人际交往能力不足而影响其抵抗挫折的能力。就业过程中一旦受挫，易导致自卑、消极等心理问题出现。

3. 能力储备不足　面对激烈的就业竞争，招聘单位对大学毕业生的综合素质提出了越来越高的要求。但是部分大学毕业生在能力储备方面仍存在缺陷，如有的学生只注重知识的学习而忽略自身能力的提高和就业技能的培养；有的学生基础知识不扎实，综合能力有缺陷；有的学生依赖性强，缺少独立解决问题、解决困难的能力；有的学生过分强调自我价值的实现，忽略了道德观念的培养、完善人格的养成；有的学生没有职业规划，存在择业的盲目性等。这些因素都会造成大学毕业生就业时的心理失衡，进而影响成功就业。

🧑‍🤝‍🧑 课堂分享

"我的就业困惑和应对措施"

邀请某单位 3～5 名近三年的新进员工，到课堂分享自己的就业经历及心理调适过程。

第三节　心理问题的自我调适

🔍 困惑与迷思

小王，女，某中医类院校卫生事业管理专业应届本科生。该同学性格内向，学习刻苦努力，成绩优秀。择业期间，每次学校招聘会，她都积极参加面试。由于性格和专业原因，每次都是空手而归。看着别的同学甚至有些成绩比她差的都找到了工作，心里很不是滋味。于是本来性格就较内向的她变得越来越自闭，不愿意和别人打交道，甚至出现焦虑、头疼、失眠的症状，内心十分矛盾、痛苦。

关键问题：通过小王的求职表现，可以发现她因为在求职过程中屡次受挫而变得自卑、自闭，类似情况在大学毕业生求职过程中也较为常见。针对此类学生，要积极引导并给予帮助，及时合理调试，促进顺利就业。

🔍 理论与讲解

大学毕业生在求职过程中难免会遇到各种困难和挫折，并出现种种心理不适的情绪反应。此时，大学毕业生应学会一些常用而且有效的心理调适方法，保持心理平衡，舒缓不良情绪，充分发挥个人潜能，提高就业能力。

一、调整就业期望

1. 认清就业形势　大学毕业生要认清日趋严峻的就业形势，树立与经济和社会发展相适应的就业观。第一，在择业前，大学毕业生要分析客观实际，正确认知自我、认知就业环境、认知社会需求，找准自己与社会需求的最佳契合点，以良好的心态迎接社会的选择；第二，要敢于竞争，在客观自我评价的基础上，充分相信自己的实力，敢于通过竞争去实现自己的人生目标；第三，当获得一个理想职业的时机还不成熟时，须从自身的实际情况出发，树立"先就业，后择业、再创业"的意识，把先就业当成取得个人职业生涯经验的重要经历，然后通过合理的职业流动逐步实现自我价值。

2. 转变就业观念　传统就业观认为，大学阶段学习的专业与大学毕业后从事的工作应密切相关。在当前供大于求的就业形势下，大学毕业生应该转变过分强调专业对口、非本专业岗位不就业的想法，进一步解放思想、与时俱进，不拘泥于本学科、本专业，拓宽就业领域。如临床类医学生不必只拘泥于临床医生岗位，亦可从事保健、药膳、养生、康复、美容、家庭护理、临终关怀、医药销售、保险公司的医药核赔师、专门处理医疗事故的律师等职业。

3. 合理调整期望值　就业期望值高是大学毕业生就业时的一个普遍现象，也是人之常情。但是，这个期望必须建立在正确认识社会需求与自身竞争条件的基础上。大学毕业生可以根据现实需求、自身条件，灵活地调整自己的就业期望值，寻找适合自己的岗位，力求做到自身与社会协调同步发展。合理调整就业期望值不是对单位不加以选择，而是在自己的现实条件基础上重新规划职业发展路径，树立长远职业发展观念。如可以选择从大中城市走向中小城市，从繁华都市走向乡镇基层，从公立三甲医院走向非公有制卫生医疗机构就业。

二、正确认识与悦纳自我

悦纳自我是指个体能正确评价自己、接受自己，并在此基础上使自我得到良好的发展。以愉悦的心情接纳自己、容纳自己，接受自己的优点和缺点，明白自己的能力所及，并根据自身的条件，在悦纳自身的基础上调节自身行为，不断完善和塑造自我，促进自身发展。

1. 客观地认识自己　客观地认识自己包括对生理自我、心理自我及社会自我的认知。生理自我的认知是指个体对自己外表及生理状况的观察和了解，包括个体的外貌、风度、健康状况等方面；心理自我的认知指个体对自己精神世界的观察和了解，包括对自己的智力、能力、性格、兴趣、爱好、特长等方面的观察和认识；社会自我的认知是个体对自己的社会地位的观察和认识，对大学生来说，主要是自己在班级学校中的位置和作用、公共生活中的举止表现及社会适应能力。总之，要客观全面地了解和评价自己。

2. 欣赏自己的优点　每个人都是独一无二的存在，每一个独特的"我"都有优点与不足。在客观地认识自己的基础上，发现自己的优点，欣赏自己的优点，帮助自己获得自信，从而更加勇敢地面对生活。

3. 接纳自己的缺点　敢于正视自己的弱点，悦纳自己的缺点和不足。事物都具有"相对性"，每个缺点都对应着相应的优势。因此，学会将缺点进行积极赋义，有助于帮助大学生接纳自己的缺点。

三、常用的自我调适方法

（一）理性情绪法

理性情绪法是美国心理学家阿尔伯特·艾利斯创立的，他认为人的情绪和行为障碍不是由于某一激发事件直接引起，而是由于经受这一事件的个体对它不正确的认知和评价所引起的信念，最后导致在特定情景下的情绪和行为后果。人的不良情绪产生根源来自人的非理性观念。调整对诱发事件的认识、评价和态度，转变非理性信念，可以消除不良情绪的困扰。

大学毕业生在运用理性情绪法时，首先应分析自己在就业过程中出现了哪些消极情绪，从中分析、综合、概括出相应的非理性信念，并对其进行挑战、质疑和论辩；同时对比两种信念状态下个人的内心感受，鼓励自己向理性信念方面转化，从而排除不良情绪。如大学毕业生在择业过程中受到挫折便出现消沉、苦闷或怨天尤人的心理，其主要原因在于自身意识中存在"我非常优秀，单位应该会要我""我过去事事顺利，这次也不应例外"等想法，如果将这些想法加以纠正，不良情绪在一定程度上可以得到控制。大学毕业生可以通过个人职业生涯规划来确立适当的自我概念、全面平衡的自我概念和环境认知，可以帮助摒弃非理性信念。如通过个性测试，明白"我是谁"；通过能力分析、环境分析，加强对职业的了解，明白"我能做什么"。

（二）合理宣泄法

合理宣泄法是指把不良情绪通过合理的方式释放出来，防止心理疾病的产生，是排除不良情绪的积极方式。为自己的不良情绪找一个合理的方式宣泄，可以使焦虑和紧张的心境得到缓解和改善，适度倾诉、写日记、流泪等都是不错的选择。在择业过程中遇到心理困扰时，适度倾诉可将不良情绪随着语言的倾诉逐步转化出去，如可向挚友、师长、家人倾诉忧愁和苦闷，使不良情绪得到疏导和释放，在获得更多的情感支持和理解的基础上重新起航；如果一时找不到合理的倾诉对象或不便向他人倾诉，也可以用写日记的方式宣泄，在重新认知自己情绪的过程中，不良情绪也得到了宣泄；此外，哭也是一种很好的情绪宣泄方法，通过流泪、哭泣将自己内心的苦水倒出来，既可以释放情感能量、调节情绪，也可以将人体内因情绪紧张或悲伤而产生并积累的不良情绪排泄出来，缓解紧张情绪。需要注意的是，宣泄要适度，使用宣泄法要注意场合、气氛和方式，并应是无破坏性的。

（三）注意力转移法

注意力转移法是指个体主动把注意力从引起不良情绪反应的刺激情境转移到其他情景或从事其他活动的自我心理调节方法。大学毕业生在就业过程中出现不良情绪时，可以采取转移注意力的方法，主动离开使心理困惑的场景，寻找一个新的刺激，激活新的兴奋中心，使不良情绪逐渐消失，调整心智达到平衡。如听音乐、做体育运动、郊游、网上冲浪等。

（四）自我暗示法

自我暗示法指通过主观想象某种特殊的人与事物的存在来进行自我刺激，达到改变行为和主观经验的目的。自我暗示法可以分为积极和消极的自我暗示，积极的自我暗示又称自我肯定，是在内心认为自己正在进步，可以成功并且会越来越好。通过进行肯定自我的练习，用一些积极的思想和概念来替代过去陈旧的、否定性的思维模式。

自卑感强烈的同学可以通过积极的自我暗示来增强自信心。平时多用肯定的语气，如"我能行""别人能干的事我也能干""有志者，事竟成""事在人为""坚持就是胜利"等，增加自己战胜困难与挫折的勇气。用书面形式罗列自己的优势和长处，如个性方面的优势、专业知识技能方面的优势、自己的特长、自身的道德修养、人际交往方面的优势等，张贴或摆放在醒目的地方，时时刻刻提醒自己，增强自信心。还可以把自己人生中曾经成功的案例罗列出来，以这些成功的案例激励自己，以增强自信心，达到积极暗示的效果。

（五）放松训练法

放松训练法是指使机体从紧张状态松弛下来的一种练习过程。放松训练的直接目的是使肌肉放松，最终目的是使整个机体活动水平降低，达到心理上的松弛，从而使机体保持内环境平衡与稳定。常见的放松训练法有深呼吸放松法和想象放松法。

深呼吸放松法见效快并且最容易做，具体做法是采用鼻子呼气、腹部吸气。双肩自然下

NOTE

垂，慢慢闭上双眼，然后慢慢地深深吸气，吸到足够多时，憋气2秒钟，再把吸进去的气缓缓地呼出。自己要配合呼吸的节奏给予一些暗示和指导语，呼气的时候尽量告诉自己现在很放松很舒服，注意感觉自己的呼气、吸气，体会"深深地吸进来，慢慢地呼出去"的感觉。重复做这样的呼吸20遍，每天两次。该法适用于紧张场合。

想象放松法是心理咨询与治疗常用的技术之一，运用时常结合暗示、联想等方法一起进行。想象最能让自己进入舒适、惬意、放松的情境，通常可以想象在大海边。给别人放松时，要注意语气、语调的运用。自我想象放松可以自己在心中默念，节奏要逐渐变慢，配合呼吸，积极地进行情境想象，尽量想象得具体生动，全面利用五官去感觉。想象放松方法，初学者可在别人的指导下进行，也可根据个人情况，自我暗示或借助于录音来进行。

（六）自我慰藉法

自我慰藉就是自我安慰，实际是自我辩解。人不可能事事顺心，如果遇到困难，已尽了主观努力仍无法改变时，可说服自己适当让步，不必苛求，找一个可以接受的理由让自己保持内心的安宁与稳定，承认并接受现实，消除焦虑、抑郁情绪，有助于保持心理的平衡。"算了""不要紧""会过去的"是自我安慰时常用的词语。

🖰 课堂训练

造句练习

请同学们根据对自己的评价进行造句训练，轮流发言，造句越多越好。

造句格式："我虽然某（方面较差），但在某（方面较强）"；"某人在某方面较强，我在某方面较强。"

要求：每一个同学轮流站起来发言，抬起头，目光看着同学们，大声将自己造的句子说出来。要求每个同学发言完毕，老师带领组员们热烈鼓掌。

词句转换参考：缺乏激情→冷静；易冲动→善于抓住来之不易的机会；爱面子→自尊心强、有自信；急躁→做事迅速、有效率、有激情；太容易相信人→善良、不做作、纯真；有时固执→坚持正确的观点，最后必胜；爱耍性子→情绪宣泄，不易生病；特别内向→善于思考；好出风头→善于推销自己。

第四节　招聘单位及招聘者的心理

🖰 困惑与迷思

小王，女，南方某中医药大学应届毕业生，家乡为北方某省，距学校2000多公里。该生在校期间性格开朗，担任学生干部，学习成绩优秀。在学校招聘会期间被学校所在城市一家中型医院看中，参加了该医院的最终复试。面试时，小王优异的表现受到了面试组专家的一致好评。面试结束时，面试组组长问了小王一个问题："如果家乡有更合适的单位，你回家乡还是留在我们这里呢？"小王犹豫了一会说："到时候再和父母商量吧。"小王会被这家单位录取吗？

关键问题：可想而知，小王的本次面试以失败告终。任何单位都不愿意成为员工成才的跳板，因此，如何引导大学毕业生正确认识和把握招聘单位的用人心理和招聘者的心理是大学毕业生就业中不可忽视的问题。

🔍 **理论与讲解**

在择业过程中，全面了解招聘单位的用人心理、准确把握招聘者的心理状态，做好积极准备，有助于大学生成功就业。

一、招聘单位的心理

招聘单位招聘时，首先确定用人目标、拟定招聘条件。对大学毕业生的要求常常包括综合素质高、专业对口、具有团队精神、执行力强、忠诚于单位、理念与企业文化合拍等多项内容。其心理可概括为以下几个方面。

（一）求"忠"心理

招聘单位的求"忠"心理，主要表现在考察应聘者对单位的"忠诚度"和对企业文化的"认同度"两个方面。在招聘过程中，不少招聘单位把"忠诚度"放在首位，高于学历、性格、工作能力、工作经验等条件。他们认为员工队伍必须要稳定下来，工作能力可以后期培养，工作经验也可以积累；希望自己花人力、财力培养出来的人才，最终能够为自家企业服务，并带来效益。优秀的企业在招聘时会特别注重选择认同和理解自己文化的员工。他们会通过应聘者衣着仪表、言行举止、个性特点，考察其职业形象、职业定位、职业发展意愿是否与企业需求、企业文化与发展趋势相符合；也会通过提出隐含企业文化的问题、设置隐含企业文化的情境，观看应聘者如何表现。

（二）求"专"心理

专业对口是招聘单位录用人才的重要标准。他们希望新进人员依托所学的专业知识、专业技能尽快适应工作岗位，做出贡献。这一要求在医学、工科、经济、法律等专业性较强的行业表现得比较突出。如随着医学的发展，医院分工越来越细，对应聘者的专业背景要求日趋严格，原来医院的康复理疗科，前几年还招聘针灸推拿学专业的学生，近两年则将专业限定为康复类专业。

（三）求"能"、择"优"心理

在忠诚、专业对口的前提下，招聘单位还希望自己招聘的人员素质高、能力强、发展潜力大，希望优中选优，通过笔试、心理测试、面试等多种方式考核应聘者的综合素质和能力。如通过无领导小组面试考察应聘者解决问题、口头表达、组织协调、说服和非语言沟通表达等能力，考察自信心、团队精神、人际协调能力等个性特点和行为风格；通过结构化面试了解应聘者的性格、人际关系、工作能力和职业规划，观察他们对工作的热诚度及责任心。

二、招聘者的心理

招聘者对大学毕业生成功就业起着举足轻重的作用，了解和理解他们在招聘过程中的心理及其特征，做好有针对性的准备，是大学毕业生必须完成的作业。

（一）首因效应

首因效应实际是指"第一印象"效应，第一印象能够在对方的头脑中形成并占据主导地

NOTE

位。应聘者的仪表、言谈、举止、气质和反应力等初始印象，最容易给招聘者留下深刻持久的感觉印象。一般来说，衣着得体、举止大方、彬彬有礼、精神饱满、机敏干练、踏实坦诚、性格开朗、信心十足的人，会给招聘者留下良好的第一印象。

（二）优势心理

由于招聘者在面试时处于主导地位，无论是有意识还是无意识，都会让其产生居高临下的心理倾向，进而从坐姿、面部表情、询问语气等行为和态度上表现出来。招聘者的优势心理常常会给应聘者造成压力，不利于双方沟通，还容易造成面试结果评定上的个人倾向性。应聘者要理解并正视招聘者的这种心理，从容自信地与其进行有效交流，从而赢得面试成功。

（三）定式心理

定式心理是指招聘者受长期工作的影响，在面试时产生的一种固定思维模式。他们往往自然不自然地将现在的应聘者与以往面试成功、类型相似的人进行对比，常常表现在对某一类问题不停地追问或一言不发。这种心理容易产生主观色彩，影响评价的客观性，需要应聘者随机应变，及时把握对方心理定式，有针对性地回答提问。

（四）质疑心理

招聘过程中，当招聘单位对应聘者的简历内容、谈话内容和某些行为产生怀疑时，容易出现质疑心理。如简历内容中有"获奖证书""担任职务"的经历，却没有相关的佐证材料；面试中谈到自己有某方面的特长，但又表现不佳。因此，应聘者在求职过程中要充分准备自己的应聘材料，实事求是地展现自身优势。

（五）晕轮效应

晕轮效应是指在人际交往中，人某一方面的突出特点掩盖了其他方面的特点，从而造成人际认知的障碍。特点鲜明的大学生面试时，容易诱发晕轮效应的产生，让招聘者出现"一好百好，一差百差"的评估偏误。如一手好字的简历会让招聘者产生"字如其人"的感觉；一个好嗓音在电话面试时也会占有很大的优势；而一个个性张扬的人会让面试官产生"靠不住"的印象。

（六）疲劳心理

疲劳心理常常出现在求职简历初选和第一轮面试的中后期。海量的简历、重复性的工作、注意力长时间高度集中，都会造成招聘者视觉、脑力、体力的疲劳，从而出现注意力不集中、漫不经心、应付等行为。这种心理偏差和行为表现常常会影响面试工作的气氛，影响应聘者的正常发挥。面对这种情境，应聘者要适当调整面试策略，简洁明快、重点鲜明的简历和饱满激情的面试姿态都会调动面试官的激情，促进面试顺利进行。

🔍 课堂视频

就业指导教师组织学生分组，到本专业就业目标代表单位采访人力资源部经理。了解招聘单位的人才需求和面试要求，返校后编辑整理供课堂教学使用。

注意事项：采访小组成员以2～3名为宜；目标单位尽量全面，如临床类专业，采访单位应该包括大中小型医院、卫生管理机关、医药销售企业、医疗保健机构等。

课后作业

1. 通过网络等方式，查找本行业国家中长期发展规划纲要和最新国家政策，并分析这些政策对本专业就业的帮助。

2. 放松训练，学会深呼吸放松法、想象放松法。

3. 通过本章的学习，探索适合自己的心理调适方法。

课后讨论

以寝室为单位，讨论就业中常遇到的心理问题，并探讨解决问题的办法。

NOTE

第七章   就业的法律问题

● 本章要点

通过本章的学习，了解常见的就业侵权、违法行为，掌握保护毕业生就业权益的方法与途径；通过案例分析与课堂练习，熟悉毕业生本人、用人单位、学校三方各自享有的权利与应尽的义务，使其能在就业过程中正确地使用法律武器维护自己的权益并履行自己的义务。

第一节   毕业生法律事务

🔍 困惑与迷思

大学毕业生小李在毕业当年参加了研究生入学考试，录取结果要等到 4 月份以后才知晓。小李对能否录取没有十足的把握，因此，录取结果公布之前不敢放弃找工作的机会。于是，在 2 月下旬的校园招聘会上，小李参加了其认为较为理想的用人单位的招聘并当场被告知同意录用。在签订协议书之前，小李犹豫了：如果如实告知用人单位自己考研的情况，担心人单位就不会与自己签订协议了，万一考研不成功，也就失去这个宝贵的机会；如果不如实告之，担心要承担违约责任，因为她首选是读研究生。

关键问题：就业协议书一经签订，就对当事人具有约束力，任何一方不得随意解除，否则就要承担违约的责任。如果有特殊情况，在签订协议前，毕业生可以和用人单位当面协商，并将协商结果作为解除条件的约定写入就业协议书中。约定条件一旦成立，毕业生可依约定解除协议，而无须承担违约责任。

🔍 理论与讲解

大学毕业生在就业过程中，为了明确自己与用人单位各自的权利与义务，需要以文书的形式签订就业协议书和劳动合同，这两种文书都具有相应的法律效力，一旦签订，各方必须遵守。

一、就业协议书

（一）了解就业协议书

1. 什么是就业协议书　就业协议书是大学毕业生与用人单位、学校三方协商签订的关于毕业生就业意向的初步书面约定，也是一份用于明确毕业生、用人单位和学校三者之间权利和义务的书面表现形式。协议条款应该是协议主体三者之间权利和义务的表述和诠释，是三者真实意愿的表达，对三方均具有约束力。协议书一经三方签字盖章，即具有法律效力。

《全国普通高等学校毕业生就业协议书》一般由国家教育部或各省、自治区、直辖市就业主管部门统一编制，由学校发放，毕业生签字，用人单位盖章，一式三份，毕业生、用人单位和学校三方签署各执一份。签署就业协议书是一个法律行为，三方都要承担各自的责任和义务。就业协议书是学校制订、国家审批毕业生就业派遣计划的依据，也是毕业生本人办理报到、用人单位接转毕业生行政和户口关系的依据。

2. 就业协议书的法律性质与地位　毕业生所签订的就业协议书，其主体是平等的，是在毕业生与用人单位两方意思表示一致后订立的，并且协议书所涉及的权利义务均属于我国民事法律调整的范围，所以毕业生就业协议书具有合同的属性。协议在毕业生到单位报到、用人单位正式接收后自行终止。就业协议书起到保护毕业生、用人单位各自权益的作用。

（二）就业协议书的签订

1. 就业协议书签订的基本原则

（1）**主体合法原则**　签订就业协议书的当事人必须具备合法的主体资格，如果大学生在派遣时未取得毕业资格，用人单位可以不予接受而无须承担法律责任。对于用人单位而言，必须具有从事各项经营或者管理活动的能力，单位应有录用大学毕业生计划和录用自主权，否则大学毕业生可解除协议而无须承担违约责任。

对学校而言，学校根据用人单位的要求如实介绍大学毕业生的在校表现，也应如实将所掌握的用人单位的信息发布给大学毕业生，并最终根据就业协议书的内容及时准确地编制大学毕业生就业计划和派遣方案。

（2）**平等协商原则**　就业协议书签订的过程中，签约各方的法律地位是平等的，一方不得将自己的意志强加给另一方。学校也不得采用行政手段要求大学毕业生到指定单位就业（不包括有特殊情况如定向委培的大学毕业生），用人单位亦不应在签订就业协议书时要求大学毕业生交纳过高数额的风险金、保险金，当事人的权利义务应是一致的。除协议书规定内容外，如有其他约定事项应在协议书"备注"内容中加以补充确定并签字确认同意。

2. 就业协议书签订的基本程序

（1）大学毕业生和用人单位达成协议并在协议书上签名盖章，用人单位应在协议书上注明可以接收大学毕业生档案的名称和地址。

（2）用人单位进人如须经主管部门同意，则协议书上还应有用人单位上级主管部门的批准盖章。

（3）学校审核协议书无误后同意并加盖公章，同时及时将协议书反馈给用人单位和大学毕业生，签订后的协议书一式三联，由高校、用人单位和大学毕业生各执一联。

3. 就业协议书签订时应注意的事项

（1）**熟悉国家就业政策和学校就业规定**　原则上，毕业生只能与一家用人单位签订就业协议书。学校就业主管部门在毕业生签订就业协议书过程中实行监督和管理职责，并依据上级有关政策规定对大学毕业生就业流向实施必要的宏观调控，确保大学毕业生签订就业协议书在有关政策和规定范围内进行。

（2）**明确违反协议的责任**　大学毕业生在与用人单位签订就业协议书前，首先要认真阅

NOTE

读就业协议书中的全部条款，了解条款的内容和含义，明确违反协议所需承担的责任等。

（3）其他需要注意的事项　　大学毕业生在与用人单位签订就业协议书前，要了解用人单位有无独立的进人权，否则，用人单位的上级主管单位对协议内容不认可，学校便不能派遣大学毕业生。在签订就业协议书时，可以在备注上另外注明大学毕业生与用人单位之间的其他约定。例如对于违约金收取数额的问题、签约后如若考取研究生或参加规培应如何约定等常见问题。

近年来，部分民营企业在招人用人上存在不规范的问题引起了人们的关注，准备到民营企业就业的大学毕业生应增强自己的法律意识，主动与企业签订劳动合同，善于用《中华人民共和国劳动法》（简称《劳动法》）和《中华人民共和国劳动合同法》（简称《劳动合同法》）保护自己的合法权益，签好合同再进民营企业。

（三）就业协议书的解除

就业协议书的解除分为单方解除和三方解除。

1. 单方解除　　包括单方擅自解除和单方依法或依协议解除。单方擅自解除协议，属违约行为，解约方应承担违约责任。单方依法或依协议解除，是指一方解除就业协议有法律上或协议上的依据。如大学生未取得毕业资格，用人单位有权单方解除就业协议；大学毕业生毕业离校前考取研究生，按原先协议上约定，可解除就业协议。此类单方解除，解除方无须对另一方承担法律责任。

2. 三方解除　　是指大学毕业生、用人单位、学校三方经协商一致后（以大学毕业生、用人单位意见为主），取消已经订立的协议，使协议不再发生法律效力。此类解除是三方当事人真实意思一致表示的体现，三方均不承担法律责任。三方解除应在就业计划上报主管部门之前进行，如就业派遣计划下达后三方解除，则需要办理就业改派手续。

3. 违约的责任　　就业协议书一经大学毕业生、用人单位、学校签署即具有法律效力，任何一方不得擅自解除，否则违约方应向权利受损方支付协议条款中约定注明的违约赔偿。

从大多数违约发生的实际情况来看，就业违约在很大比例上是大学毕业生违约，特别是医学院校大学毕业生违约有上升的趋势。大学毕业生违约，除本人应承担违约责任、向用人单位支付违约金外，往往还会造成其他不良的后果，主要表现在以下几个方面。

（1）影响用人单位的工作　　用人单位往往为录用一个大学毕业生需要做大量的前期工作，有的甚至已经对大学毕业生将要从事的具体岗位也进行了安排。加上大学毕业生就业求职时间相对比较集中，一旦大学毕业生因某种原因违约，用人单位就不能做到及时进人补缺，势必造成工作上的被动。

（2）影响学校的声誉　　用人单位往往将大学毕业生违约行为归为学校教育不力，从而影响学校和用人单位的长期合作关系。

（3）占用其他大学毕业生的就业机会　　大学毕业生违约，有时会造成有些当初希望到该用人单位工作的其他大学毕业生无法补缺，影响其他毕业生就业，造成就业资源的浪费。

因此，大学毕业生在就业过程中应慎重选择，认真履约。

4. 办理违约的手续及程序　　为确保就业计划的严肃性，学校需要对就业中的违约行为实行宏观控制管理。就业协议书生效后一般不允许违约，但因特殊情况其中一方提出违约的，须经学校和另一方同意后才能办理违约手续，并承担违约责任。

违约有毕业前违约和毕业后违约两种情况。毕业后违约手续的办理一般称为"改派"，这里专指毕业前违约。

一般来说，办理毕业前违约需要以下书面材料：①单位同意解约的公函（简称"解约函"）。②原就业协议书一式三联。③本人的解约申请（写清楚申请事由，是否愿意承担违约责任等）。④新的用人单位同意接收的公函。

学校同意解约后，由学校就业工作部门办理相关违约手续和报批手续，给学生换发新的就业协议书，重新办理就业手续。

如果用人单位无故要求解约，大学毕业生有权要求对方严格履行就业协议。为保障大学毕业生的合法权益，学校应向违约单位及其上级主管部门和省级毕业生就业主管部门反映情况，进行交涉，由大学毕业生和用人单位协商解决。在协商未果的情况下，大学毕业生可通过法律途径保护自己的合法权益。

二、劳动合同

（一）了解劳动合同

1. 什么是劳动合同　劳动合同是指劳动者与用人单位确立劳动关系、明确双方权利和义务的协议。根据这个协议，劳动者加入企业、个体经济组织、事业组织、国家机关、社会团体等用人单位，成为该单位的一员，承担一定的工种、岗位或职务工作，并遵守所在单位的内部劳动规则和其他规章制度；用人单位应及时安排被录用的劳动者工作，按照劳动者提供劳动的数量和质量支付劳动报酬，并且根据劳动法律、法规及劳动合同的约定提供必要的劳动条件，保证劳动者享有劳动保护及社会保险、福利等权利和待遇。

2. 劳动合同的地位及法律意义　劳动合同的签订，在法律上确立了劳动者与用人单位之间的劳动关系，双方的有关权利、义务通过书面合同的形式确立下来，并特定化、具体化。依法订立的劳动合同对双方当事人产生法律约束力，是处理劳动合同争议的依据。

3. 劳动合同的基本内容

（1）**劳动合同期限**　劳动合同的期限是指劳动合同具有法律约束力的时段，一般可分为有固定期限、无固定期限或以完成一定工作为期限三种类型。其中最常见的是有固定期限的劳动合同，约定期限一般为一年或几年。求职者须注意劳动合同中对期限的约定，以及关于期限的违约责任的约定。

试用期包含在劳动合同期限内。试用期的长短根据工作岗位需要的不同而不同。《劳动合同法》规定：劳动合同期限三个月以上不满一年的，试用期不得超过一个月；劳动合同期限一年以上不满三年的，试用期不得超过两个月；三年以上固定期限和无固定期限的劳动合同，试用期不得超过六个月。同一用人单位与同一劳动者只能约定一次试用期。以完成一定工作任务为期限的劳动合同或者劳动合同期限不满三个月的，不得约定试用期。

（2）**工作内容**　劳动合同中工作内容条款是劳动合同的核心条款，它是用人单位使用劳动者的目的，也是劳动者为用人单位提供劳动以获取劳动报酬的原因。其主要内容包括劳动者的工种和岗位，以及其在岗位应完成的工作任务、工作地点。这些内容要求规定得明确、具体，以便遵照执行。

（3）**劳动保护和劳动条件**　劳动保护是指用人单位为了防止劳动过程中的事故，减少职业危害，保障劳动者的生命安全和健康而采取的各种措施。劳动条件是指用人单位对劳动者从事某项劳动提供的必要条件。

（4）劳动报酬　劳动报酬是劳动者向用人单位提供劳动的主要目的。劳动者的劳动报酬包括工资、奖金和津贴的数额或计算办法。劳动报酬必须符合国家法律、法规的规定，如工资不得低于最低工资标准，工资支付的期限和形式不得违反有关规定等。

（5）劳动纪律　是指劳动者必须遵守的用人单位的工作秩序和劳动规则。

（6）社会保险和福利　劳动者依法享有社会保险和福利的权利，用人单位和劳动者必须依法参加社会保险，缴纳社会保险费，用人单位应当按相关要求为劳动者缴纳一定比例的社保费用。目前，用人单位必须为劳动者办理的社会保险有五种，即工伤、养老、医疗、失业、生育，有些地方还要求办理住房公积金及其他险种。

（7）劳动合同的终止条件　是指劳动合同法律关系终结和撤销的条件。劳动合同双方当事人可以在法律规定的基础上，就劳动合同的终止进行约定，当事人双方约定的终止条件一旦出现，劳动合同就可终止。

（8）违反劳动合同的责任　这是指违反劳动合同约定的各项义务所应承担的法律责任。为了保护劳动合同的履行，必须在劳动合同中约定有关违反劳动合同的责任条款，包括一方当事人不履行或者不完全履行劳动合同，以及违反约定或者法规条件解除劳动合同所应承担的责任。

除了上述八项条款外，用人单位和劳动者还可以约定以下几个方面的内容，如培训、保守商业秘密、补充保险和福利待遇，以及其他经双方当事人协商一致的事项等。

（二）劳动合同的签订

签订劳动合同是整个求职过程中非常重要的一个环节，劳动合同签订后，双方在合同有效期内必须要遵守合同约定，否则就要承担相应的责任。

劳动合同签订的基本原则　《劳动法》第十七条规定："订立和变更劳动合同，应当遵循平等自愿、协商一致的原则，不得违反法律、行政法规的规定。"这一规定明确了劳动者与用人单位签订劳动合同必须遵循的三项基本原则。

（1）平等自愿原则　平等是指订立劳动合同的双方当事人具有相同的法律地位。在订立劳动合同的过程中，双方当事人以劳动关系平等主体资格出现，不存在命令与服从的关系。自愿是指劳动合同的订立完全出自双方当事人的真实意愿，是在充分表达各自意愿的基础上，经过平等协商而达成的协议。

（2）协商一致原则　在订立合同的过程中，劳动者与用人单位双方对劳动合同的内容、期限等条款进行充分协商，达到双方对劳动权利、义务意思表示一致。只有协商一致，合同才能成立。

（3）合法原则　是指遵守国家法律、行政法规的原则。劳动者和用人单位在订立劳动合同时，不能违反国家法律、行政法规的规定，这是劳动合同得以有效并受法律保护的前提条件。依法订立劳动合同，必须符合以下几项要求。

①订立劳动合同的目的必须合法。当事人不得以订立劳动合同的合法形式掩盖非法意图和违法行为，以达到不良企图。

②订立劳动合同的主体必须合法。这是指双方当事人必须具备法律、法规规定的主体资格。用人单位应是依法成立的企业、个体经济组织、国家机关、事业组织、社会团体等。劳动者必须具有劳动权利和劳动行为能力，即应是年满16周岁、具有劳动行为能力的中国人、外

国人和无国籍人。双方主体在签约时，主体资格必须合法。

③订立劳动合同的内容必须合法。双方当事人在劳动合同中所设定的权利、义务条款必须符合国家法律、法规和有关政策的规定。

④订立劳动合同的程序必须合法。有的地方性法规除了要求当事人签订书面合同并签字盖章外，还规定劳动合同须由劳动行政主管部门的劳动合同管理机构进行鉴证，方能生效。

⑤订立劳动合同的行为必须合法。

（三）劳动合同的解除

劳动合同的解除是指劳动合同订立后，尚未全部履行以前，由于某种原因导致劳动合同一方或双方当事人提出解除劳动关系的法律行为。劳动合同的解除，只对未履行的部分发生效力，不涉及已履行的部分。劳动合同的解除可分为法定解除和协商解除两种。经劳动合同当事人协商一致，可以以任何合法方式解除劳动合同关系。单方解除合同必须符合《劳动合同法》规定的条件和程序。

1. 用人单位单方解除劳动合同

（1）劳动者有下列情形之一的，用人单位可以解除劳动合同：①在试用期间被证明不符合录用条件的；②严重违反用人单位规章制度的；③严重失职，营私舞弊，给用人单位造成重大损害的；④劳动者同时与其他用人单位建立劳动关系，对完成本单位的工作任务造成严重影响，或者经用人单位提出，拒不改正的；⑤因《劳动合同法》第二十六条第一款第一项规定的情形致使劳动合同无效的；⑥被依法追究刑事责任的。

（2）有下列情形之一的，用人单位提前30日以书面形式通知劳动者本人或者额外支付劳动者一个月工资后，可以解除劳动合同：①劳动者患病或者非因工负伤，在规定的医疗期满后不能从事原工作，也不能从事由用人单位另行安排工作的；②劳动者不能胜任工作，经过培训或者调整工作岗位，仍不能胜任工作的；③劳动合同订立所依据的客观情况发生重大变化，致使劳动合同无法履行，经用人单位与劳动者协商，未能就变更劳动合同内容达成协议的。

（3）有下列情形之一，需要裁减人员20人以上或者裁减不足20人但占企业职工总数10%以上的，用人单位须提前30日向工会或者全体职工说明情况，听取工会或者职工的意见后，裁减人员方案经向劳动行政部门报告，可以单方面解除劳动合同：①依照企业破产法规定进行重整的；②生产经营发生严重困难的；③企业转产、重大技术革新或者经营方式调整，经变更劳动合同后，仍需裁减人员的；④其他因劳动合同订立所依据的客观经济情况发生重大变化，致使劳动合同无法履行的。

裁减人员时，应当优先留用下列人员：与本单位订立较长期限的固定期限劳动合同的；与本单位订立无固定期限劳动合同的；家庭无其他就业人员，有需要抚养的老人或者未成年人的。

用人单位依照规定裁减人员，在6个月内重新招用人员的，应当通知被裁减的人员，并在同等条件下优先招用被裁减的人员。

（4）劳动者有下列情形之一的，用人单位不得依照《劳动合同法》第四十条、第四十一条的规定解除劳动合同：①从事接触职业病危害作业的劳动者未进行离岗前职业健康检查，或者疑似职业病病人在诊断或者医学观察期间的；②在本单位患职业病或者因工负伤并被确认丧失或者部分丧失劳动能力的；③患病或者非因工负伤，在规定的医疗期内的；④女职工在孕期、产期、哺乳期的；⑤在本单位连续工作满 15 年，且距法定退休年龄不足 5 年的；⑥法律、行政法规规定的其他情形。

（5）用人单位单方解除劳动合同，应当事先通知工会。用人单位违反法律、行政法规规定或者劳动合同约定的，工会有权要求用人单位纠正。用人单位应当研究工会的意见，并将处理结果书面通知工会。

2. 劳动者单方解除劳动合同

（1）提前 30 天书面通知　劳动者提出解除劳动合同，应当提前 30 日以书面形式通知用人单位，无需征得用人单位的同意。劳动者提前 30 日以书面形式通知用人单位，既是解除劳动合同的程序，也是解除劳动合同的条件。30 日后，劳动者向用人单位提出办理解除劳动合同的手续，用人单位应予以办理。但由于劳动者违反劳动合同有关约定而给用人单位造成经济损失的，应依据有关法律、法规、规章的规定和劳动合同的约定，由劳动者承担赔偿责任。

（2）用人单位有下列情形之一的，劳动者可以解除劳动合同　未按照劳动合同约定提供劳动保护或者劳动条件的；未及时足额支付劳动报酬的；未依法为劳动者缴纳社会保险费的；用人单位的规章制度违反法律、法规的规定，损害劳动者权益的；法律、行政法规规定劳动者可以解除劳动合同的其他情形。

（3）劳动者可以随时通知用人单位解除劳动合同的情形　用人单位以暴力、威胁或者非法限制人身自由的手段强迫劳动者劳动的，或者用人单位违章指挥、强令冒险作业危及劳动者人身安全的，劳动者可以立即解除劳动合同，不需事先告知用人单位。

三、就业协议书和劳动合同的关系

就业协议书和劳动合同都是用人单位与毕业生所订立的协议，都是具有法律意义的法律文件。两者既有联系又有区别，分别签订于毕业生就业过程的不同阶段，其区别主要表现在以下几方面。

1. 适用法律不同　就业协议书的依据是 1997 年国家教育委员会制定的《普通高等学校毕业生就业工作暂行规定》，而劳动合同则依据 2008 年实施的《中华人民共和国劳动合同法》。前者属于部门规章，后者属于国家基本法律，部门规章的法律效力低于国家基本法律。

2. 适用主体不同　就业协议书经毕业生和用人单位签字盖章即具有法律效力，学校鉴证后列入就业方案；劳动合同是毕业生与用人单位签订的，学校不是劳动合同的主体，也不是劳动合同的鉴证方。

3. 内容不同　就业协议书主要是毕业生和用人单位的工作约定；劳动合同是毕业生和用人单位就从事具体工作和享受何种待遇等权利和义务的约定，内容更为具体，劳动权利、义务更为明确。

4. 签订目的不同　就业协议书是毕业生和用人单位关于就业意向的初步约定，是对双方的基本条件及即将签订的劳动合同的部分基本内容的大体认可，并经用人单位的上级主管部门和高校就业部门同意。就业协议书一经毕业生、用人单位（或用人单位主管部门）、高校签字盖章，即具有一定的法律效力。

5. 签订时间不同　一般来说，就业协议书签订在先，劳动合同签订在后（一般签订于毕业生到用人单位报到后）。如果毕业生与用人单位就工资待遇、保险等事先有约定，亦可在就业协议书的备注条款中予以注明，日后订立劳动合同对这些内容应予以认可。

6. 时效性不同　就业协议书的效力始于签订之日，终于毕业生到用人单位报到之时。就业协议书的作用仅限于毕业生就业过程的约定，一旦毕业生到用人单位报到，就业协议书的使命也就完成了。就业协议书不能代替劳动合同，不能作为确定劳动关系的凭证。

课堂实践

1. 课堂分享：教师在课堂上展示往届毕业生签订的具有典型意义的就业协议书或劳动合同案例样本数份（注意保护学生隐私），针对就业协议书或劳动合同签订前、签订中、签订后等应该注意的事项给予讲解。

2. 小组讨论：就业协议书与劳动合同有什么异同？大学毕业生只签订劳动合同和就业协议书其中的一项可以吗？

第二节　就业权益及义务

困惑与迷思

小张是一名药学类专业的本科毕业生，毕业时被一家国营药企销售部录用。但在报到后进行的入职体检中，小张被查出携带乙肝病毒，为此，该药企拒绝录用小张。小张非常愤怒。用人单位在招聘时并没有明确提出不录用携带乙肝病毒的人员，同时，一般而言，法律禁止用人单位以携乙肝病毒、身高不足、体重超标等原因拒绝录用应届毕业生，现在得到这样的结果，小张该怎么办？

关键问题：劳动者的平等就业权应受法律保护，在实际中，除了用工职位有明确的要求并且提前在招聘时公示外，一般而言，法律禁止用人单位以携带乙肝病毒、身高不足、体重超标等原因拒绝录用应届毕业生。如果因上述原因而遭拒，可以拿起法律武器维护自己的权利。

理论与讲解

在求职择业、就业过程中，毕业生、用人单位、高校都有着自己的权利和义务，既要维护好自己的合法权益，更要尽到自己应尽的义务。

一、毕业生的权利与义务

按照《宪法》《劳动法》《高等教育法》《中国教育改革和发展纲要》《普通高等学校毕业生就业工作暂行规定》等法律法规和有关政策，大学毕业生在就业择业过程中享有一定的权利，同时应当遵守诚实守信的原则，按照约定履行自己的义务。

（一）毕业生享有的权利

1. 自主择业权　毕业生在择业过程中根据自己的意愿选择用人单位，任何人都不得横加干涉或强迫毕业生选择某个单位或某类单位。

2. 平等就业权　我国《宪法》和《劳动法》规定，毕业生不分民族、性别、宗教信仰等，

NOTE

享有平等的就业权利。用人单位招录毕业生，应坚持公平、公正、公开的原则，任何凭关系、走后门及性别歧视等都是对毕业生平等就业权的侵犯。

3. 接受就业指导权　《高等教育法》规定，高等学校应当为毕业生提供就业指导和服务。《普通高等学校毕业生就业工作暂行规定》中明确指出，高等学校的一个主要职责就是对毕业生开展毕业生教育和就业指导工作。

高校应及时向毕业生传达有关就业方针、政策、规定，并应进行择业观教育和择业技巧指导等。

4. 自荐权和被荐权　毕业生有权向用人单位进行自我推荐并接受学校的推荐。学校在推荐毕业生就业时应如实推荐、公正推荐、择优推荐。

5. 信息知晓权　就业信息是毕业生择业成功的前提和关键，只有在充分占有信息的基础上，才能结合自身情况选择适合自身发展的用人单位。大学生就业信息知情权主要包括就业信息的公开、及时和全面。

6. 求偿权　毕业生、用人单位签订协议后，任何一方不得擅自违约。如用人单位无故要求解约，毕业生有权要求对方严格履行就业协议，否则用人单位应对毕业生承担违约责任。

（二）毕业生应履行的义务

1. 如实向用人单位介绍自己的情况　包括介绍个人简历、培养方式、学习成绩、健康情况、在校表现、社会实践经历及实际具备的各种能力，并如实提供可能证明自己情况的相关资料。这是用人单位准确了解毕业生的重要基础。

2. 接受用人单位组织的测试和考核　用人单位为了招聘到符合要求的毕业生，一般都要通过一些测试或考核手段来掌握毕业生的情况，进行比较后再做出是否录用的决定。毕业生应予以积极配合，接受测试和考核，充分展现自己的能力，以获得期望的工作。

3. 履行就业协议　毕业生与用人单位签订就业协议后，就意味着毕业生同意到该单位工作，因此，毕业生应在规定的时间内前往签约单位报到工作，不得擅自变更或无故自行解除协议。

4. 遵守学校有关规定　文明离校，办理相关离校手续。不履行义务的毕业生，应当受到相应的处理。

二、招聘单位的权利与义务

（一）招聘单位享有的权利

1. 全面了解毕业生情况　招聘单位根据本单位对所需人员综合素质、知识水平和专业能力等的要求，通过学校有关部门或毕业生所在学院（系）及毕业生个人，了解毕业生的各方面情况，并对毕业生进行测试、考核，最终决定是否录用。

2. 依法约定试用期和服务期　试用期是招聘单位通过约定一定时间的试用来检验劳动者是否符合本单位特定工作岗位工作要求的制度。这对双方互相了解、双向选择，具有积极意义。

3. 依法解除就业协议与劳动合同　如毕业生未如期取得毕业资格，招聘单位有权单方解除就业协议；招聘单位可以依法进行经济性裁员等。

（二）招聘单位应尽的义务

1. 应如实告知毕业生单位情况并尽可能提供有关证明资料，包括对毕业生的使用意图，提供的工作环境、生活待遇，要求毕业生服务的时间及本单位的具体情况等。

2. 应严格履行就业协议，按时做好接收毕业生工作。

3. 应按照《劳动法》的规定，向劳动者提供各种劳动保障。

三、高等学校的权利与义务

学校作为毕业生培养单位，在毕业生就业过程中具有重要的作用。其权利与义务对毕业生和用人单位都有直接的意义。

1. 学校的权利　学校有权利对毕业生、用人单位相关材料的真实性、合法性进行审核、鉴证。

2. 学校的义务

（1）学校负责毕业生的资格审查工作，及时向上级教育主管部门和地方调配部门报送毕业生资源情况。

（2）对毕业生进行就业指导。

（3）收集就业需求信息，开展毕业生就业供需见面和双选会，负责向用人单位推荐毕业生，确保推荐毕业生信息的真实性。

（4）向用人单位提供有关政策和就业信息等服务。

（5）按规定为毕业生办理就业派遣手续，包括寄送档案材料和协助党团关系迁移、户籍迁移。

小组讨论

如果毕业生就业权益受到了用人单位或者学校的侵犯，该如何维护？

第三节　就业权益维护与争议的解决

困惑与迷思

应届毕业生小马被某医药公司录用，但在签订劳动合同时，公司表示，按照公司规定，凡是新招用的职工要先签订6个月的试用合同，试用期工资是正常工资的一半。试用期过后经考核合格才能签订正式的劳动合同。小马按公司的要求签订了这份试用合同。6个月期满后，公司以小马在试用期内表现不合格为由，不予签订正式的劳动合同。小马对此不服，向劳动争议仲裁委员会提出申诉，要求公司支付经济补偿金，并补发未按照正常工资支付的工资差额。

关键问题： 依据《劳动合同法》第十九条第四款的规定："试用期包含在劳动合同期限内。劳动合同仅约定试用期的，试用期不成立，该期限为劳动合同期限。"本案中，某医药公司与小马签订的是试用期合同，依据上述规定，试用期不成立，6个月的试用期即视为劳动合同期限。依据《劳动合同法》第四十六条第五款的规定，公司不与小马续签劳动合同，应当向小马支付一个月工资的经济补偿金。另外，某医药公司在小马的"试用合同"期间，支付的工资为正常工资的一半，因试用期不成立，6个月的试用期即为劳动合同期限，因此公司应

NOTE

当按照正常的工资数额发放给小马。

🖱 理论与讲解

当前，就业市场日趋完善，就业环境总体是好的。但是，求职过程中仍有可能遇到侵权和违法行为，毕业生要积极防范可能遇到的侵权行为，同时要善于利用法律保护自己的合法权益，一旦遇到了侵权和违法行为，可以借助相关的劳动争议处理机构加以解决。

一、求职过程中常见侵权和违法行为

1. 招聘面试阶段

（1）高职诱惑　一些用人单位利用大学毕业生缺乏社会经验和就业心切的心理，在招聘时编织美丽的谎言引其上钩、从中牟利。如一些单位招聘"储备经理人"，但实际工作岗位仅仅是"业务员"。

（2）侵犯隐私　用人单位将毕业生在求职时留下的信息资料，如姓名、年龄、身高、学历、电话、身份证号等进行公开、泄漏、出售，侵害当事人或谋求商业利益；或者在面试时，一些用人单位的恶意提问涉及个人隐私等。

（3）侵犯知识产权　个别用人单位通过招聘时要求毕业生提供作品或者完成某项设计工作等方式，取得并盗用大学毕业生的智力成果。

2. 签订就业协议书与劳动合同阶段

（1）试用期"陷阱"　有些用人单位要求单独签订试用期合同，或者不按法律规定擅自延长试用期限。

（2）口头约定"陷阱"　只进行口头约定，并没有签订任何合同、契约。

（3）廉价劳动力"陷阱"　有些用人单位以各种方式把刚刚毕业的大学生当作廉价劳动力使用，不按国家有关规定为职工缴纳各种保险费用。

3. 到单位报到上班阶段　大学毕业生成为用人单位的员工之后，用人单位不为员工缴纳"五险"。

面对种类繁多、形形色色的就业陷阱，大学毕业生必须加强防范。

二、权益侵害的防范方法

1. 选择正规招聘渠道　大学毕业生求职时一定要通过正规的渠道找工作，尽可能参加政府、学校或者专门针对应届毕业生组织的大型招聘会，或规模较大、正规的人才市场或人才机构。同时，毕业生在发布个人信息时，要选择信誉好的网站，谨防有些不负责的网站随意将求职者的信息公开。求职时不要选择无营业执照、无职业介绍许可证或人才交流许可证的非法中介，这些中介常以找不到工作不收费为幌子，诱惑求职者入套，乘机向求职者敲诈勒索。

2. 注意核实招聘信息　大学毕业生应聘之前，要事先上网搜集单位资料，查看拟应聘单位是否在工商部门登记注册、注册时间是否有效，或致电招聘单位人事部门打听其招聘计划，要注意单位的相关信息是否详尽、是否可靠，特别是通讯地址、联系电话是否为虚设。

大学毕业生在签约前，最好到用人单位进行实地考察，对用人单位的运行情况、拟安排的岗位、工作条件、用工制度及工资、住房、养老等各方面的情况尽可能详细了解。

NOTE

3. 拒绝交纳各种名义费用　任何招聘单位以任何名义向求职者收取抵押金、风险金、报名费、培训费等行为都属非法行为。如果在求职中遇到此类情况，一定要坚持拒交，并向招聘单位所在地政府举报，以确保自己的合法权益不受侵害。

4. 女大学毕业生要提高自我保护意识　女大学毕业生在求职时，要时刻提高自我保护意识，一定要避免到僻静或私人场所去面试，不要随便喝别人提供的饮料和搭便车。

5. 签订书面协议或者合同　当大学毕业生与用人单位确定劳动关系后，必须要签订规范的书面协议或劳动合同，用法律形式保障自己的合法权益。要注意把握协议或合同的基础条款，明确双方的各项约定，看清劳动合同的附加条款，当面签字盖章。

6. 发觉被骗，及时报案　大学毕业生在就业过程中一旦发觉上当受骗，要及时向招聘单位所在地的人事局人才市场管理办公室、劳动保障监察大队或派出所报案，寻求法律保护。另外，大学毕业生在求职前或求职过程中，应主动学习一些劳动法规和相关政策，提高自己的求职素质和独立思考的能力。

三、劳动争议的处理

（一）劳动争议的处理机构

当劳动争议双方不能对争议达成共识的时候，要借助相关的劳动争议处理机构加以解决。

1. 劳动争议调解委员会（简称调解委员会）　劳动争议调解委员会是指调解本单位发生的劳动争议的群众组织。《劳动法》第十八条规定："在用人单位内，可以设立劳动争议调解委员会。劳动争议调解委员会由职工代表、用人单位代表和工作代表组成。"调解委员会的职责：一是调解本单位内发生的劳动争议；二是检查督促争议双方当事人履行调解协议；三是对职工进行劳动法律、法规的宣传教育，做好劳动争议的预防工作。

2. 劳动争议仲裁委员会（简称仲裁委员会）　劳动争议仲裁委员会是指依法成立的行使劳动争议仲裁权的劳动争议处理机构。《劳动法》第八十一条规定："劳动争议仲裁委员会由劳动行政部门代表、同级工会代表、用人单位方面的代表组成。""用人单位方面的代表"是指政府指定的经济综合管理部门或者有关团体的代表。仲裁委员会委员由仲裁委员会的三方组织各自选派。仲裁委员会组成人员人数必须是单数。仲裁委员会设主任1人，副主任1~2人。《劳动法》第八十一条还规定："劳动争议仲裁委员会主任由劳动行政部门代表担任，副主任由仲裁委员会协商产生。"

地方仲裁委员会的职责：一是负责处理本委员会管辖范围内的劳动争议案件；二是出任专职和兼职仲裁员，并对仲裁员进行管理；三是领导和监督仲裁委员会办事机构和仲裁庭开展工作；四是总结并组织交流办案经验。

仲裁委员会处理劳动争议，实行仲裁员、仲裁庭制度。仲裁员包括专职仲裁员和兼职仲裁员。专职仲裁员由仲裁委员会从劳动行政主管部门专门从事劳动争议处理工作的人员中聘任；兼职仲裁员由仲裁委员会从劳动主管部门或其他行政部门的人员、工会工作者、专家、学者和律师中聘任。仲裁庭在仲裁委员会领导下处理劳动争议案件，实行一案一庭制。仲裁庭由一名首席仲裁员和两名仲裁员组成。首席仲裁员由仲裁委员会负责人或授权其办事机构负责人指定；另两名仲裁员由仲裁委员会授权其办事机构负责人指定或当事人各选一名。

3. 人民法院　人民法院是指行使审判权的审判机关。劳动争议案件由人民法院的民事审判庭受理。

（二）劳动争议的处理程序

《劳动法》第七十七条规定："用人单位与劳动者发生劳动争议，当事人可以依法申请调解、仲裁，提起诉讼，也可以协商解决。"可见，劳动争议处理程序可分为协商、调解、仲裁、诉讼四个阶段。

1. 协商　协商是指劳动者与用人单位就争议的问题直接进行协商，寻找纠纷解决的具体方案。与其他纠纷不同的是，劳动争议的当事人一方为单位，一方为单位职工，因双方已经发生一定的关系而使彼此之间相互有所了解。双方发生纠纷后最好先协商，通过自愿达成协议来消除隔阂。但是，协商程序不是处理劳动争议的必经程序。不愿协商的，可以直接申请调解。

2. 调解　争议发生后，当事人不愿协商或协商不成的，可以向本单位劳动争议调解委员会申请调解。调解委员会由单位代表、职工代表和工会代表组成。调解委员会调解劳动争议，应当自当事人申请调解之日起 30 日内结束。到期未结束的视为调解不成；经调解达成协议的，下发调解协议书。双方当事人应当自觉履行。

但是，与协商程序一样，调解也不是处理劳动争议的必经程序。调解程序同当事人自愿选择，且调解协议也不具有强制执行力，如果一方反悔，同样可以向仲裁机构申请仲裁。

3. 仲裁　仲裁是指劳动纠纷的一方当事人将纠纷提交劳动争议仲裁委员会进行处理的程序。该程序既具有劳动争议调解灵活、快捷的特点，也具有强制执行的效力，是解决劳动纠纷的重要手段。《劳动法》第八十二条规定："提出仲裁要求的一方应当自劳动争议发生之日起 60 日内向劳动争议仲裁委员会提出书面申请。""仲裁裁决一般应在收到仲裁申请的 60 日内做出。对仲裁裁决无异议的，当事人必须履行。"申请劳动仲裁是解决劳动争议的选择程序之一，也是提起诉讼的前置程序，即如果想提起诉讼打劳动官司，必须要经过仲裁程序，而不能直接向人民法院起诉。

4. 诉讼　诉讼是由不服劳动争议仲裁委员会裁决的一方当事人向人民法院提起诉讼后启动的程序。该程序具有较强的法律性、程序性，做出的判决也具有强制执行力。《劳动法》第八十三条规定："劳动争议当事人对仲裁裁决不服的，可以自收到仲裁裁决书之日起 15 日内向人民法院提起诉讼。一方当事人在法定期限内不起诉又不履行仲裁裁决的，另一方当事人可以申请人民法院强制执行。"

课后练习

请就以下案例进行小组讨论。

案例 1：就业协议书可以作为解除劳动关系的依据吗？

2010 年 5 月 25 日，某医学院校毕业生张某与某医院及毕业学校签订了就业协议书，约定某医院接受张某到该院临床岗位工作，工作服务期为 5 年。按照上述就业协议书，张某毕业后到某医院工作一直至 2015 年 6 月。2015 年 6 月 28 日，某医院通知张某说按照双方所签署的就业协议书的约定，双方劳动关系于 2015 年 5 月 25 日期满终止。张某以请求确认单位终止劳动关系无效为由诉至法院。

【处理结果】 某医院与张某签订的就业协议书并没有约定劳动报酬、工作内容和工作地点等主要内容，且协议书签订时间为张某毕业之前，故该协议书不能视为用人单位与劳动者之间应当签订的劳动合同。该医院基于就业协议书约定的 5 年服务期而做出终止与张某劳动合同关系的通知没有依据，据此法院判决确认该医院终止与张某的劳动合同关系无效。

案例 2：用人单位未履行协议书条款该怎么办?

李某于 2013 年 7 月 5 日毕业后与某卫生单位签订就业协议书，其中约定李某入职后该单位为李某办理事业编制。李某按照协议提交了办理编制手续的相应材料，但直至 2015 年 3 月仍未能取得事业编制。2015 年 6 月 1 日，李某以"未按照约定解决编制、薪资过低、职业发展有限"为由提出离职，并以要求单位向其支付解除劳动关系经济补偿金为由诉至法院。

【处理结果】双方在就业协议书中就编制问题进行了约定，显然该协议的签署与双方间最终达成用工合意、签订正式劳动合同紧密相关，可以视为劳动合同的目的之一。

本案中，双方间编制办理约定成为李某接受某卫生单位工作邀约的前提条件之一。该卫生单位未举证证明系由于客观原因未能为李某办理编制，故为避免用人单位在招录劳动者过程中虚构或者夸大单位优势的不诚信行为，法院判决该单位支付李某解除劳动关系经济补偿金。

NOTE

第八章 职业素养培养与拓展

● 本章要点

通过本章的学习，掌握作为职业人应具备的职业素养，了解招聘单位对大学生职业素养的基本要求，学会科学地自我评价，熟悉大学期间职业素养培养内容与素质拓展的主要途径，增强社会适应性，拥有良好的职业态度和持久的职业热情，学会做一个"职业人"。

职业素养是人类在社会活动中需要遵守的行为规范。良好的职业素养是大学生打开职场成功大门的"金钥匙"，是个人事业成功的基础，是招聘单位招聘人才时最看重的因素。因此，作为即将走上职业岗位的大学生，要注重自身职业素养的培养。职业素养的培养不是一蹴而就的，需要大学生在校期间在学习、生活和社会实践中有意识培养与历练。

第一节 职业素养的基本要求

困惑与迷思

许多大学毕业生在求职时经常会产生疑问，招聘单位在招聘时最看重什么？为什么有些成绩很好的学生，求职却屡遭失败？请看下面这个案例：一家公司招聘公关部经理，报名应聘者有一百多人，最后一名学历最低的小伙子被录用了。公司总经理是这样解释的：因为这位小伙子随身携带的四张"人生名片"，让我们最后选定了他。一是他在门口蹭掉脚下的土，进门后随手关门；二是当看到一位残疾老人时，他立即起身让座；三是进了办公室后他先摘下帽子；四是回答问题时他总是机智幽默。透过小伙子的四项行为，你能理解总经理所指的四张"人生名片"的含义吗？

关键问题：其实，这四张"人生名片"是指：第一，在门口蹭掉脚下的土，进门后随手关门，说明他是个有"心"的人，一个有心人，才不至于因疏忽人际关系小节而产生人与人之间的芥蒂；第二，起身给残疾老人让座，说明他是个有"德"的人，一个有德的人，才能把握好做事的分寸；第三，进了办公室后先摘下帽子，这说明他是个有"礼"的人，一个尊重别人的人，才会得到别人的尊重；第四，回答问题时他总是机智幽默，说明他是个有"智"的人，一个充满智慧的人，在处理人际关系时，才能化干戈为玉帛，化腐朽为神奇。这个案例说明在就业求职时，招聘单位关注的不仅仅是知识技能与文凭，更看重的是应聘者所具备的职业素养。

理论与讲解

　　每个大学毕业生都要经历从学生向职业人的转变，转变过程中的首要条件就是必须具备职业素养。从大学毕业生的角度来看，职业素养是实现就业并胜任工作岗位的基本前提；从招聘单位的角度来看，职业素养是选聘人才的首要考虑因素。因此，良好的职业素养是个人事业成功的基础，也是大学毕业生进入未来工作单位的"金钥匙"。

一、职业素养的内涵

（一）素养

　　1. 素养的概念　　"素养"一词，早在《汉书》中就有表述："马不伏枥，不可以趋道；士不素养，不可以重国。"其含义是修习涵养。此外，《后汉书》记载："惑有所素养者，使人示之以利，必持众来。"《现代汉语词典》将"素养"解释为"平日的修养"；《辞海》又解释为"经常修习培养"。总之，"素养"就是人通过长期的学习和实践在某一方面所达到的高度，是一种平日训练和实践而获得的能力，并且它更多强调的是一种连续积累的形成过程。

　　2. 素养与素质　　"素养"与"素质"是有区别的。《辞海》中"素质"是指人的先天解剖生理特点，主要是指感觉器官和神经系统方面的特点。素质只是人的心理发展的生理条件，不能决定人的心理内容和发展水平。"素养"与"素质"二者都包含了个体能力的发展："素质"只是"素养"形成过程中的一种能力状态，所囊括的范围要小一些，侧重于人在先天遗传的基础上后天发展过程中的某一能力状态，具有瞬时性特点；"素养"则侧重于某种能力长期养成的过程，具有连续性和发展性特点。

（二）职业素养

　　1. 职业素养的内涵　　职业素养鼻祖圣弗朗西斯科（San Francisco）认为：职业素养是人类在社会活动中需要遵守的行为规范，是职业内在的要求，是一个人在职业过程中表现出来的综合品质。简言之，职业素养就是职业人在从事职业中尽自己最大的能力把工作做好的素质和能力。其涵盖的内容非常广泛，从表现形式上可分为显性素养和隐性素养。其中，显性素养是指一个人的专业知识与技术素养，侧重于一个人的才干和能力，通过学习、培训是比较容易获得的，而且在实践运用中也会日渐成熟；而隐性素养则属于世界观、价值观、人生观范畴的产物，是从出生到退休或至死亡逐步形成、逐渐完善的，更侧重于一个人的德行。

　　2. 职业素养理论

　　（1）"冰山"理论　　"冰山"理论将职业素养看成是一座冰山：浮在水面以上的只有1/8，代表专业知识和职业技能，是人们看得见的显性职业素养，可以通过各种学历证书、职业资格证书来证明，或者通过专业考试来验证；而冰山隐藏在水面以下的部分则占整体的7/8，代表职业意识、职业道德、职业态度和职业作风习惯等方面，是人们看不见的隐性职业素养。显性职业素养和隐性职业素养共同构成了全部职业素养。虽然大部分的职业素养是内隐的、非直观的，但正是这7/8的隐性职业素养决定、支撑着外在的显性职业素养。

　　当前，很多大学毕业生非常重视显性职业素养，而忽略了隐性职业素养的学习与培养。因此，很难从根本上提升个人的核心竞争力。所以，对于即将走上求职道路的大学毕业生来说，

NOTE

要将头脑中潜藏的职业意识和态度充分挖掘和调动出来，将"冰山"水面上下的部分完全协同起来，更大程度地发挥 7/8 水下部分的核心作用，才能更快地融入职业岗位中，成为一名合格的职业人。

（2）**大树理论** 大树理论认为职业素养中的职业意识、职业道德、职业态度及行为习惯是一棵树的根系，而职业知识技能则是枝、干、叶。一棵树要想枝繁叶茂，首先要有发达的根系。职业知识技能通过学习、培训是比较容易获得的，而招聘单位更加看重的是象征着大树根系的职业素养，是需要个人不断在实践和做人做事中深切体会与感悟的。

二、职业素养的构成

职业素养涵盖的内容较多，很多学者都有过相关论述，基本包含职业心态、职业知识技能、职业行为习惯。大学毕业生核心职业素养要素由三个维度构成：一是核心职业知识，即职业礼仪知识、生涯规划知识、管理知识和法律知识；二是核心职业能力，即沟通协作能力、自我学习能力、抗压耐挫能力、实践执行能力、环境适应能力、创新创造能力；三是核心职业态度，即谦虚务实、吃苦耐劳、责任心、进取心、忠诚度。

（一）核心职业知识

除了职业所需的核心专业知识外，大学毕业生还需要具备以下知识。

1. 职业礼仪知识 一个人的礼仪修养不仅体现了自身素质的高低，而且反映了一个单位的整体水平和可信程度。掌握一定的职业礼仪知识能规范自身的行为，树立良好的形象，可推动职业活动朝着有序、和谐的方向发展。

2. 生涯规划知识 人生需要目标，生涯需要规划。目前，部分大学毕业生自主择业意识不强，在生涯设计发展方面存在"等、靠、要"的思想。因此，掌握一定的生涯规划知识并及早了解就业形势，正确认识自我，合理定位，是非常重要的手段与途径。

3. 管理知识 美国管理大师彼得·德鲁克指出："目标管理能使得我们用自我控制的管理来代替别人统治的管理，自我控制意味着更强的激励，它意味着更高的成就目标和更广阔的眼界。"所以，掌握一定的目标管理和时间管理知识，能促使大学毕业生在工作中增强目标意识，有效地进行职业规划，从而进一步提升工作业绩。

4. 法律知识 大学生要掌握一定的法律知识，包括《劳动法》《劳动合同法》《就业促进法》等就业相关的法律及当前国家对大学生就业的一些优惠政策等，这些法律知识和就业政策能为大学毕业生的就业权益提供维护和保障。面对目前的就业形势，大学毕业生更应该树立理性的择业观，增强法制意识，否则很可能由于不了解自己相应的权利、义务而导致就业过程中发生一系列的法律问题。

（二）核心职业能力

核心职业能力包括沟通协作能力、自我学习能力、抗压耐挫能力、实践执行能力、环境适应能力、创新创造能力。

1. 沟通协作能力 良好的沟通协作能力能使双方达成共识，以建立和巩固和谐的人际关系。新时期的大学生需要有较强的沟通和团队合作的能力，要善于运用沟通与协作技巧交流感情、化解矛盾，调整和改善组织之间、工作之间的人际关系，促使各种活动趋向同步化与和谐化，实现共同目标。

2. 自我学习能力　　自我学习能力是指能有意识地通过一定的途径和方法有效地吸纳和扩充知识的能力。由于知识更新的周期缩短，基本上每天都要学习新的知识，"终身化学习"已成为必然的趋势。

3. 抗压耐挫能力　　据调查，近50%的招聘单位认为当前大学毕业生抗挫折的心理承受能力亟待加强。目前，大学毕业生基本是独生子女，在成长过程中受到很多呵护，却很少遇到挫折。很多初入职场的大学生都感觉工作后远没有在学校时轻松，要应对随时出现的工作任务与压力，经常感到压抑与苦闷。因此，大学生在学校时就要有意训练并学会坦然面对困难和挫折，逐渐成长。

4. 实践执行能力　　对于个人而言，实践执行能力就是办事能力；对于团队而言，实践执行能力就是战斗力；对于企业而言，实践执行能力就是经营能力。因此，实践执行能力是指能有效地将专业知识转化为实践，面对突发问题时能积极有效地应对，调动一切可利用的资源解决问题的能力。多数招聘单位十分看重大学毕业生的实践执行能力，认为将书本的专业知识运用到实践中十分重要，非常注重应聘者在试用期和基层锻炼期的表现。

5. 环境适应能力　　职业环境复杂多变，要想缩短从学校到职场的适应期，就需要大学毕业生具有较强的适应能力，能较快地融入新环境，悦纳新同事，并能根据岗位需求尽快完善自己的知识结构，正确自我定位。

6. 创新创造能力　　随着经济发展和社会进步，创新创造能力的提升已成为一个国家、区域参与竞争、抢先发展的重要法宝。据对惠普、西门子等30家世界知名跨国公司的调查显示，企业都非常看重应聘者的创新能力，招聘单位普遍认为，创新能力已成为考量用人标准的重要内容，创新型人才更能得到青睐。

（三）核心职业态度

核心职业态度主要包括谦虚务实、吃苦耐劳、责任心、进取心、忠诚度。

越来越多的招聘单位反映，许多新入职的大学毕业生存在着眼高手低、好高骛远的浮躁心态；他们缺乏经验，却不肯用心学习，吃不了苦。由此可以看出，谦虚务实、吃苦耐劳是一个从业者对待职业最基本的情感和态度。只有脚踏实地、虚心学习、勇于磨炼自己，才能不断获得事业进步，并赢得同事和领导的信任与支持。

此外，责任心、进取心和忠诚度也是大学毕业生应该具备的职业素养。每个人的工作岗位不尽相同，所负责任大小有别，但要把工作做得尽善尽美、精益求精，需要强烈的事业心、责任感及对岗位和所在单位的忠诚度与感恩之心。对于职业生涯刚刚开始的大学毕业生来讲，只有保持满腔热忱和积极进取的心态，才能为自己梦想的航船建造一个精神的港湾。

三、大学生职业素养的现状与提升途径

2017年，我国高校毕业生将达到795万，再创历史新高，毕业生的求职压力不言而喻。目前大学生的职业素养与招聘单位的用人标准存在哪些具体问题和差距呢？该如何提升自身职业素养呢？

（一）招聘单位对应聘者职业素养的要求

职业素养培养有利于提高大学毕业生的就业竞争力，提高日后工作的稳定性和成就感。针对我国100家著名企业的用人标准进行调查统计，其中位于前9位的职业素养依次如下：专业

知识和专业技能 40%、责任心和吃苦精神 37%、领导力和团队协调能力 32%、英语和计算机应用技能 21%、实习经历 19%、创新能力 18%、与人的沟通能力 16%、学习能力 14%、逻辑反应和适应能力 11%。从数据来看，除了专业知识和专业技能为显性职业素养外，招聘单位对于应聘者"冰山"水下部分的隐性职业素养是非常重视的。然而，很多大学毕业生的职业素养往往达不到招聘单位的要求。据调查，有六成以上的企业对高校毕业生的综合素质和工作表现满意度不高。因此，提升大学毕业生的职业素养是当前高校一个迫切的社会任务。

（二）大学生提升自身职业素养的途径

1. 自觉自律提高学习能力，增强责任感 在日常的职业指导课程学习中，大部分隐性职业素养不能完全通过老师的指导或短期培训获得，它取决于学生本体的主动性和自觉性，需要学生有意识地发挥主观能动性去提高和完善。据了解，目前大部分企业对员工的工作耐心、责任感等十分注重。这就要求大学生要加强学习主观能动性，严于律己，勇于培养吃苦耐劳精神，提高学习能力和责任心。

2. 刻苦学习掌握专业知识，提高专业技能 现阶段高校培养人才多采用"教师点拨式教学、学生探究式学习"的形式，学生不仅要在课堂上学习专业知识，在课后仍需对所学内容深入研究和思考，对一些实操性较强的科目还需在课后进行反复练习，因此，学生个人的努力程度直接决定了其专业知识和专业技能的掌握水平。大学生在入学时就应该意识到其重要性，提前做好大学在校期间的学习计划和未来的职业规划，结合自己所选的职业发展方向有步骤、有重点地学习专业知识，认真地深入探索研究，熟练掌握专业技能，从而提升自身的显性职业素养。

3. 积极参加社会实践，把握各类学习机会 在大学生求职招聘中，绝大多数招聘单位更倾向于招聘综合素质突出的人才。因此，大学生在校期间，不仅需要学好专业知识，也应积极主动参加社会实践和学校各类学生活动。一方面，学生可根据自己的喜好加入各类学生组织或者参加学校举办的学生活动，在与老师、学生的互动过程中，锻炼领导力和团队协调能力、与人沟通的能力，学习为人处世的方法，提升自身的情商；另一方面，大学生还可通过在校外获得的实习和兼职机会，探索和发现自身的不足，有重点、有意识地对自身短板加以弥补，增强自己的工作能力和就业竞争力，提升隐性职业素养。

🖱 小组练习

敬业程度测试

导语：各位同学，假设你现在已经在某公司工作了，你会如何处理工作中的某些细节呢？以下每题有三个选项：A. 不赞成；B. 基本赞成；C. 赞成。请将选项填入到括号内。

1. 不拿公司的任何物品。（   ）

2. 在规定的休息时间结束之后，及时返回工作场所。（   ）

3. 看到别人有违反公司规定的举动，及时纠正。（   ）

4. 对公司的商业秘密守口如瓶。（   ）

5. 不擅自离开工作岗位。（   ）

6. 不做有损公司名誉的任何事情。（   ）

7. 不管能否得到相应的奖励，都能积极提出有利于公司的意见。（   ）

8. 关心自己和同事的身心健康。（　　　）

9. 乐于承担更大的责任，接受更繁重的任务。（　　　）

10. 只为本公司工作。（　　　）

11. 对外界人士积极宣扬公司。（　　　）

12. 把公司的目标放在个人目标之上。（　　　）

13. 为了完成工作，在工作时间之外自动自发地加班。（　　　）

14. 业余时间注重钻研与工作有关的技能，加强自己的职业素养。（　　　）

15. 为保证工作绩效，善于劳逸结合，调节身心。（　　　）

16. 在工作日的任何时间里，绝对不做一切有碍工作的事。（　　　）

17. 不论在工作上还是在生活中，都避免采取任何削弱本公司竞争力的行动。（　　　）

18. 对公司使命有清晰的认识，认同公司的价值观。（　　　）

19. 能享受工作中的乐趣。（　　　）

20. 积极参加公司组织的业务技能培训。（　　　）

结果分析：选 A 为 1 分；B 为 3 分；C 为 5 分。

得分 40 分以下：敬业度很低；

得分 41 ~ 60 分：敬业度一般；

得分 61 ~ 80 分：敬业度上等；

得分 80 分以上：敬业度优异。

第二节　自我评价与职业素养的培养

困惑与迷思

经过了大学基础阶段的学习，正在实习即将面临就业的大学生小张来到学校就业指导中心进行咨询，希望老师帮他分析一下，到底该不该从事医学工作？近半年的医院实习，使他觉得压力很大，首先是觉得医院工作量太大，医生天天忙忙碌碌、精神紧张，而且面对患者的提问和某些社会媒体报道的医闹现象，也使他常常感到恐慌。尤其是实习科室要求学生跟随带教老师一起值夜班，又使他倍感疲惫……小张茫然了，未来的工作就是这样吗？自己适合吗？

关键问题：每个职业都有自身的特点，每个人也有自身的特点，两者的匹配很重要，提高自身的职业素养去适应职业岗位的要求则更重要。

理论与讲解

大学生需要了解自己的思想、感受和行为，尤其是需要了解、分析自己的职业价值观，培养职业自信，切实提升自我职业素养，这样才能明确自己的职业目标与方向，更好地选择岗位并成功就业。

NOTE

一、客观评价自我

职业定位，就是清晰地明确一个人在职业上的发展方向，它是人在整个生涯发展历程中的战略性问题，也是根本性问题。通常职业定位有三层含义：一是确定自己是谁，适合做什么工作；二是告诉别人你是谁，擅长做什么工作；三是根据爱好、特长、能力及个性将自己放在一个合适的工作岗位上。大学初期已经学习了职业生涯规划，但是，通过几年的专业学习，在即将面临求职就业阶段，是否真正客观地了解和认知自我呢？因此，应开展有针对性的自我认知测评，以便更加深入地了解自我，明确职业定位，有针对性地强化和提升职业素养。

（一）职业价值观

职业价值观是大学生价值观的重要组成部分，是其对于职业理想、职业选择和职业价值的总体认知，反映了大学生的职业需要和社会属性之间的关系，对职业生活起着重要的指导作用。在面临就业准备时，进行价值观的澄清，有利于学生对自我职业选择的重新认知，可以帮助学生树立正确的职业价值观和科学选择就业岗位。

1. 职业价值观概述　职业价值观是价值观的一种，是人们对职业的总体认识，也称为工作价值观，是一种基于社会层面的意识形态，是价值观在职业选择和职业评价过程中的体现，是人们在职业认知、职业判断、职业选择、职业劳动中的价值取向。职业价值观的内容体现在职业价值目标（职业价值取向）、职业选择倾向和职业价值评价三个方面，内容包括职业认知、职业动机、职业理想、职业能力、职业期望、职业岗位、职业选择行为、职业评价标准等。

2. 价值澄清　价值澄清最早由美国学者路易斯·拉思斯于1957年提出，并在其1966年出版的《价值与教学》一书提到"现在许多人未能把握自己的价值观，无法独自发现有意义的和令人满意的生活方式"。价值澄清理论是帮助人们澄清价值观，为那些"愿意改变、乐于按照某种价值观念来安排生活的人提供空间、时间、鼓励、支持和指导"，目标是"帮助人们整合他们当前的生活方式，学习今后可能会以类似的方式对他们有用的技能"。通常价值澄清包括三个过程、七个步骤。价值澄清理论认为，经过"三个阶段""七个步骤"，不用教育者特别强制与限定，学生也最终会走上正确的价值选择之路。以下是三个阶段及对应的七个步骤。

（1）选择：①自由地选择；②从各种可能中进行选择；③对每一种可能选择的后果进行深深地思考后做出选择。

（2）珍视：①珍爱，对选择感到满意；②愿意向别人确认自己的选择。

（3）行动：①依据选择行动；②以某种生活方式不断重复。

3. 职业价值观测评　对于即将走上职业道路的大学毕业生来说，就业前应再次进行职业价值观测评并澄清，以明确自己的价值观，了解自我需求与选择职业时最关注和最看重的内容，并做出相对科学的职业选择。

（二）职业倾向测评

每个人在择业的时候，在职业兴趣和适合工作领域等方面，一般都会表现出一定的倾向性。现代社会行业和职业的数量有成百上千种，要准确确定哪种职业最适合自己是非常困难的。在职业群分类的研究中，影响较大并得到人们广泛认同的当属美国心理学家、职业指导专家霍兰德的职业兴趣理论，其"霍兰德职业倾向测验"对于大学毕业生就业选择有很好的指导与实用价值。

1. 明确个体与职业特点匹配关系　"霍兰德职业倾向测验"共包含 7 个部分，一是心目中的理想职业；二是所感兴趣的活动；三是所擅长获胜的活动；四是所喜欢的职业；五是能力类型简评；六是统计和确定职业倾向；七是所看重的东西——职业价值观。大学毕业生在认真做完测试之后，可以从中发现自己的职业兴趣和能力特长，从而更好地做出求职择业决策，并为自我发展和成长积累宝贵的数据和经验。

2. 了解企业需求，做到有的放矢　人职匹配既包括人的知识、能力、技能与岗位要求相匹配，也包括人的性格、兴趣与岗位相适应。目前，有很多企业在招募新员工时均进行职业兴趣测评，以了解其是否适合在本企业的职业环境中工作。同时，该理论可以帮助应聘者更好地了解企业需求，减少大学毕业生在求职中的盲目性，并对照自己提升职业素养。

3. 引导大学毕业生自主择业　该理论可帮助个体明确自己的主观性向，主动去寻找自己最适宜的活动情境并给予最大的能力投入，从而可以在纷繁的职业机会中找寻到最适合自己的职业。尤其是对于缺乏职业经验的大学毕业生，该理论可助其做好职业选择、设计和职业调整，从整体上认识和发展自己的职业能力，更好地应对职场挑战。

大学毕业生就业前，可以参照"霍兰德职业倾向测验"进行测试，以进一步了解自己的兴趣类型，明确自身特点和职业特点之间的匹配关系，找到符合自己职业兴趣的工作而成功就业。

（三）职业能力分析

1. 职业能力　职业能力是人们从事某种职业活动所必须具备的、影响职业活动效率的个性心理特征。它是指经过适当训练或被置于适当的环境下完成某项任务的可能性，即一个人获得新的知识、技能和能力的潜能，表示从业人员为胜任这一职业要求而必备的能力。

2. 职业能力测评　运用能力测评可以使学生了解社会普遍看重的能力及各个职业对能力的具体要求，了解自己在能力方面的差距，做到知己知彼。大学生职业能力包括工作能力、适应能力、求职能力，还包括职业素养、相关实践经验、心理承受能力、交流沟通能力、应变能力、抗挫能力、敬业精神、合作能力、意志品质和健康心理等。因此，提升职业能力，要求大学毕业生不仅要专注专业知识的学习，更需要锻炼和加强其他各方面的能力，以增强在职场中的竞争力。职业能力倾向测评包括 9 个分测试，可同时测量多方面的能力倾向，以了解自己在未来职业中的哪方面更能够取得成功，对于大学毕业生就业前的就业指导很有意义。

二、职业素养的培养与途径

（一）职业素养培养的主要内容

1. 职业意识的培养　职业意识是人们对职业劳动的认识、评价、情感和态度等心理成分的综合反映，是支配和调控全部职业行为和职业活动的调节器，它包括创新意识、竞争意识、协作意识和奉献意识等方面。很多学生认为在大学里完成学习任务就可以了，这也正是他们在就业时感到压力的根源。清华大学的樊富珉教授认为，中国有 69% ~80% 的大学生对未来的职业没有规划，就业时容易感到压力。因此，培养职业意识就是要对自己的未来有规划。大学期间，每个大学生应明确：自己是什么样的人？将来想做什么？能做什么？环境能支持自己做什么？着重解决这些问题，就要认识自己的个性特征及个性倾向，据此来确定自己的个性是否与理想的职业相符，对自己的优势和不足有比较客观的认识。同时，结合环境如市场需要、社会

NOTE

资源等确定自己的发展方向和行业选择范围，明确职业发展目标。

所以，在大学教育中，除了专业学习，实践是学生了解职业、了解自己与职业适合度的最直接、最有效的途径。大学生可通过假期社会实践、校内实训实习活动，在职业环境中了解职业前景，体会自己是否适合这一职业，以及本职业的日常行为规范和职业技能要求，增强对职业的认同与热爱，不断完善自我，形成正确的职业意识。

2. 职业道德的培养　职业道德素养是指从事各种职业活动的人员，按照职业道德基本原则和规范，在职业活动中所进行的自我教育、自我改造、自我完善，使自己形成良好的职业道德品质和达到一定的职业道德境界。职业道德的核心内容由爱岗敬业、乐业、勤业、精业、诚实守信、办事公道、服务群众、奉献社会等若干重要因素构成。

随着经济与社会的高速发展，招聘单位对各个岗位从业人员的职业道德素养要求越来越高。人们常说，一个人三分才、七分德就可以用，如果反之则万不可用。医者也是如此。孙思邈著书以"千金"命名，如《备急千金要方》《千金翼方》，且将"大医精诚"置于《备急千金要方》开篇卷首，这与《希波克拉底誓言》异曲同工，明确了医务工作者应该具备的道德素质。历代成功的医者都有一颗仁者之心，一种勤勉、敬业、乐业的精神。很多招聘单位认为，良好的职业道德和正确的工作态度是招聘员工首先应该考虑的。如果一个人不具备优秀的职业道德，比如奉献精神、忠诚度不够，那么技能越高的人，其隐含的危险也越大。

作为在校大学生，在自我培养方面要注意以下几点：一是树立自信，自觉和自主地进行自我修养；二是要努力学习职业道德和职业活动中的法律意识，提高自身的法律意识；三是要努力锻炼实际履行职业道德规范和法律规范的能力；四是要向新时期职业模范和身边的人学习；五是要从小事做起，从现在做起。同时，也要时刻严格要求自己，不因利益而改变自己的职业道德准则，不做损害他人利益的事，这样才能不断进步，提升自我职业道德素养。

3. 职业态度的培养　职业态度的形成并非一朝一夕，要使自己的职业认识、职业意向和职业情感逐步符合社会进步、职业需求和事业发展的要求，就必须经过长时间的培养与训练，主要包含以下几点。

（1）择业态度培养　良好的择业态度主要表现在5个方面：一是选择适当的就业目标并与所具备的实力相当或接近；二是避免理想主义，及时调整就业期望值；三是避免从众心理，从自身特点、能力出发；四是克服自卑心理，树立自信心和敢于竞争的勇气；五是态度积极，不怕挫折。

（2）敬业态度培养　敬业就是要求有责任感，尽心尽责，忠于职守，忍耐艰辛。敬业精神是每个个体对自己所从事的职业所具有的高度责任感和崇高的荣誉感。正如荀子所说："百事之成也，必在敬之。其败也，必在慢之。"敬业态度一般包括以下三点：一是对待工作要有恭敬的态度；二是在工作中要具备责任感，具备主动的精神；三是必须具备追求完美、勇于付出的精神。

（3）勤业态度培养　勤业态度是指对待工作要兢兢业业，踏踏实实，任劳任怨，埋头苦干。韩愈说："业精于勤，荒于嬉；行成于思，毁于随。"大学生要在整个职业生涯中始终具有良好的勤业态度，就要在长期的学习工作中做到勤于观察、勤于学习、勤于思考、勤于实践，要以高昂的热情全身心投入长期的工作中。勤业态度包括两个方面：一是刻苦钻研业务，努力提高技能，不断积累经验，奠定雄厚的实力；二是从容面对挑战，注意学习做事方法和待人接物的成功技巧，将挑战不断化为机遇。

（4）乐业态度培养　乐业就是指对自己所做的工作感到幸福或快乐。与敬业意识和勤业精神相比，乐业是一个更高的道德层次。从大学生教育角度来说，乐业是指大学生对待职业的一种较好的思想境界，要全身心地投入自己的职业中，激发自身的潜能，以做好本职工作为最快乐的事情，进而去实现自己的职业生涯目标。大学阶段是大学生向社会人、职业人转变的重要过程，因此，乐业教育是大学生走向职业岗位道路上必不可缺的重要内容，可为大学生整个职业生涯发展打下坚实的基础。

（5）奉献精神培养　奉献精神是指个人与他人、集体、国家之间存在的一种纯洁高尚的道德义务关系，是用来评价人生价值的基本标准之一。"全心全意为人民服务"是中国共产党的宗旨，其内涵也是奉献精神。同时，奉献精神也是中华民族的传统美德，是当今社会的时代风范。大学生作为中国新一代的接班人，作为综合素质较高的一个群体，更应当做实践奉献精神的表率，要在学习、生活和实习实践中通过以下途径积极培养自我奉献精神：一是积极接受学校大学生思想政治教育；二是提高奉献意识，践行奉献精神；三是加强社会责任感，将奉献精神体现在职业岗位中。每个人的职业生涯都会有些起伏坎坷，奉献精神往往是最好的考验。

4. 职业习惯的培养　长期行为导致惯性思维，智慧养成的习惯能成为人的第二天性。根据对几百位成功人士的调查显示，几乎每个人都认为"坏习惯是失败的重要原因之一"。好的习惯不仅能促使一个人成功，而且能改变一个人的命运，使人受用一生，并增强驾驭自己的能力。大学生要想在未来的职业岗位上有所成功，就要首先培养良好的职业习惯，如加强计划性、紧前不紧后、当日事当日毕、每日工作回顾"过电影"、物品放置有条理、坚持工作日记、做事一气呵成、善于总结、注重行动、快速不拖沓等行为习惯。

（1）良好习惯的养成原则　一是要提高正确的分析和判断能力，选择正确的行为方式，作为自己行为的准则；二是要对自己提出明确的要求，并且认真去做，时间长了，自然就成为习惯；三是要培养自己顽强的意志力，良好行为习惯的形成是以持之以恒的精神为基础的；四是要加强监督，良好行为的建立除靠自身努力还要靠同学、老师和家长的监督与指导，内因外因共同起作用，更有利于良好习惯的养成。

（2）良好习惯的培养方法　根据专家的研究发现，21天以上的重复会形成习惯，90天的重复会形成稳定的习惯。所以，一个观念如果被别人或者是自己验证了21次以上，它一定会变成自己的信念。习惯的形成大致分成以下三个阶段。

第一阶段是第1～7天，这个阶段的特征是"刻意，不自然"。需要十分刻意地提醒自己去改变，而开始也会觉得有些不自然、不舒服。

第二阶段是第8～21天，这一阶段的特征是"刻意，自然"，自己已经觉得比较自然、比较舒服了，但是一不留意、还会回复到从前。因此，还需要刻意地提醒自己改变。

第三阶段是第22～90天，这个阶段的特征是"不经意，自然"，其实这就是习惯。这一阶段被称为"习惯性的稳定期"。一旦跨入这个阶段，就已经完成了自我改造，这个习惯已经成为生命中的一个有机组成部分，会自然而然不停地为自己"效劳"。

（二）职业素养培养的途径

大学生职业素养的培养包括自我培养、学校培养和招聘单位培养三个部分。作为在校大学生，要积极参加学校提供的各类职业教育和职业指导；同时，如果具备相关条件，还要积极投

NOTE

入到校企实习基地或科研实验基地进行实践锻炼，完成招聘单位的入职培训及职业素质拓展训练等内容，努力提升职业素养。然而，从大学毕业生自身来说，要想在激烈的竞争中脱颖而出，最重要的职业素养的培养途径就是自我培养。具体来说，可从以下几方面尝试。

一是在日常生活中培养职业道德。大学生必须把良好职业道德品质的培养放在首位，自觉遵守道德法则。在自我教育、自我管理中做到遵纪守法；在学习中知法、懂法、守法、不违法；同时，通过社会实践活动自觉培养爱岗敬业、奉献社会、服务人民的良好职业道德。

二是在平时学习中培养职业形象。要树立正确的人生观、价值观，不断陶冶情操，做到内外兼修；同时，掌握社交技巧，学会灵活应用社交礼仪，努力塑造良好的职业形象。

三是在实习实践中培养职业态度。要注重在社会实践、校内实习实训等职业环境中观察、了解职业前景，增强对职业的认识和热爱。善于挖掘自我潜能，不断自我调整，养成正确的职业态度。

四是在专业理论和实践课中培养职业技能。要认真学习，在获取专业知识技能的同时，积极考取相关职业类证书，培养自我交际能力、竞争能力与合作能力。

五是在活动中培养良好沟的通能力。在平时的各类活动中，要主动自主创设谈话情景，锻炼口语表达能力；自主训练非有声语言表达能力，有效表达内在思想和素养，培养良好沟通能力。

六是在团队活动中培养团队协作精神。通过集体活动，学会和成员沟通，自主培养团体情感。在团体活动中体悟竞争与合作、个人与集体的关系，学会并主动欣赏别人、赞美别人及团结协作。

总之，大学生职业素养的自我培养，应该首先加强自我修养，在思想、情操、意志、体魄等方面进行自我锻炼。同时，还要培养良好的心理素质，增强应对压力和挫折的能力，善于从逆境中寻找转机。

小组练习

请先阅读"马云的十条用人标准"，然后与熟悉自己性格、日常学习生活行为习惯的 2~3 个同学一起针对这十条标准，结合共同熟知具体事件，按照 0~10 的量化标准逐项分析自己所具备的程度，查找并写出原因。

"马云的十条用人标准"：马云，阿里巴巴集团创始人。他的创业传奇故事已成为人们津津乐道的话题。从十几个人到数万名员工，马云带着自己的团队跨越一个个高峰，在这过程中，马云是如何选择团队成员的？我们来看看马云的十条用人标准吧。

1. 忠诚：忠心者不被解雇。
2. 敬业：每天比老板多做一小时。
3. 自动自发：不要事事等人交代。
4. 负责：绝对没有借口，保证完成任务。
5. 注重效率：算算你的使用成本。
6. 结果导向：咬定功劳，不看苦劳。
7. 善于沟通：当面开口，当场解决。
8. 合作：团队提前，自我退后。

9. 积极进取：永远跟上企业的步伐。

10. 低调：才高不必自傲。

第三节　大学期间的职业素质拓展

困惑与迷思

学生小 A 是中药学专业学生，学习成绩很好。但在撰写求职简历时，除了填写自己在校所学课程以外，基本上没有其他内容填写。在几次参加求职面试时，面试官都提出让他通过在大学期间的实例描述自己获得和具备的素质与能力，这使小 A 陷入茫然。因为，自己在上学期间只是专注于课程知识学习，其他活动很少参加。为此，他很痛苦和迷惑，难道优异的学习成绩不能说明自己的基本能力吗？

关键问题： 良好的社会实践能力是提升大学生就业竞争力的关键所在。作为新时代的大学生，应该及时更新观念，注重实践能力的培养，提升自我人际交往能力、组织管理能力、语言表达能力及团队协作能力等。在不影响专业学习的基础上，应该积极参与各种校内外社会实践活动，提升自身的工作能力和就业竞争力，以尽快适应社会发展的需求。

理论与讲解

提升大学生职业素养，为社会输送"职业化、专业化与技能化"全面发展的高素质人才是新形势下高校应该面对的重要任务，也是提高大学生就业竞争力的有效途径之一。在个人的职业生涯中，专业知识技能固然重要，但要想获得职业成功，于个人所具有的职业素养最关键。但是，目前高等教育现状与社会对职业化人才的需求还存在着一定差距。解决这一问题的有效措施，就是在大学生在校教育期间，将素质拓展训练引入高等教育人才培养体系中，以解决大学毕业生在就业时凸显的职业化教育缺失现象，提升职业素养。

一、大学生素质教育的主要内容

根据大学教育的目标，大学生素质教育应该包括以下几个方面：思想道德素质、科学文化素质、专业技能素质、身心健康素质和科学创新素质等。

（一）思想道德素质

思想道德素质的核心是观念信仰和价值取向，发挥导向和激励的作用，保证一个人的正确发展方向。随着科学技术和市场经济的发展，更需要大学生具有良好的思想道德素质。

1. 良好的公民意识　每个大学生都要对自己的行为负责，关心他人，遵纪守法，自觉维护国家和民族的利益与尊严，遵守社会公德。

2. 正确的政治信仰　大学生要有正确的政治观点和政治信仰，要有明辨是非的能力和坚持四项基本原则的自觉性，要有热爱社会主义祖国的情感和民族自豪感。

3. 远大的理性志向　懂得共产主义社会是人类发展的必然趋势，是人类最美好最合理的社会，从而运用共产主义的世界观观察和对待人生问题，把为具有中国特色的社会主义奋斗作为崇高的人生理想和目标，并把为远大理想奋斗落实到现实的努力之中。

4. 现代的思想观念 大学生要有正确的世界观、人生观和价值观，具有较强的民族精神、科学态度、竞争观念、遵纪守法等良好的现代思想观念。

5. 高尚的道德情操 大学生要以为人民服务为宗旨，以集体主义为原则，以爱祖国、爱人民、爱劳动、爱科学、爱社会主义为基本要求，树立良好的社会公德和家庭美德。

（二）科学文化素质

科学文化素质是个体适应社会的工具，也是一个国家综合国力的重要指标。大学生是国家未来的建设者和接班人，必须具有较高的知识能力素质。除需努力学习马列主义、毛泽东思想和邓小平理论以外，还要学习以下丰富的科学文化知识。

1. 自然科学知识 以现代科学技术为先导和精髓的自然科学是认识和改造自然的重要工具，大学生肩负"科教兴国"的历史重任。

2. 社会科学知识 社会科学是推动社会全面进步和人的全面发展必不可少的理论指导，文科学生要全面掌握，理科学生也要重点了解。

3. 人文科学知识 人文科学是语言、文学、艺术等的总称。大学生学习人文科学知识，有利于对个体主体意识发生发展规律的认识，提高文化修养水平。

4. 管理科学知识 管理科学无所不涉，无所不及。大学生要掌握必备的管理科学知识，以便使各项工作得心应手，卓有成效。

（三）专业技能素质

1. 宽厚的基础训练 21 世纪的科学技术不仅表现为高速发展，而且呈现高度分化和高度综合，一专多能的复合型创造人才将是未来世界最受欢迎者。深度的专业学术素养与宽厚的专业基础训练的有机结合和互补互融，必将造就一代创造性高级专门人才。

2. 深透的专业素养

（1）专业知识 大学生除应具备专业知识外，还要根据各自的需要进行多元选择，以求专业知识扎实精深、其他学科知识博学多闻。

（2）专业能力 大学生必须具备一般专业能力（如资料查阅、阅读写作、社会调查、观察记录、实验操作等）、特殊专业能力（运用专业知识解决专业问题）和专业创新能力（运用创造思维和创造技法进行专业发现和专业创新）。

（3）专业方法 大学生要掌握专业领域内有效的学习方法、卓越的工作方法、科学的研究方法和创造的思维方法，以此适应专业学术的瞬息万变。

（四）身心健康素质

身心健康素质是大学生健康成长和适应社会发展的重要精神资源和物质基础，是理想信念与专业能力的实际载体。大学生要实现自己的理想就必须具有良好的身体心理素质。

1. 健康的身体 包括生理发育正常，体质健壮无病；精力充沛，耳聪目明；反应敏捷，有良好的感觉、领悟、思维、理解、应变能力。

2. 优良的心理 包括具有坚强不摧的意志和坚忍不拔的毅力；有开阔的胸襟，开朗豁达，能做到待人接物无私心、同事相处讲诚心、对待事业有热心、完成任务有信心、改正过失有决心、克服困难有恒心、面对非议不伤心、遇到挫折不灰心；具有积极进取的心态、高昂激越的情绪和饱满振作的精神；有艰苦创业的实干作风。

（五）科学创新素质

1. 强烈的创新意识　主要包括创新意向、兴趣和积极性，正确的创新方向，即创新的服务方向。

2. 出众的创造才能　主要是指能产生新设想的创造性思维能力和能制作新产品的创造性实践能力的总和。

3. 显著的创造个性　指创造主体成功的积极心理品格，主要包括事业心、进取心、自信心、勇敢心、坚韧心、独立自主心等。只有具有智能创新素质，能够自主地、动态地、不断地掌握和创新科学技术的劳动者，才真正有可能使知识和科技转化为生产力，才真正有可能成为竞争中的赢者。

二、大学生素质拓展的内涵与作用

（一）素质拓展的内涵

1. 概念　素质拓展，又称拓展训练、外展训练（outward bound），原意为一艘小船驶离平静的港湾，义无反顾地投向未知的旅程，去迎接一次次挑战，战胜一个个困难。拓展训练起源于第二次世界大战期间，经过不断发展与演变，现在认为素质拓展是现代人和现代组织新的学习方法和训练方式，是一种体验式对人的培训和锻炼，是对人的思想、身体、品质、心理、意志、能力及顽强精神的历练，同时也是对人的临场能力、团队精神、合作意识的模拟和培训，是一种结合素质教育和现实体验的全新"实战演习"。

2. 目的与意义

（1）目的　素质拓展作为一种全新体验式培训方式，其目的就是利用自然环境，通过专家用心设计的培训内容，培养人的进取精神、合作意识与团队精神，达到"完善人格、陶冶情操、磨炼意志、挖掘个人潜力、熔炼团队、提升管理水平"的培训目的，多方面提高被培训者的心理素质、人格品质和团队精神。

（2）意义　就高校而言，素质拓展是指在学科教育之外开展的，为指导大学生获得直接经验、发展独特个性和拓展自身素质而设计的一系列主体性教育活动，是对课外活动认识深化的结果。它属于体验式思想政治教育的一种形式，是真正以学生为主体的一和教育形式。就学生而言，素质拓展是为了受教育，通过参与实践感受其中包含的深意，归纳自己的感知。把课内与课外、学科与科学、学校教育与社会教育、教学内容与现实生活等内容进行有效结合，以其多样性、灵活性和独立性的优势弥补课堂教学的不足，促进自我在活动中学习、在快乐中学习，对学生成长具有的创新性、开放性、实践性和自主选择性的意义。

（二）素质拓展的作用

素质拓展的主要作用就是要让学生尽快由自然人向社会人转变，鼓励学生有计划地参加校内外社会实践和社团活动，丰富大学生活，全面提高综合素质和就业能力，具体包含以下三点。

1. 全面客观认知　研究表明，体验式团队素质拓展训练对大学生自我概念的形成和改善有较大作用，尤其是对学生体能自我概念、体表自我概念和情绪自我概念具有显著影响。学生在校期间的一个重要任务就在于自我剖析与定位，并以此做好职业生涯的准备。自我剖析的内容包括价值观、兴趣、爱好、特长、性格、学识、技能及协调、组织管理、活动能力等，即弄

NOTE

清自己是谁，自己想做什么、自己能做什么。素质拓展中的很多训练都可以让学生通过自我观察内省、活动参与评价等途径全面客观地认识自己、了解自己。

2. 突出体验教育　体验教育主要是通过实践使教育对象获得真实、深刻的感受，解决目前高校职业教育中存在的教学方式缺乏创新、教学内容脱离社会、教学效果流于表面等问题。学生在团队素质拓展中可以体验与传统教育方式的诸多不同：一是强调受教育者的主体能动性；二是游戏中的分享环节强调与社会现实问题的思考相结合，更具有时代性和实效性，更容易被大学生接受；三是关注学生情感和内心感受，是情感教育的重要内化机制。另外，素质拓展中有非常明确的奖励和惩罚环节，强调"一人犯错，全体受罚"，可让学生深刻地领会团结和担当的重要性，学会相互理解、相互支持。

3. 锻炼提升能力　对于应届大学毕业生来说，需要更多地获得提升就业成功率的技能。这些就业技能包括知识获取和掌握能力、沟通和展示能力、计划和问题解决能力、社会拓展和社会互动能力，属于通用的就业胜任力。目前，很多招聘单位很看重学生的"个人迁移技能"，那些具有主动积极性、能够发现和创造性解决问题的人更能受到欢迎。因此，高校应将提升这些技能纳入学科的课程中，并强调团队精神、问题解决、创造能力和分析能力等的重要性。素质拓展训练的活动项目强调吃苦耐劳、突破思维、团队合作等品质，且在活动后的分享环节可使学生总结宝贵经验，对于未来就业和工作有很好的启发意义和应用价值。调研发现，很多学生通过素质拓展训练，观念和态度有了很大改变，责任感和主动性增强，受挫能力大大提高，在面临未来的就业和职业选择时更加自信从容。

三、大学生素质拓展的主要途径

（一）积极参加各类社会实践，努力提升自我

1. 社会实践　如果把大学的专业知识教育称为第一课堂，那么在大学期间所参加的各种社会实践活动就是第二课堂。第二课堂可使学生将理论知识运用于实践，以有别于考试的方式了解自己对知识的掌握能力，在行动中培养自身的素质和技能，学会处理各种人际关系。这个课堂是大学生进入社会前的演练场，可以培养大学生的创新能力、实践能力和创业精神。因此，大学生应该有计划地接触社会、参加社会活动与实际工作。

2. 志愿者活动　志愿者活动是指立足校园、面向社会的义务服务及奉献爱心活动，如助老行动、扶贫支教、爱心帮扶、"大手牵小手"等。考虑到其对于学生成长成才的巨大影响，志愿者工作已经不再是一项简单的工作，而逐步成为培养全面发展人才目标的重要组成部分。大学生在志愿服务过程中可以开阔眼界、了解社会，不断增强社会责任感和历史使命感，自觉产生对国家、对人民的深厚感情。

3. 社会兼职　社会兼职包括顶岗实习、挂职锻炼和"三下乡"活动等。通过到企业进行实习锻炼、参加社会活动，可促进专业知识的实际运用与进步，也有助于学生综合技能的提高，更有助于今后的顺利就业。

（二）有计划地参加学生社团，做到持之以恒

高校学生社团是学生自发组织的群众性团体，是创新能力培养、实践能力培养、兴趣爱好培养的广阔舞台，也是校园文化活动的重要组成部分与素质教育的重要载体。它不仅丰富了大学生的生活，而且为大学生的健康发展提供了课堂以外的活动机会。

目前，学生社团呈现出多样性发展，种类越来越丰富，如理论研究类、文体活动类、科技创新类、志愿服务类、心理健康类、语言学习类等，内容丰富多彩。社团规模的发展壮大、活动品质的提高，都为学生锻炼自我提供了有利条件。另外，专业教师参与社团活动的指导，也进一步加强了社团工作指导力度与规范管理，保证了社团的健康发展和学生素质拓展教育的高质量。大学生可按照自己的个性特点与兴趣特长，结合专业学习，有选择有计划地加入社团，积极参加各项活动。

（三）主动参加校园文化活动，丰富人生视野

校园文化活动具有内容广泛、形式多样、自主参与、潜移默化等特点，对培养学生综合素质具有非常重大的作用，如大学生科技文化艺术节、职业技能大赛、"挑战杯"创业大赛、新生才艺大赛等活动，可充分展示大学生勇于追求、拼搏进取的精神；"大学生形象素质大赛""十佳歌手大赛""学子论坛""双语演讲""文学欣赏讲座"等，可锻炼提高大学生艺术素养；"冬季长跑""球类比赛"及特色体育项目等，可提高大学生体能体质，培养竞争、团体精神，使大学生在潜移默化中进行自立意识和综合素质的培养，丰富人生视野。

（四）积极参与就业创业训练，锻炼求职能力

大学生在校期间要主动并积极参加学校举办的多种就业指导活动，如模拟招聘大赛、名企校友讲座等，以锻炼自我展示能力、交际能力和公文写作等非专业求职能力，增加学生职场实战经验；同时，以互动的方式交流学习校友、学长们的面试技巧、职业素质、求职中的注意事项等，解决求职中面临的困惑和问题，逐步提升求职能力。此外，还要积极参与学校开展的创业系列培训、创新创业大赛与交流展示活动，培养创新意识，了解创业的基本程序。机遇总是垂青有准备的人，具有创业意向的大学生要在大学期间为以后的创业做一些初步准备，学会逻辑分析，全方位思考，面对问题不断改进、不断创新，提高思维的活跃性。同时，积极开展创业尝试，为职业发展积累一些必要的经验。

课后练习

在教师的组织下开展素质拓展训练。

NOTE

第九章　角色转换与适应

● 本章要点

通过本章的学习，了解初入职场可能遇到的问题，指导学生了解职场形象与职场礼仪的基本内容与要求，把握现代职业人的职业道德，形成良好的个人职业道德素养，构建和谐的人际关系及培养吃苦耐劳的精神，提升自己的岗位适应能力，加速个人向现代职业人的顺利过渡与转变。

大学毕业，步入社会，如何对自己新的人生阶段进行科学、合理的安排，如何更好地实现自己的职业生涯规划目标，是每个大学毕业生非常关心的问题。经验告诉我们，大学毕业生能迅速完成从学生角色到职业角色的转换，更快地适应新的职场环境、适应职业角色，才能在新环境中立足与发展，才能在竞争激烈的职场舞台上拥有自己的一片天地。

第一节　从学生角色到职业角色转换

◉ 困惑与迷思

维多利亚女王有一次和她的丈夫发生冲突，丈夫生气闭门不出，女王来敲门，丈夫问："你是谁？"女王理直气壮地回答："英国女王。"屋里没有声音，女王又敲门，声音平和了一些："我是维多利亚。"里面仍是悄然无声。最后女王柔情地说："亲爱的，开门，我是你的妻子呀。"门悄声地开了。

关键问题：为什么维多利亚女王同一个问题回答了三个答案她的丈夫才开门呢？一个人在社会中扮演的角色不同，对自身的要求也不尽相同，对于即将从大学校园步入职场的大学毕业生，正确地认识学生与职业人的区别是能否成为一个合格职业人的最基本要求。

◉ 理论与讲解

人的一生会经历多次不同社会角色之间的转换。大学毕业生走向社会，就是一种典型的社会角色转换。所谓社会角色，是指与人们的某种社会地位、身份相一致的一整套权利、义务的规范与行为模式，是人所处的相应社会关系的反映。不同的社会角色对应不同的行为规范和要求，大学生就业以后的角色就是各种社会职业人员，社会就会以职业人员的行为规范和要求去衡量、评价其行为。

一、学生角色与职业角色的区别

学生角色和职业角色是两个完全不同的社会角色，因为作为学生和作为职业人，两者的社会权利与义务是不同的，所代表的身份有着根本区别。

（一）社会责任不同

1. 学生角色　大学生是以学习、探索为主要任务的，整个角色过程是接受教育、储备知识、锻炼能力的过程。学好文化科学知识，掌握为人民服务的本领，使自己德、智、体、美全面发展是其主要社会责任。

2. 职业角色　职业人是通过以其特定身份去履行职责、依靠自己的本领或技能去为社会和他人服务且完成工作来体现。职业人必须适应社会、服从管理，在工作中犯了错误，必须承担成本和风险责任及相应的社会责任。

（二）社会规范不同

1. 学生角色　《大学生行为准则》规范大学生学习、做人和发展。大学生是受教育者，在其违反角色规范时，惩罚是辅助手段，以教育帮助为主。

2. 职业角色　对职业人的规范因职业的不同而各异，但都比大学生的社会规范更严格，一旦违背其社会规范，就要承担严肃的责任，甚至是法律责任。

（三）社会权利不同

1. 学生角色　大学生权利主要是依法接受教育，并取得经济生活的保证与资助，即以接受和输入为主。

2. 职业角色　职业人依法行使职权、开展工作，运用自己的知识技能，获得报酬，向外界提供自己的劳动，即以运用和输出为主。

（四）面对的环境不同

1. 学生角色　寝室－教室－图书馆－食堂，四点一线简单而安静的生活方式，单纯而简单的校园文化气氛，学习时间可弹性安排，有较长的节假休息日，教学大纲提供清晰的学习目标，学术上可师生讨论甚至争论，在规定的时间完成布置的作业和工作即可。

2. 职业角色　职业人面临的社会环境是快速的生活节奏、紧张的工作和加班，有严格的工作规定时间；所处的生活环境不仅局限于所工作的企业之中，更是生活在生活链、商业链、价值链的关系网之中，生活环境的复杂性、多变性加大。

（五）纪律观念要求不同

1. 学生角色　学校的生活是一种集体生活，实行统一的作息制度，对大学生提出统一的行为规范，学校的环境体现出开放、民主、自由、宽容的特点，使长期处在这个环境中的大学生显得单纯、散漫，缺少严格的纪律观念。

2. 职业角色　单位只在工作时间对员工提出要求，其他时间主要由员工自行支配，没有统一严格的方式来管理约束。职业活动对人的守纪、沟通、竞争意识有更为严格的要求，职场上常常体现出严格的纪律、等级森严的上下级关系、特定的决策程序、对结果实行奖惩等方面的特点。

（六）人际关系不同

1. 学生角色　在学校，大学生周围的人群是同学和老师，日常相处对象自然只有同学和老师，在这个环境中，更多的是纯朴的友谊，人际关系熟悉且单纯。

2. 职业角色　社会职业环境的人际关系相对复杂得多，不仅存在同事关系、上下级关系，还存在着各种复杂的社会人际关系。

二、做好学生角色与职业角色转换

（一）角色转换关键期与转换途径

毕业前夕和试用期是大学毕业生从学生角色到职业角色转换过程中非常重要和关键的两个阶段，它们有着各自不同的要求和任务，是角色冲突最激烈的两个阶段，可以通过角色协调使得角色冲突尽可能降至最低。协调新旧角色冲突的有效方法就是角色学习，即通过观念培训，以提高角色的扮演能力，使角色得以成功转换。

1. 毕业前的准备　每年从招聘单位进入高校开始应届毕业生招聘活动一直到第二年7月毕业生离校，前后有半年多的时间。在这一阶段大学毕业生要学会认识自我，清楚自己真正的需要和能力范围及职业兴趣，在此基础上寻找合适的工作，为即将面临的入职做好充分的身心准备。学会认知自我、定位自我及自我调适，是入职前的主要工作。

（1）认知自我　认知自我包括认知生理的自我，例如自己的体型特征、心理特征，尤其是兴趣、能力、气质、性格等；还包括认知社会的自我，例如自己的人脉关系、自己在集体中的位置与作用等。

（2）定位自我　在对自身有了明确的认知之后，接下来就是进行心理定位。大学毕业生在与招聘单位接触的过程中，可以加强对招聘单位的了解，切身体会到社会对自己的认可程度，合理确定自己的职业定位，进而通过签订就业协议书来确定自己的职业角色。心理定位能够帮助大学毕业生明白自己的目标和需求，在选择职业的过程中更加客观和全面。

（3）自我调适　当择业出现各种困难时，大学毕业生需要进行恰当的自我调适。没有一个人的职业选择是一帆风顺的，期间总会遇到各种难题。当择业不顺时，不要悲观甚至绝望，要努力看到事情的另一面，积极对待；当难以抉择时，不要一味地拿不定主意而浪费宝贵的时间和机会，要当断则断；当看到社会不公时，更不要钻牛角尖、愤世嫉俗，要保持心胸开阔，学会理性面对。

2. 见习期内的角色转换　一般来说，大学毕业生在开始工作的最初阶段都会有见习或试用的时间，之后转为正式员工，有人形象地称这段时期为"磨合期"。这个时间或长或短，虽然相对于今后长久的职业生涯来说，试用期所占的分量并不大，但这一阶段在很大程度上决定着未来的职业生涯能否顺利。

大学毕业生要在较短的时间内获得同事的认同和领导的肯定，应从以下三个方面提高和锻炼自己。

（1）要善于展现自己的知识　大学毕业生因为具有新知识而受到同事的青睐和尊敬，但也可能因此与同事产生一定的距离。因此，大学毕业生在同事面前一定要表现得谦虚、随和，在尊重同事丰富经验的同时，适时适度地展现自己的知识。

（2）要培养实事求是的工作作风　大学毕业生初入职场，因为需要适应新的环境及不同的要求，工作上难免出现差错和失误。此时，大学毕业生要实事求是，认真分析原因，找准失误点，同时要敢于向领导和同事承认，开展批评与自我批评，并勇于承担责任，以获得领导和同事的理解。另外，要虚心学习、请教，总结经验教训，防止和避免类似失误再次发生。

（3）要树立工作的责任意识　大学毕业生走上工作岗位之初，一般不会被委以重任，而是先从最简单的辅助性工作做起，这也符合人才成长的基本规律。面对这样的工作安排，大学毕业生要沉下心来，不管什么工作，都要以满腔的热情、高度的事业心和责任感认真对待，圆满完成，脚踏实地在平时的工作中积累丰富的经验，训练随机应变的能力，使自己实实在在地成长起来。

（二）角色转换过程中的常见误区

大学毕业生从在校生向职业人的转换是一个十分关键的人生转折，由于社会阅历有限，在角色转换过程中难免存在认识上的误区，这些误区也会在一定程度上影响转换的进程，因此正视这些误区是十分必要的。

1. 忽略角色转换的主体性　角色转换的主体是大学生自身，在角色转换过程中，大学生主体并不是完全被动地从属社会结构、文化标准，而是以生命进程为框架主动地进行个人取向、抉择和行动，安排其过渡。此外，大学生主体能动性的发挥与其自身保持何种心态、采取何种行为、过往经历、对未来的憧憬和计划等因素都有着密切关系。

2. 忽略角色转换的过程性　从学生角色到职业角色的顺利连接有一个过程。不能只关注转换的结果而省略复杂、曲折的情节过程，应该认识到过程中包含的大量信息。一般而言，大学毕业生要在社会规定的时间里完成角色转换，否则会给个体带来巨大的压力，妨碍正常的社会活动。

3. 片面认为角色转换过程的和谐性　大学毕业生的角色转换过程大多不能一帆风顺，在这过程中伴随着众多的矛盾和冲突。由于前后新旧角色不相同，其规范内容及其性质也有差异，很可能存在前后两种规范抵触、矛盾，加之个体认知的局限，势必难以达到社会公众期望的理想标准，从而在个体内心世界产生激烈的冲突。角色冲突会给处于角色转换过程中的大学毕业生带来一些消极情绪，如焦灼、无助、茫然，应从积极方面加以审视、反思。冲突是对处于角色转换中个体的一个提示，促使其做好相应的心理准备和行为选择，在社会规范间小心地保持平衡。

（三）角色转换的实践原则

学生角色向职业角色转换具有周期长、过程艰苦的特点，需要大学毕业生边学习、边适应、边调整，坚持不懈地努力，自觉加快角色转换的速度，尽快进入职业角色。在角色转换的过程中需要注意以下实践原则。

1. 强化职业角色意识，培养职业兴趣　爱岗敬业是学生角色向职业角色转变的基础。大学毕业生走上工作岗位之后，应遵守职业角色规范，正确行使职业角色的权利，忠实履行职业角色的义务，使自己的言行与职业角色的内在要求相适应，全身心地投入到工作岗位中去。如果患得患失、心不在焉，经过几个月甚至一年的适应还不能完成角色转变，将会直接影响职业兴趣和工作业绩。另外，"甘于吃苦"是完成角色转变的重要条件。只有"甘于吃苦"，才能实事求是地分析和对待角色转变中遇到的种种困难，才能积累丰富的社会经验、营造和谐的人际关系，促进职业层次的发展。

2. 提高社会责任意识，强化职业素质　角色规范是社会赋予角色的行为模式，也是社会评价角色的尺度和标准。大学毕业生走上工作岗位以后，必须时刻意识到自己所从事的工作与社会发展的关系，明确自己对社会所承担的责任，按照职业角色规范的要求，不断提高自身的职业素质，加强自身的职业道德建设，努力履行自己的社会义务。

3. 增强独立自主意识，勤于思考和研究　缺乏自主意识和独立生活能力是当前大学毕业生普遍存在的问题。大学毕业后，要想把自己学习掌握的知识和能力，通过提供劳动或服务的方式回报社会，则需要提高自己的自主意识和创造能力。同时，从学生生活转入职业生涯以后，通过劳动获得了职业收入，经济上也具有自立的能力。因此，增强自主意识，提高自立能力、独立工作能力和创业能力，是大学毕业生实现角色转换的客观要求和重要条件。勤于观察思考、善于发现问题是角色转换的有力保障。大学毕业生进入职业角色，通过观察问题，才能发现问题；通过运用自身掌握的知识去努力解决问题，才能掌握大量的第一手资料；通过分析研究职业对象的内部规律，才能培养自己的独立见解，从而逐步具备独立开展工作的能力，更好地承担角色责任。

4. 提高心理调适能力，跨越心理误区　大学毕业生在角色转换的过程中，往往会面临着新旧角色的冲突。有些人由于受到社会因素、家庭因素，尤其是自身认知能力、人格心理发展、意志品质及情感等因素的影响，不能正确认识角色转换的实质，或者在角色转换过程中不能持之以恒，导致自己的心理与职业角色的社会地位、作用和要求不相适应，于是在角色转换过程中出现心理困扰。因此，大学毕业生应注意调整、控制、改善自身的心理卫生状况，不断提升自身心理素质。

小组讨论

教师对全班学生进行分组，各组就医务人员与医学生的角色不同点进行讨论，然后每组指派一名同学进行汇报，讨论结果，教师进行总结、点评。

第二节　职场环境和岗位适应

困惑与迷思

小萌毕业后，来到一家中型企业工作。刚来的几天，充满着好奇，充满着骄傲。可是没几天，他开始不喜欢这个企业了，觉得与自己理想中的企业相差太远，好多事情都与自己设想的不一样。说管理正规吧，自己看还有好多漏洞；说不正规吧，劳动纪律抓得又太严，自己觉得很不舒服。于是，小萌的心态变坏，感到不愉快，与一个同来的伙伴常发牢骚，说："这个企业怎么浑身是毛病，干得真没意思。"这样的抱怨不知怎么传到上司耳朵里，还没等到小萌对这个企业真正有所认识，就被炒了鱿鱼。

关键问题：像小萌这样大学毕业后出现类似问题的毕业生并不少见，如果你是他的同学或好朋友，会如何帮助他呢？指导他摆正心态，做好适应工作岗位的心理准备和素质准备，掌握快速适应职场环境和岗位能力是最有效的帮助。

理论与讲解

如何快速适应职场环境和工作岗位是每一个大学毕业生入职后面临的首要问题，是影响大学毕业生能否顺利开展岗位工作的首要因素。此时，做好适应工作岗位的心理准备和素质准备，掌握初入职场遇到问题的解决能力就显得十分必要。

一、职业角色心理适应

作为职场新人，如何才能摆脱窘境，绕开职场中的绊脚石，从职场"菜鸟"进化为成熟的职场生力军呢？

（一）心理断乳，跨过转型障碍

面对从学生到社会人的角色转换，职场新人多半存在着依赖心理，不够自信，难以进入角色。要从心理上断乳，首先应当多从前辈身上学习，学习他们处理问题的方式，尽快掌握业务技能，丰富自己的专业内涵；其次要暗示自己，遇到难题不要发怵，犯了错误也不要慌张，这是每个人从稚嫩到成熟的必经之路；第三是要进行职业规划，制定自己的职业发展轨迹。

（二）甘当配角，方能厚积薄发

初入职场，要有表现自己的勇气，也要有甘当配角的气度。能当主角唱大戏纵然很好，但缺乏经验的新人在羽翼未丰之时，虚心做配角也十分重要。新人往往对工作抱有很高的期望值，不满足业务"打杂"，心气很高。其实，主动为上级或其他同事做些辅助性工作，也是学习和锻炼的好机会。日复一日，耳濡目染，新人的经验值就会不断提高。举轻若重、一丝不苟地做好工作的每一件"小事"，就能为以后做"大事"积累足够的资源。

（三）自我管理，给自己上根弦

职场新人的迷茫，部分是由于缺乏自我管理，工作生活无章法。要对自己进行时间管理，对于每日要做的事项分门别类做好时间计划，对当日日程心中有数；样样东西井井有条；勤微笑，和同事搞好团结；遇到学习、培训的机会要主动争取，多接受各种训练，提高自己的工作能力；遇到工作问题要勤思考；在向上司征询难题时，最好能提供多种解决方式让其决策。

二、适应新的工作环境

适应新环境最主要的是要树立角色意识，大学毕业生从学生角色进入职业角色，应该有意识地强化职业角色意识，让自己在主观上尽快适应新的环境。

（一）积极参加岗前培训

一般来说，大学毕业生到招聘单位后，都要进行适应性培训、专业培训。大学毕业生应该利用单位岗前培训教育的机会，尽快熟悉规章制度、用人理念、组织文化、技术特点等，以便更好地融入企业团队中。

（二）不轻言跳槽

随遇而安的心态是大学毕业生在职业生涯初始阶段必不可少的。作为一无工作经验、二无娴熟工作技能的毕业生，要想尽快地进入职业角色，必须脚踏实地地工作。如果目光短浅、眼高手低，稍不如意就一走了之，受损失的不仅是招聘单位，更是大学毕业生本人。一个在职场

NOTE

上养成"漂"的习惯、形成"漂"的心理的年轻人，是难有大作为的。

（三）不断更新知识结构

大学毕业生到了工作单位后，在工作安排上，不可能每个人都是严格的专业对口，特别是一些中小企业，需要的是"全才""通才"。为了适应工作的要求，大学毕业生需要不断地学习，及时补充业务知识的不足，从知识结构上去适应工作的新环境。

三、树立良好个人形象

良好的个人形象是人际交往的重要资本。大学毕业生在初到工作岗位时，树立起良好的职业形象既是职业的体现，又是素质和水平的象征，尤其是良好的第一印象是职业形象成功的开端。

（一）衣着整洁，仪态大方

仪表是职业形象的基本外在特征，是一个人文化素养的外在表现，端庄的仪表会给人良好的第一印象。不同性质的单位，服饰仪表有着不同的审美标准和习惯。但是，无论从事何种工作，都应整洁、大方、顺应潮流，不能过于花哨时髦，过分新奇另类或不修边幅都有损自身形象。

刚参加工作时，日常的待人接物、言谈举止都会给人留下深刻的印象。得体的言谈举止应该表现为亲切、热情、有礼貌、有理智、讲道德、讲信用。与人交谈时，应注意发现别人感兴趣的话题，不要太多地谈论自己，要善于倾听别人的言论，尤其注意不要随便打断别人的谈话。与人相处应不矜不持、不卑不亢，并注意倒茶、让座、接听电话等日常礼节。

（二）工作负责，遵守纪律

一个成熟的职业人要有强烈的责任感做支撑，对自己的决策和行为负责。既然选择了这个职业，就要具备强烈的责任心，自觉遵守各项规章制度和工作纪律。相反，迟到早退、行为懒散、不守约，不守信，就不可能赢得别人的信赖和尊敬。

（三）积极进取，踏实肯干

大学毕业生走上工作岗位后，首先要经历一个由理论到实践的过程。要注意将学到的理论知识积极运用到解决实际问题中。要注重从经验和实践中学习，不断提高自己分析问题、解决问题的能力。对待工作要认真负责，做事要善始善终，任劳任怨，甘于奉献，不能因为某些工作太脏、太累、太苦、太单调而轻视或推脱。

（四）严守秘密，少说多做

有些保密性较强的单位，对工作人员的纪律要求较严，到这些单位工作的大学毕业生，应当严守机密，不能随便向外人透露内部情况。不要混入任何"办公室帮派"，平时在办公室不要议论和公司有关的任何事情。

四、建立良好人际关系

不管进入什么性质的单位，都存在着人际关系的问题，每一个单位都有一张人际关系网，要想成就事业都要建立良好的人际关系，这不仅是生活的需要，更是工作的需要。刚参加工作的大学毕业生要想在职场上建立良好的人际关系应注意以下原则。

（一）热情主动

主动是人际交往的首要原则。给别人爱你的理由，播撒爱的种子才有爱的收获，要懂得对他人先表示友好。当他人遭到困难、挫折时，主动伸出援助之手。要记住"雪中送炭"远比"锦上添花"更令人感动和难忘。

（二）尊重他人

"爱人者，人恒爱之；敬人者，人恒敬之。"尊重他人是一切人际关系的基础。记住他人的名字则是非常实用有效的方法之一。事实上，能否记住名字或面孔本身就是对他人是否尊重和重视的检验。进入工作环境后，要尽快地记住同事、领导的名字与面孔，这样既能避免见面时不知如何应对的尴尬，又能让他人感受到你的平易近人，为建立和谐的人际关系打下良好的基础。

（三）学会倾听

当一名好听众也是在人际交往中获取好感的重要砝码。与人相处不但要懂得说话，更要懂得倾听，因为每个人都希望别人能够分享自己的想法与情感，并且获取他人的理解与支持。在表达自己的不同看法时，首先要认可别人的想法，再礼貌地提出自己的看法，这样就会在表明观点的同时避免了冲突，不伤及彼此的关系。

（四）学会赞美

赞美是世界上最美的语言。如果想在人际圈中得到别人的好感，就要学会在恰当的时机用恰当的方式赞美他人。赞美能让人身心愉悦、精力充沛，还能激发自豪感、增强自信心。所谓恰当，就意味着一定要真诚，发自内心。赞美时切忌夸大其词，不着边际和虚伪做作。另外，不能人前一套、人后一套，当面说人好话、背后说人坏话，甚至传递其他人之间相互指责、诋毁的话。

（五）学会宽容

"海纳百川，有容乃大。"世界上不存在完美无缺的人，同样也不存在一无是处的人。在人际交往中不要总是看到别人的短处，要多想想他人的长处。用宽容的态度对待别人，不利于团结的话不说，不利于团结的事不做，不挑拨是非，不猜疑嫉妒，堂堂正正做人，踏踏实实做事，这样就一定能建立和谐的人际关系。

（六）换位思考

"己所不欲，勿施于人。"在与人相处时要适当地替他人着想，切忌以自我为中心，损人利己。经常思考如果自己处在他人的位置上会怎样，这样就能理解他人的反立，也就不会出现强求别人做到连自己也做不到的事情。在争取自己利益的同时，也要不断兼顾他人的利益，才能在人际交往中受人欢迎。

（七）谦虚随和

谦虚随和容易给人一种平易近人的感觉，大家都乐于与谦虚随和的人交往，觉得彼此之间愉快舒畅。大学毕业生刚到单位上班，特别要放下架子，甘当小学生，遇事多用请教和商量的口吻说话，不能以己之长比人之短。对于别人的不足之处或工作失误也要能够宽容，并给予必要的帮助。人际交往中切忌孤陋寡闻而又自命不凡。

五、适应组织文化

组织文化是组织在工作过程中形成的一种共同的行为方式和价值观，是推动和促进组织持续

NOTE

稳定发展的决定性因素。组织文化对大学毕业生道德观念、价值取向、行为方式等有着重要的影响；组织文化所决定的工作方式、生活方式将直接影响毕业生在组织内的发展，对大学毕业生职业生涯的发展起着举足轻重的作用。因此，对组织文化的适应是职业适应的一个重要内容。

（一）深入了解组织文化

新员工应当主动依靠网站、刊物及相关的企业员工手册、企业文化手册等文献资料了解组织及其文化，包括组织的发展史、经营理念、决策机制、发展目标和关键的人际关系等。深入了解组织文化，有助于提高员工的自豪感和忠诚度，激发员工的自信心和工作热情，可以帮助员工互相沟通，熟悉工作流程，不断提高组织竞争力。

（二）认真对待新员工培训

新员工培训又称岗前培训，或职能教育。有质量的培训不但可以帮助新员工了解企业行为规范、提高工作技能、尽快适应岗位要求等，更重要的是可使新员工体会企业的文化理念，这也是新员工接触企业文化的一个绝好机会，要认真加以对待。

（三）工作中勤学好问

初入职场，面临一个全新的陌生环境，有许多知识需要重新学习。这就需要大学毕业生在工作中要多学、多问、多了解。对于看得见的规矩，可以找来公司的规章制度、流程和职位说明书加以学习，了解自己以后该做些什么；对于看不见的也就是企业文化，要向公司前辈请教了，因为他们在公司的工作时间长，对公司的方方面面可谓了解入微。

（四）遵守规范

组织的日常行为规范是一个组织得以正常、有序运行的基本保障。融入企业文化就是入乡随俗，要自觉遵守这些规章制度。每个组织也都有一套自己的工作方式和习惯，这是组织文化的一种特殊表现形式。从业者也要尊重团队的工作习惯，不要因为与自己的生活习惯有冲突而脱离组织团队自行其是。

（五）尽快融入新团队

现代企业崇尚团队协作，这是市场竞争模式的发展要素。有团队必然有文化及其自身的一套规章制度，融入一个公司的企业文化也就是融入公司这个团体。所以多参加公司举办的各种活动，有利于互相加深感情，更快地融入新的团队。

◉ 职场人物访谈和感悟分享

邀请2~3名本专业的优秀校友进行访谈，分享其毕业工作后做好职场环境和岗位适应的一些经验和体会。在访谈结束后要求每位同学写出对自身毕业工作后如何做好职场环境和岗位适应的计划举措，教师在课堂上对同学们所写的内容进行集中点评。

第三节　努力实现职业生涯目标

◉ 困惑与迷思

小明在一家颇具影响力的出版集团工作了三年，原本踌躇满志的他，越来越觉得无所适从。毕业于名牌大学计算机系的他，工作努力，不仅夜以继日地加班加点，还研制出一套专用数据交换系统，节省了大量费用，受到领导的表扬。但是，在文科为主旋律的工作单位背景下，小明越发感觉到，他的部门在整个单位里只是边缘部门，起到后勤服务作用。螺丝钉的角色，使得他们不可缺少但也不被重视，既没有脱颖而出的可能，也失去培训、高薪的可能。况且小明的单位还保留着论资排辈的传统，年轻的上司使得小明晋升的可能性浪小。小明觉得如果不改变现状，那在事业上必将一无所成。然而因同样原因改变现状跳槽的同事却纷纷以实际惨痛遭遇忠告小明："稳定相当重要，至少可以旱涝保收。"小明陷入了困惑中。

关键问题：像小明这样遇到类似问题的大学毕业生并不少见，对于自己的职业生涯未来无计划无目标，如果你是他的同学或好朋友会如何帮助他呢？指导他尽快制定自己的职业生涯计划并制定适合自己的合理的职业生涯目标是刻不容缓的事情。

理论与讲解

职业生涯目标是指一个人渴望获得的与职业相关的结果，是个人在选定的职业领域的某一节点或某一时期要取得的成绩或要达到的高度，是在考虑个人的内因和外因的基础上确立的职业上要达到的成就。职业生涯目标的实现需要自身长期的自我管理，通过科学地对自身的能力、兴趣及价值观等进行分析、评价，对目标进行适时调整，逐步实现自身职业生涯目标。

一、职业生涯的科学管理

（一）职业生涯规划的评估反馈

系统的职业生涯规划包括 5 个步骤，即自我探索、环境探索、确立目标、制定与实施行动方案、评估反馈。其中评估反馈是职业生涯目标得以实现的重要保障。

评估反馈即根据主客观条件的变化，及时针对规划的目标和行动方案做出调整，从而保证制订的方案不偏离自己确立的目标方向。常言说：计划赶不上变化，事物都是处于运动变化中的。随着自身及外部环境条件的改变，职业生涯规划也要随之变化。大学生正处于人生观、价值观形成阶段，社会的经济、政治、文化也都在发展变化，种种不定因素使得原本制定好的规划设计会与实际情况产生偏差，这就要对设计做出修订。修订的内容主要包括生涯机会的重新评估、职业的重新选择、职业生涯目标的修订、计划和措施的变更等，这期间要做到谨慎判断，果断行动。谨慎判断就是无论变化多大，都要在理清来龙去脉后再做判断；果断行动就是要在判断后立即采取行动，重新修订自己的生涯设计，对自己的发展机会有一个清楚的了解，找出关键的有待改进之处。为这些有待改进之处制定详细的行为改变计划，从而保证职业生涯的健康顺利发展，最终实现人生的职业理想。

总之，职业生涯规划是一个持续动态的过程，有效的职业生涯规划需要不断地反省修正职业生涯目标，反省策略方案是否恰当，从而能够适应环境的改变，同时可以作为下一轮规划的参考依据。

（二）如何科学调整职业生涯目标

影响职业生涯目标调整的因素分为内部因素和外部因素两部分，内部因素主要包括价值观、兴趣、能力、知识等，外部因素主要包括人脉关系、经济状况、父母期望、劳动力供求关系、岗位能力和素质要求、工作地点、企业文化等。

1. 职业生涯目标和职业生涯规划的关系

（1）职业生涯目标的确定是职业生涯规划的前提和核心　职业生涯规划通常是在设定目标的过程中产生的，职业生涯目标的确定是职业生涯规划中的一个前提步骤，只有确立了职业生涯目标，才能选择走哪种职业发展路线，进而进行职业生涯规划。进行职业生涯规划有 5 个步骤：知己、知彼、决策、目标、行动。职业生涯目标的确立是极为关键的一环，没有职业生涯目标，职业生涯规划将无法进行。应该注意到，职业生涯目标的可实现性越大，就要将目标制定得越具体，因此有效的职业生涯规划以切实可行的职业生涯目标为必要条件。只有这样才能排除职业发展中可能出现的不必要干扰，才能在职业生涯规划的指导下全心致力于目标的实现。

（2）职业生涯目标决定职业生涯规划的方向和内容　目标是指引人们获取生活中想要获得东西的路标，是一种持续进行的过程，意味着对人生局限性的扩展。有一个明确的职业生涯目标，所有的力量就能够集合在一起。职业生涯目标会对职业生涯规划的内容和方向起到重要的决定作用，职业生涯目标不同，职业生涯规划关注的重点就不同，职业生涯规划的具体内容也就会有较大差异。

（3）职业生涯规划细化了职业生涯目标　职业生涯目标是一个总括性的方向，特别是长期目标一旦确定下来，一般就不会再轻易进行变动。要实现宏伟的目标，就必须有具体的计划，将大目标细化为小目标，按照具体的小目标逐个去实现，使行动有了具体可以着手的地方，当小目标都实现时，大目标自然也会实现。职业生涯规划能够使职业生涯目标实现具体化和细致化，使目标的实现有了具体可行的路径。

（4）职业生涯规划是职业生涯目标落实的保证　空有目标而无具体计划，目标永远都是奢望。职业生涯规划使得职业生涯目标精细化，而职业生涯规划最终落脚点在于"行动"，即职业生涯规划要能够得到执行。只有具备了较好的职业生涯规划，职业生涯目标才有可能得到实现。职业生涯规划能够得到越好的落实与实施，职业生涯目标的实现可能性就越大；反之，不好好落实职业生涯规划，将其束之高阁，那么职业生涯目标就会成为永远都不可能实现的目标。

（5）职业生涯目标与职业生涯规划辩证统一　职业生涯目标与职业生涯规划间相互影响、相互促进，辩证统一。职业生涯目标的确定使职业生涯规划得以进行，规划使目标具体化。通过实践，对职业生涯目标有更深的思考，调整不合适的职业生涯目标，确立更加符合实际的目标，修正后按新的职业生涯规划进行实践，不断循环，直到实现所确定的职业生涯目标，进一步实现人生的终极目标。

2. 职业生涯目标调整的要素　职业生涯目标是职业生涯规划的核心。坚定的目标可以成为追求成功的驱动力。合理选择职业生涯目标和路径，并用高效行动去实现职业生涯目标。职业生涯目标调整的要素包括树立正确的生涯发展信念、自我评估、设定发展目标、生涯机会评估、制定行动方案与计划、生涯评估与反馈和职业方向定位。

（1）树立正确的生涯发展信念是人生的起跑点　在制定职业生涯规划时，首先要确立人生志向，期望人生取得更大发展，这是制定职业生涯规划的关键。

（2）客观认识自我与环境，准确职业定位　把正视自身的优点和不足、客观分析自己的能力结构、职业兴趣、职业价值观、行为风格、个性特征等，作为设定职业生涯目标和策略的基础，准确地进行职业定位。

（3）评估职业机会　通过多种途径，尽可能地获取目标行业、目标职业、目标企业（招聘单位）的相关资讯，结合自己的专业情况、就业机会、职业选择、家庭环境、社会需求等因素，理性地评估职业机会，以此作为设定自己职业目标的基础。

（4）择优选择职业目标和路径　在知己知彼的基础上，以自己的最佳才能、最优性格、最大兴趣、最有利的环境等信息为依据，选择最适合自己的职业目标，并确定相应的职业发展路径。

（5）制定行动计划和行动策略　终生学习，围绕职业目标的实现采取高效行动，制定具有针对性、明确性与可行性的行动计划。

3. 职业生涯目标调整的原则　职业生涯目标的反馈与调整是职业生涯中不能回避的问题，也是保证职业生涯成功和职业生涯目标实现的重要手段之一。进行职业生涯目标的反馈与调整需要注重下列原则。

（1）目标要具有一定的灵活性　经济、社会、技术在迅速发展，根据环境、自身客观条件的变化，经过尝试和实践检验，对自身的认识需要不断完善，及时进行反馈与调整，适时微调，更有利于职业生涯目标的实现。在多元化和全球化的今天，职业更新速度加快，必须随时准备经常转换职业角色，要善于灵活地从一个角色迅速转换到另一个角色，以主动的姿态适应社会和环境的变化。目标具有一定的灵活性，但也要注意适度，不能以灵活性为自己的意志薄弱和退缩找借口。

（2）目标要体现发展性　一个复合的社会将不仅需要专业化知识，同时还需要通用化及多样化的技能。我们为未来职业考虑，绝不应只"低头拉车"，专心研究某一专业知识，还应同时"抬头看路"，看看这种专业知识在未来社会是否还为人们所需求，看看现在的社会正发生着怎样的变化，什么样的新技能已经出现，需要尽快学习和掌握。以长远眼光看问题，在职场上多掌握几种技能要比只精通一门狭窄的专业知识更有用。

（3）追求个人职业生涯目标与组织发展目标的一致性　个人的职业生涯目标与组织发展目标相吻合，对个人、组织和社会都具有重要意义。如何让个人的发展与组织的发展相一致，这是组织开发人才必须解决的一个问题，也是个人职业发展不能回避的问题。在员工的成长与开发过程中，需要人事部门提供必要的信息，创造成才的机会，给予员工必要的帮助与指导，这是开发人才的一个重要措施，也是员工个人职业生涯目标能与组织发展目标相一致的重要前提条件。作为个人，不管喜欢不喜欢，每个人都是社会的一分子，是工作团体的一员，而每个组织都有自己独特的规范、文化和发展目标，个体必须生活在这些规范、文化和目标中，才能被团体接受，也才会有归属感。当然，组织的一切不一定与个体本身的需求、价值观一致，甚至有时是冲突的，但是无论如何，个人的职业生涯目标策略或决定必须考虑到本组织的现实，职业的发展不可能脱离组织所界定的规范和组织的发展目标。个人是无法自足的，很多事情须依赖他人、组织或社会，也只有在团体和社会里，个人才能得到认同，才能有价值感。既能使个人成才，又能满足组织所需，这是最好的选择。

（4）平衡其他目标　职业生涯策略还包括为平衡职业生涯目标和其他目标（如生活目标、家庭目标）而做出的种种努力。因为人生不仅仅是自己一个人，人生也不是只有工作，我们也

NOTE

不是仅仅扮演职业人的角色，如果忽视了生活目标和家庭目标，协调不好生活中的诸多需要，要想长久保持工作中出色的表现几乎是不可能的，职业生涯目标的实现也会遇到许多障碍。

二、职业生涯目标的实现

职业生涯目标的确立使高校大学生有勇气坚持完成他们有能力完成的学习任务和实践活动。职业生涯目标的实现，对大学生来说，是一种激励，会促使他们更加努力地朝着职业生涯规划的终极目标前进，直至到达事业成功的彼岸。然而，现实情况是，尽管很多大学生给自己制定了一个明确又切实可行的职业生涯目标，但这个职业生涯目标并不能保证他们一定能够获得成功的发展。因此，大学生不仅要根据自己的实际情况寻找适合自己发展的职业生涯目标，而且要采取有效措施，确保已经确立的职业生涯目标最终得以实现，只有这样，才能增加自己职业生涯成功发展的机会，给自己的人生增添一些动力。

（一）自信是实现目标的动力

自信是成功的秘诀之一。对于年轻人而言，由于缺乏生活经验和阅历，情绪容易大起大落，一旦遇到挫折，往往一蹶不振，所以自信心的作用就显得更重要了。职业生涯规划是自己的人生蓝图，若想将蓝图变为现实，首先要树立自信心。有了自信，才能面对现实，才能克服困难，才能产生无形的力量，推进职业生涯的发展，实现人生的美好愿望。如果一个人树立了目标，并充满自信，目标进入了潜意识，就会成为一个人的自动行为，实现目标就如同吃饭、走路、骑自行车一样自如，无需对每个动作有意识地发出指令，一切动作均在无意识的状态下进行。对于努力和拼搏，没有劳累、辛苦之感，只认为是一种习惯动作。既然成为习惯动作，也就能够持之以恒，坚持不懈，直到一个又一个目标的实现。大多数人即使确立了目标，由于并不衷心渴望达成，所以也就缺乏达成的自信心。想要拥有自信，全神贯注的信念是非常重要的，为了做到这一点，不妨试试花一天的时间全力沉浸在工作中。

有大成就的人知道把精力放在自己最擅长的地方。赢家的人生像水流，他们找到一条道路，便循着这条道路前进。站在大河边，想想流水的力量有多大？就因为它集中所有的运动在一个方向上。当集中精神在自己能表现最好的事情上时，会觉得自信心增强。大多数人都有一种倾向，那就是认为自己可以把太多事做好，这是一种错误倾向。每个人都要发现自己的优势，然后将重心放在最大优势上，才能增加自信，获得事业的成功。

（二）潜能是实现目标的力量

一个人要实现自己的职业生涯目标，干出一番惊天动地的事业，须在树立自信、明确目标的基础上，进一步调整心态，开发潜能。著名的心理学家奥托指出，一个人所发挥出来的能力，只占他全部能力的4%。也就是说，人类还有96%的能力未发挥出来。人具有很大的潜能是无可否认的。任何一个平凡的人，都存在着巨大的潜能，如果潜能得到发挥，每个人都将有所作为。

心理学家研究发现，人的潜能与潜意识有关，而且人的潜能就存在于潜意识之中，而追求愉悦是潜意识的本能。在愉悦自信的心情下，潜意识才容易充满活力。这时如有一个目标在前面召唤，不用思考采用什么方法去追求，潜意识也会想办法，尽其所能地达到目标。许多科学家就是利用潜意识的这一功能进行发明创造，突破科学难关，解决日常生活中的难题的。例如，当一个人为某事所困扰，百思不得其解时，如果到河边或公园散散步，放松一下，有时突然出现一个闪念，答案有了，正是解决问题的办法。这就是潜意识在发挥作用。

（三）乐观是实现目标的财富

一则故事：一个体弱的富翁和一个健康的穷汉，两个人互相羡慕对方。富翁为了得到健康，乐意出让他的财富；穷汉为了成为富翁，随时愿意舍弃健康。富翁请了一位世界著名的外科医生给他俩做了换脑手术并取得成功。其结果，富翁变穷，但得到了健康的身体；穷汉变富有，但变得病魔缠身。不久，成为穷汉的富翁由于有强健的体魄，又有着成功的意识，渐渐地又有了很多财富。可同时，他总是担忧着自己的健康，由于总是担惊受怕，久而久之，健康的身体又回到原来多病的状态。而那位由穷汉变成有钱人，身体孱弱，虽然不会理财，坐吃山空，但日子却过得无忧无虑，能吃能喝，有说有笑，常常忘记自己孱弱的身体，钱不久便挥霍殆尽，而由于他无忧无虑，换脑时带来的疾病也不知不觉地消失了。最后，两人都回到了原来的模样。

从心理学的角度来分析，这个故事具有一定的科学道理。富翁与穷汉为什么换脑之后仍会回到原来的模样呢？因为这时穷汉无忧无虑，能吃能喝，有说有笑，身体健康成为他最大的资本，此时的他是知足常乐的，这种心态让他忘记了孱弱的身子。而此时的富翁总是担忧自己会变成原先富人的样子，丧失健康的身体，一感到不舒服便大惊小怪，对生活丧失了乐观的信心。这就是他们自己的心理情绪起了重大作用。故事告诉我们，乐观健康的情绪能把人带进"天堂"；悲观有害的情绪能把人引入"地狱"。从这一故事中我们可以得出这样的结论：如果没有乐观的情绪，人永远不会有快乐。人类最不可弥补的损失就是丧失乐观的心境。在我们每个人成长的过程中，顺境和逆境始终交替出现，要学会在顺境中保持一份警醒，在逆境中表现出一种从容，以平常心对待人生。对个人来说，大环境难以改变，而个人的三观能动性却可以充分发挥，调整好心态最为关键。大学毕业生作为迈向社会的新人，面对激烈的职场角逐，遭遇一些挫折、摔上几跤在所难免，而多经历些风雨，将是今后人生和职业生涯发展的宝贵财富。

（四）行动促成目标实现

俗话说：心动不如行动。因为只有行动，才有成功的可能性。只有从现在做起，才能完成人生设计。职业生涯目标有长期目标、中期目标和短期目标。短期目标又分年目标、月目标、周目标和日目标。日目标的完成情况如何，直接影响周目标，周目标影响月目标，月目标影响年目标，年目标影响短期目标，以此类推，最后影响长期目标。所以，当日的事情能否完成，并非小事。一个人要想实现自己的生涯目标，就必须从当日做起，当日的事情当日完成，养成立即行动的习惯。

行动是习惯，拖延也是习惯。这种习惯与能力无关。有些人能力很强，就是有拖延的习惯，使自己一事无成，职业生涯设计不能实现。所以，这个习惯必须引起重视。如果自己有这个毛病，应有意识地训练自己，用好习惯取代拖延的习惯。一个人要实现自己的职业生涯目标，只有立即行动还不够，还要不怕困难和阻力，持之以恒。因为，前进的道路并非平坦大道，可能出现各种各样的困难，可能遇到各种各样的矛盾。如果没有坚持到底的精神，职业生涯目标是实现不了的。一个人要想获得事业成功，必须具有敢于克服困难、敢于拼搏、坚持到底的精神。职业生涯目标的实现，一方面靠苦干、实干，另一方面也需要灵活机动。特别是在当今多变的时代，一切因素都处在变化之中，职业生涯规划不可能脱离现实，变是正常的，不变才是不正常的。应根据内外环境的变化，随时对自己的职业生涯设计进行调整。必要时应准备几套实施方案，当情况发生变化，第一套方案受阻时，就按第二套方案行动。环境在变，行动也做出相应的改变，这样就能避免由于内外环境的变化而使设计落空。在适应内外环境变化的同时，还要学会迂回前进。如果驾车外出办事，在行车中遇到此路不通时该怎么办？是停车不动？是打道回府？还是绕道而行？一定会绕道而行，到达目的地，把事情办完，这就叫"迂回前进"。人生事业的发展，要获得理想的成功，应当如此。

歌德有一句名言："仅有知识是不够的，我们必须应用；仅有愿望也是不够的，我们必须行动。"也就是说，仅有思考，理想不会变成现实；仅有期待，美梦不会成真；仅有幻想，目标也只能成为泡影。只有付诸行动，一切才会真实而明确地展现在眼前。

🕐 小组练习

在教师的指导下，对授课学生进行分组，每组学生对自己成员的意向职业生涯目标进行分析评价，并对他们的意向职业生涯目标今后的评估调整及如何实现给出中肯的意见建议，从中体会职业生涯目标的实现过程。

课 后 思 考

1. 结合自身专业特点，如何做好学生角色与职业角色转换？

2. 结合自身所处专业及学习环境情况，大学毕业生可以通过哪些途径提升自身职业素质？

3. 调整职业生涯目标应遵循哪些原则？

主要参考文献

[1] 焦金雷. 大学生就业与创业指导［M］. 西安：西安交通大学出版社，2017.

[2] 广西壮族自治区教育厅. 大学生职业生涯规划与就业指导［M］. 桂林：广西师范大学出版社，2016.

[3] 张兵仿. 大学生就业指导教程［M］. 北京：时事出版社，2016.

[4] 黄山杉，孟晓嫒. 大学生就业指导［M］. 沈阳：辽宁教育电子音像出版社，2016.

[5] 刘燕斌. 劳动保障蓝皮书：中国劳动保障发展报告（2016）［M］. 北京：社会科学文献出版社，2016.

[6] 周璋斌，黄路明. 大学生职业发展与就业指导［M］. 北京：现代教育出版社，2015.

[7] 姚峥嵘. 中医药院校大学生职业生涯规划与就业创业指导［M］.2版. 南京：南京大学出版社，2013

[8] 郑瑞涛. 职业素养训练［M］. 北京：清华大学出版社，2015.

[9] 杜鹏娟. 大学生职业素质拓展［M］. 北京：中国农业大学出版社，2015.

[10] 李莉，徐建，王佳. 大学生就业指导实训教程［M］. 北京：北京理工大学出版社，2015.

[11] 周璋斌，黄路明. 大学生职业发展与就业指导［M］. 北京：现代教育出版社，2015.

[12] 蔡红建. 大学生就业指导工作研究［M］. 北京：北京交通大学出版社，2015.

[13] 徐左平. 大学生职业发展指导教程［M］. 上海：华东师范大学出版社，2015.

[14] 闫路平，谢小明，唐伶俐. 大学生职业生涯发展规划与就业创业指导［M］. 西安：西安交通大学出版社，2014.

[15] 杨树国，张金明，陈楠. 大学生就业创业指导与职业生涯规划［M］. 北京：北京航空航天大学出版社，2014.

[16] 创办你的企业［M］. 北京：中国劳动社会保障出版社，2014.

[17] 王云鹏. 大学院校本科生职业生涯规划［M］. 长春：长春出版社，2014.

[18] 雍怡敏，杨清成，贺标. 医学生学业规划与就业指导［M］. 北京：高等教育出版社，2014.

[19] 李燕. 医科院校学生就业指导教程［M］. 昆明：云南出版社，2013.

[20] 孙睿. 大学生职业生涯规划与就业指导［M］. 北京：中国时代经济出版社，2013.

[21] 王群. 医学类学生职业生涯与就业指南［M］. 上海：复旦大学出版社，2013.

[22] 武月刚. 大学生职业生涯规划与就业指导［M］.2版. 北京：航空工业主出版社，2013.

[23] 陈涤平. 大学生职业生涯规划与就业创业指导［M］.2版. 南京：南京大学出版社，2013.

[24] 罗伟明，谭建刚. 大学生就业创业指导教程［M］. 杭州：浙江大学出版社，2013.

[25] 沈纲，董伦红. 拓展训练提升大学生职业素养的理论与实践［J］. 实验室研究与探索，2013，32（8）：352－356.

[26] 凌齐. 素质拓展教育与大学生就业能力培养［J］. 中国高校科技，2013（3）：49－50.

［27］谷晓红．中医药大学生职业发展与就业指导教程［M］．北京：中国中医药出版社，2013.

［28］许燕平．大学生创业指导［M］．上海：上海交通大学出版社，2013.

［29］杜俊峰．大学生就业与创业指导［M］．天津：南开大学出版社，2012.

［30］马蜂．基本职业素养［M］．天津：天津大学出版社，2012.

［31］郑瑞伦．大学生创业与社会适应［M］．重庆：西南师范大学出版社，2012.

［32］顾珂．大学生就业指导手册［M］．郑州：郑州大学出版社，2012.

［33］胡列．大学生职业生涯规划与就业指导［M］．武汉：华中师范大学出版社，2012.

［34］金海燕．大学生就业指导［M］．2 版．杭州：浙江科学技术出版社，2012.

［35］梅强．创业基础［M］．北京：清华大学出版社，2012.

［36］浙江省教育厅．大学生就业指导［M］．杭州：浙江科学技术出版社，2012.

［37］周祥龙．大学生涯规划［M］．南京：东南大学出版社，2012.

［38］伍大勇．大学生职业素养［M］．北京：北京理工大学出版社，2011.

［39］敖四．大学生职业发展与就业指导［M］．武汉：华中师范大学出版社，2011.

［40］王群，夏文芳．医学类大学生职业生涯与就业指南［M］．上海：复旦大学出版社，2011.

［41］周卫泽，冯静．大学生就业与创业实用教程［M］．沈阳：辽宁教育出版社，2011.

［42］王冰田．职业素养与职业发展——从校园到职场［M］．北京：北京师范大学出版社，2010.

［43］曹敏．大学生就业指导［M］．武汉：武汉大学出本社，2010.

［44］范河明．大学生就业与创业指导［M］．北京：高等教育出版社，2010.

［45］于长湖，闾振华．大学生就业创业与职业生涯规划［M］．北京：中国经济出版社，2010.

［46］郭俊汝，单立勋．大学生职业素养提升［M］．北京：北京新华出版社，2009.

［47］戴安·萨克尼克．职业指导—职业生涯规划教程［M］．北京：中国劳动社会保障出版社，2005.

［48］陈刚，彭建华．大学生就业创业［M］．杭州：浙江大学出版社，2005.

［49］路易斯·拉思斯．价值与教学［M］．谭松贤，译．杭州：浙江教育出版社，2003.

NOTE